KB061405

돈에 관한 결정들

부의 알고리즘을 개발한 세계적인 재무학자의 인생 설계

돈에 관한 결정들

로런스 코틀리코프 지음 | 오수원 옮김

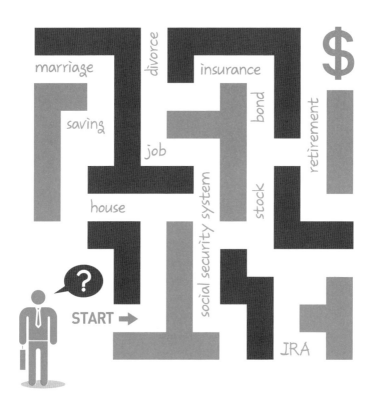

위즈덤하우스

나의 사랑이자 기쁨인 브리짓에게

서문

대학에 갓 입학했을 당시 내 꿈은 의사였다. 하지만 개구리 때문에 내 인생은 경로를 이탈했다. 생물학 실험실에서 녀석에게 독극물을 주입하고 녀석의 가슴을 절개해 열고 맥박을 확인하고 사망을 선고하고 그 작은 심장을 문질러 다시 살리려 애쓰는 과정에서 녀석과 두 눈이 딱 마주친 까닭이다. 생물학 담당 강사가 내 쪽으로 다가오더니 내 해부 실력을 칭찬했다. "꽤 잘하는군요. 해부를 한 번 더 하고 결과를 기록해둬요." 그 후 두 시간 내내 개구리를 죽였다 살리는 실험과 기록이 되풀이됐다. 실험이 끝날 무렵 내 전공은 어느새 경제학으로 바뀌어 있었다.

나는 경제학에 빠져들었다. 끈적끈적한 양서류 고문 따위는 하지 않아도 됐다. 게다가 난 수학과 곡선과 통계와 이론이 좋았다. 그러나 내가 경제학에 매료된 진짜 이유는 경제학에 사람들을 도울 수 있는 잠재력이 있었기 때문이다.

대학원에서는 공공재정, 특히 세금과 수당, 보조금 정책이 거시경제 전반에 미치는 영향을 집중 연구했다. 내가 대학원에서 공부하던 시절은 1970년대 중반이라 경제학자들이 컴퓨터라는 집채만 한 계산기를 막 쓰기 시작하던 때였다. 지금은 고루해진 포트란FORTRAN이라는 컴퓨터 언어로 가로 약 18센티미터 세로 약 8센티미터 넓이의 천공 카드에 코드를 쳐 넣은 다음 요란하기 그지없는 카드 판독기에 걸어 실행하고 몇 시간씩 기다리면 폭 1미터짜리 출력물이 나왔다. 프로그램은 대개 실패했다. 1만 개나 쌓여 있는 카드 중 7239번 카드의 오탈자 따위 때문이었다. 그러나 프로그램이 실행돼 타당한 결과가 나오면 우리는 경천동지할 발견 내용을 작성한 다음 누군가 읽어주길 간절히 기도했다.

거시경제학을 연구하려면 개별 기업 및 가정의 재무 관련 행동과 반응인 미시경제를 알아야 한다. 개별 가정의 재무 행동을 알아보려면 개인의 재무 행동을 코드로 만드는 작업을 해야 한다. 그러다 보니 공공재정은 나를 개인 재무와 저명한 경제학자들의 무수한 관련 저작으로 인도했다. 출발점은 1920년대 예일대학교에서 연구한 경제학자 어빙 피셔Irving Fisher였다.

피셔는 단연 1920년대 최고 경제학자였다. 그의 가장 중요한 업적은 최적의 저축 행동을 단순하지만 강력한 수학 언어로 기술했다는 것이다. 피셔의 모델은 젊을 때 굶다가 늙었을 때 돈을 흥청망청 쓰지 않게 해주는(혹은 그 반대로 되지 않게 해주는) 최적의 저축 지점을 찾아냈다. 피셔는 최적 지점을 알면 세월이 흘러도 급격한 변동 없이 안정적 생활수준을 담보하는 데 필요한 액수의 돈을 정확히 저축할 수 있다고 주장했다. 그렇게 '생애주기 소비평활화 life-cycle consumption smoothing' 원칙이 탄생했다.

피셔는 경제학 기반의 재무설계를 창시한 인물이다. 그러나 투자 관리법을 비롯해 많은 쟁점을 탐구하지 않은 채 남겨뒀다는 한계가 있다. 투자 관리의 정답은 한 바구니에 계란을 모조리 담지 말라는 것, 특히 주식시장처럼 변덕스러운 바구니에는 절대로 담지 말라는 것이다. 하지만 피셔가 한 일은 정확히 그 반대였다. 지구에서 가장 똑똑한 경제학자였던 피셔는 자신이 시장 행태를 잘 안다고 자신했다. 물론 그렇지 않았다. 1929년 주가가 폭락하기 전날 피셔는 공개 선언한다. "주가는 영원한 고점처럼 보이는 곳에 도달했다(……)나는 주식시장 가격이 몇 개월 내로 훨씬 더 오르리라 본다."[1]

하지만 1933년 주가는 무려 86퍼센트나 폭락했고 피셔는 말 그대로 파산해 하루아침에 부자에서 가난뱅이로 전락하고 만다. 그가 몸 담고 있던 예일대학교가 사정을 알고 돕지 않았다면 피셔는 길거리에서 인생을 마쳤을지도 모른다. 그는 1947년 사망했다. 대중의 눈에는 망언을 방불케 하는 악명 높은 예언으로 망신을 톡톡히 당한 경제학자가 되고 말았지만 그럼에도 피셔의 놀라운 이론적 통찰은 경제학자들 사이에서 숭앙의 대상이 됐다. 그 후 20년 동안 밀턴 프리드먼 Milton Friedman, 프랑코 모딜리아니 Franco Modigliani, 폴 새뮤얼슨 Paul Samuelson, 로버트 머튼 Robert C. Merton, 피터 다이아몬드 Peter Diamond—모두 노벨경제학상을 수상하게 될 인물들이다—와 다른 수많은 저명한 경제학자들이 피셔의 생애주기 모델을 확장하기 시작했다.

이렇게 해서 내가 대학원에 들어갈 때쯤 경제학자들은 사람들이 어떻게 저축을 하고 보험을 들고 투자를 해야 하는지에 관한 명확한 이론을 이미 구축해놓은 상태였다. 또 이들은 왜 아무도—심지어 피셔 같은 저명한 경제학자조차도—주식시장을 예측할 수 없는지 이유를 알아냈다. 물론 이론을 개발한다고 대중이 그 이론을 교리처럼 충실히 따르리라 기대할 수는 없는 노릇이다. 현실의 사람들은 경제학 이론이 처방하는 대로 행동했을까? 저축을 충분히 하고 있었을까? 보험을 충분히 들어놨을까? 올바른 직업을 선택했을까? 너무 많은 빚을 졌을까? 투자는 적정선에서 하고 있었을까? 적절한 사회보장계좌를 개설하고 세금도 합리적으로 조치해놓고 있었을까?

재무 문제가 복잡한 이유

방금 던진 질문 그리고 이와 유사한 또 다른 질문이 나와 다른 경제학 지식인들의 머릿속에 똬리를 틀었다. 전국적으로 실시한 가구 조사에 기록된, 현실을 사는 개인의 재무 행동을 많은 경제학자가 합리적 행동 이론과 비교하기 시작했다. 20년 내로 선명하고도 끔찍한 그림이 도출됐다. 본질적으로 사람들은 모두 큰 재무 실책을 저지르며 살아가고 있었다. 저축액은 지나치게 적거나 많았고 생명보험 가입 수도 적당하지 않았으며 무책임한 대출을 받고 있었고 평생 사회보장 제도를 제대로 활용하지 못했으며 세금도 필요 이상으로 냈고 집 대출금을 갚느라 하우스푸어가 돼가고 있었다. 목록은 끝이 없었다.

경제학계에서는 이런 소식에 경악했다. "뭐라고? 사람들이 아름답기 그지없는 우리 경제학 이론을 따르지 않는다고? 감히 어떻게 그럴 수가 있지? 사람들은 재무 면에서 환자나 다름없어. 저들은 자기통제력이 없다고! 한 치 앞밖에 볼 줄 모르거나 재무에는 까막눈이거나 아니면 둘 다야!" 대중의 탐욕스러운 현재 자아는 과도한 소비와 지나치게 적은 저축으로 아무 대책 없는 미래 자아를 뜯어먹고 있었다. 하룻밤 사이에 새로운 경제학 분야가 부상했다. '행동재무behavioral finance'였다. 행동재무는 개인의 서투른 재무 결정에 깔린 정확한 병리적 측면을 연구한다.

경제학자들의 의견이 늘 일치하는 것은 아니다. 심지어 경제학자 본인이 자신의 의견에 반기를 들 때도 있다. 오죽하면 해리 트루먼Harry S. Truman 대통령이 경제학자들에게서 "다른 한쪽에서 보면"이라는 말을 그만 들으려면 차라리 경제학자 몸이 반쪽인 게 낫겠다는 농담까지 했을까. 물론 나는 반쪽짜리 인간은 아니지만 행동재무에 대한 내 입장은 반쪽으로 나눠져 있지 않다. 내 입장은 하나다. 나는 사람들이 서툴게 행동하기 때문에, 재정적으로 길을 잃었기 때문에, 한 치 앞밖에 보지 못하기 때문에 혹은 정신적으로 병들었기 때문에 자신의 재무를 망친다는 전제에 강력히 반대한다. 가장 책임감 있고 신중하며 경제와 재무 교육을 잘 받은 사람, 정서적으로 균형 잡힌 사람조차도 실수를 저지른다. 이유는 간단하다. 우리가 마주하는 재무 관련 문제는 놀라울 정도로 복잡해서 명확한 방향을 설정하지 않고 푼다는 것은 우리의 두뇌 용량을 가뿐히 뛰어넘는 일이기 때문이다.

내가 이렇게 생각하는 이유는 무엇일까? 세 가지가 있다.

첫째, 자기성찰이다. 나처럼 경제학적으로 훈련이 꽤 잘된 두뇌도 재무라는 문제에는 영 젬병임을 나는 잘 안다. 당신이 내게 당신의 재무상황을 모두 말해준 다음 올해 그리고 여생 내내 매년 영원히 쓸 수 있는 돈의 액수를 질문한다면, 다시 말해 당신이 자신의 소비평활화 액수를 당장 머릿속에 떠오르는 대로 말해달라고 부탁한다면 내 대답은 분명 30퍼센트 이상 오차가 날 것이기 때문이다.

다른 경제학자라고 본질적으로 추측 게임인 이 문제에서 나보다 더 나을 건 없다. 언젠가 한 방 그득히 모인 경제학자들—모두 가계의 개인 재무를 논의하러 모인 참이었다—에게 한 가설의 40세를 위한 소비평활화 질문에 대략적인 답을 달라고 요청한 적이 있다. 나는 관련 정보를 주고 그들의 얼굴을 관찰했다. 다들 표정이 썩 좋지 않았다. 자신이 틀린 대답을 산출하리란 걸 이미 알았던 것이다. 바로 그때 그곳에서 경제학자들은 자신처럼 재무 관련 식견을 갖춘 사람조차 내성을 통해서는 올바른 재무 결정을 내릴 수 없음을 깨달은 듯 보였다.

40세인 사람의 소비평활화 액수를 정확히 계산한 값, 다시 말해 컴퓨터 계산을 거친 정답은 연간 7만 5589달러였다. 그 방에 있던 경제전문가 중 누구도 1만 5000달러 오차 범위 내에 들지 못했다. 그들의 대답은 3만 달러에서 13만 5000달러에 이르기까지 광범위했다.

재무 결정을 내리기가 지극히 어려운 두 번째 이유는 결정을 내리려면 정부가 제공하는 급여와 세금을 제대로 파악해야 하기 때문이다. 사회보장제도를 예로 들어보자. 미국 사회보장제도는 열세 개 급여 관련 규칙이 무려 2728개나 된다. 그것만으로는 충분치 않다는 듯 사회보장 프로그램 운영 매뉴얼 시스템에는 2728개 규칙 아래 세칙이 또 수십만 개나 있다. 여기에 연방과 주의 복잡한 소득세 규정까지 보태면 상황은 최악으로 복잡해진다. 이 모든 조항을 다루지 않고서 어떻게 평생 받을 수급금을 최대화하고 낼 세금을 최소화할 수 있겠는가?

재무 결정이 그토록 어려운 세 번째 이유는 무엇일까? 내가 처음에 말한 내용으로 돌아가보자. 재무 문제는 복잡하다. 우리는 사는 동안 얼마나 쓰고 얼마나 저축할지, 몇 가지 보험에 가입해야 할지, 다양한 종류의 자산에 얼마나 투자해야 할지 결정을 내려야 한다. 게다가 현금흐름 제약과 미친 듯이 복잡한 세금과 다양한 급여 규정 그리고 닭이 먼저냐 알이 먼저냐 하는 난처한 질문까지 마주해야 한다.

소비가 먼저일까, 세금이 먼저일까

그런 질문 하나를 소개하겠다. 소비가 먼저일까, 세금이 먼저일까? 소비는 세금에 달렸고 세금은 소비에 달렸다. 살아가면서 얼마나 소비할 수 있느냐의 문제는 그 시간 동안 우리가 어떤 세금을 얼마나 내느냐에 달려 있다는 말이다. 그러나 또 한편으로 우리가 내는 세금은 그 시간 동안 우리가 얼마나 많은 소비를 하느냐에도 달려 있다.*

28년 전 내가 처음 컴퓨터 알고리즘을 설계해 소비평활화 전략을 짜는 동시에 현금흐름 제약과 복잡한 세금 및 급여 시스템을 다루려

---

* 쓰는 돈이 많으면 저축액이 적어지고 결과적으로 소득 자산이 줄어 미래에는 세금을 덜 내게 된다.

던 때 어디서부터 시작해야 할지 오리무중이었다. 문제가 첩첩산중으로 쌓여 있는 듯했다. 그러다 보스턴에서 말하듯 "마블헤드에서 서서히 동이 터왔다." (마블헤드는 보스턴 노스쇼어에 있는 소도시다.) 중요한 것은 한 번에 한 가지 과제를 해결하는 것, 각 과제의 성과에서 다른 과제를 위한 통찰을 얻는 것이었다. 나는 내 알고리즘에 '반복 동적 계획법iterative dynamic programming'*이라는 이름을 붙였다. 특허도 냈다. (동적 계획법이란 원래 미사일과 우주선의 비행경로를 조정하기 위해 공학자들이 쓰는 기법이다. 완벽한 개인 재무 결정을 내리려면 말 그대로 로봇 과학이 필요한 셈이다.)

나는 수십 년에 걸쳐 경제학을 기반으로 개인이 재무 결정을 올바로 내릴 수 있게 해주는 컴퓨터 프로그램을 설계해왔다.** 내 연구를 위해서기도 하고 내가 만든 재무회계 소프트웨어 개발업체 '이코노믹 시큐리티플래닝Economic Security Planning, Inc'의 개인 재무계획 툴을 만들기 위해서기도 하다. 우리 회사의 주요 상품인 '맥시파이 플래너MaxiFi Planner'는 이 책의 숨은 공로자다. 이 프로그램이 산출하는 고도로 효율적인 코드를 프린터로 출력하려면 종이가 3500장 소요될 것이다. 우리가 이미 아는 사실, 즉 재무 관련 문제가 얼마나 복잡한지 여기서 한 번 더 확인할 수 있다.

맥시파이 플래너는 당신의 돈을 더 많이 안전하게 찾고 위험을 낮추며 삶의 질을 높이기 위한 내 일타 강사다. 하지만 걱정은 붙들어 매

---

* 동적 계획법이란 복잡한 문제를 간단한 여러 개 문제로 나눠 푸는 방법이다—옮긴이
** 동료 경제학자들에게 제시한 답을 산출할 때도 이 프로그램 중 하나를 사용했다.

시길. 이 책은 장황한 소프트웨어 브로슈어가 아니니까. 이 책은 독립적인 지침서다. 소프트웨어를 가동할 필요가 전혀 없다는 뜻이다. 이 책에서는 당신에게 경제학의 일반적 처방뿐 아니라 맥시파이 플래너의 구체적 처방 둘 다 알려줄 계획이다. 내가 제시하는 사례는 맥시파이 플래너에 기반을 둔 것이며 따라서 곧 돈에 관한 것이다.

나는 경제학자들이 사람들이 저지르는 재무 '실수'를 연구하는 일 이상의 성과를 낼 수 있다는 사실도 증명해 보이고 싶다. 우리는 재무 페니실린—다시 말해 평생 꾸준하고 안정적이며 더 높은 생활수준을 확보하기 위해 당신이 할 수 있고 해야 하는 모든 일—을 처방할 역량이 있다. 바로 이 책에서 그 처방전을 내놓을 작정이다.

경제학 기반의 재무설계라는 마법

누구나 돈을 원한다. 일부는 위험할 정도로 돈을 갈구한다. 미다스왕은 디오니소스 신에게 자신의 손이 닿는 것마다 모조리 금이 되게 해달라고 빌었고 소원을 이뤘지만 먹는 음식까지도 금으로 변해버리는 바람에 결국 굶어죽었다. 필리핀의 악명 높은 영부인 이멜다 마르코스Imelda Marcos는 매우 궁핍하게 자랐다. 남편이 권력을 잡아 나라 재정을 약탈할 때 이멜다의 쇼핑 목록 최상단에는 신발이 있었다. 21년간의 독재와 3000켤레에 달하는 구두를 견딘 후 국민은 봉기했다. 독재자 부부는 간신히 목숨을 건져 달아났지만 이멜다는 구두를 챙기진 못했다. 수백 켤레의 구두는 지금도 마닐라 근처 마리키나 구두 박물관에 고이 전시돼 있다.

미다스와 이멜다는 극단적 사례다. 이들은 부에 중독돼 있었다. 우리 대다수는 순전한 탐욕만으로 돈을 갈구하진 않는다. 우리가 돈을 원하는 이유는 합리적이다. 돈이 필요하기 때문이다. 최근 몇 년 동안 미국 수많은 근로자의 실질임금이 상승하지 않았고 은퇴자 대부분은 숨이 끊어지기도 전에 돈부터 마를 상황이다.

다행히도 당신이 애써 저축한 돈을 도박에 걸지 않고 더 늘릴 수 있는 강력하지만 단순한 방법이 있다. 위험을 낮출 방법도 있다. 주어진 돈으로 더 많은 행복을 살 수 있는 방법도 얼마든지 있다.

직업은 귀천을 막론하고 마법을 부린다. 생물학자는 전염병을 치유한다. 공학자는 고층건물을 짓는다. 물리학자는 원자를 쪼개고 지질학자는 암석의 연대를 알아낸다. 천문학자는 행성을 발견한다. 화학자는 물질을 분해한다.

그리고 나 같은 경제학자는? 당신의 통념상 대개 경제학자는 주식 시장의 동향을 예측하지 못하는 종자들, 대공황과 대침체Great Recession도 놓친 작자들 그리고 대부분의 문장을 "일단 가정은……"이라는 말로 시작하는 인간들이다. 경제학이라는 학문이 마주하고 있는 이런 난제에도 불구하고 경제학자는 놀라운 마법을 창조한다. 최초의 경제학 대마법사였던 애덤 스미스Adam Smith는 '보이지 않는 손'이라는 마법의 개념을 고안해냈다. 보이지 않는 손은 개인의 욕심을 집단의 선으로 바꾼다. 데이비드 리카도David Ricardo는 '마법의 네 가지 수치four mystical numbers'를 사용해 각국이 왜, 무엇을 그리고 언제 교역하는지 설명해냈다. 앨프리드 마셜Alfred Marshall은 모든 시장을 지배하는 신비의 수요 공급 곡선을 산출해냈다. 그리고 뒤늦게 위대한 마법사 대열에 낀 우리의 새뮤얼슨은 고전경제학 법칙을 신비로운 수학적 상징으로 둔갑시켰다.

스미스와 리카도와 마셜과 새뮤얼슨은 역사상 최고의 경제학 마법사다. 그러나 경제학자라면 누구나 자기 업의 묘기를 이용해 수수께끼를 풀도록 훈련받는다. 그래서 경제학은 세계시장을 이해하는 일, 탄소에 과세하는 일, 직장을 지키는 일 어디에 적용되든 매력적이고 놀랍고 중요하고 유용하다.

경제학을 둘러싼 흔한 통념은 경제학의 주요 연구 대상이 전 세계를 아우르는 커다란 문제들이라는 것이다. 그러나 사실 경제학자들은 벌써 100년이나 되는 세월을 개인 재무 연구에 할애했다. 단지 연구 논문을 쓰고 세미나에서 발표하고 학술지에 싣는 식으로 대중의 눈이 닿지 않는 곳에서 이런 연구를 해왔을 뿐이다. 물론 경제학자들도 은둔하는 수도승처럼 폐쇄된 학문 영역에서 이따금씩 모습을 드러내 "은퇴 시기를 대비해 저축하라"라거나 "자산 투자를 다각화하라", "보험에 가입하라"라는 등 일부 일반적이고 상식적인 원칙을 주창하기도 했다. 그러나 이웃집 크리스마스 파티에서 얼핏 간단해 보이는 질문—"석사 학위를 따는 게 합리적일까?"나 "은퇴할 경제적 여력이 내게 있을까?" 혹은 "학자금 대출부터 갚아야 할까 아니면 개인퇴직계 좌individual retirement account, IRA(이하 IRA)에 먼저 돈을 넣어야 할까"—을 받을 때면 경제학자들은 늘 당혹스러운 표정으로 얼굴을 붉히고 화제를 돌린다.

나 역시 그런 부류의 경제학자에 속했다. 파티가 열리는 방 안 구석 펀치 볼 옆을 서성이는 다른 학자들처럼 나 역시 사람들의 돈 문제에 관해 생각하는 법을 잘 알았다. 온갖 관련 요인을 망라할 줄도 알았고 답을 제공할 수학 모델을 공식화하는 법도 꿰고 있었다. 내가 몰랐던 것은 모델을 풀어내는 방법이었다. 재무 문제를 푸는 공식은 상호 의존적이다. 극도로 복잡하며 고약하게 어려워 보이는 데다 지나치게 많다. 설사 그 다수의 퍼즐 조각을 서로 꿰어 맞출 소프트웨어 공정을 알아낼 수 있다 해도 초창기 컴퓨터를 이용해 그걸 풀어내려면 영겁의 시간이 걸릴 터였다.

그러나 최근 몇 년 사이 모든 것이 변했다. 경이로운 알고리즘 및 컴퓨터 기술이 진보를 거듭한 덕에 클라우드 컴퓨팅에 접근할 수 있게 됐고 본질적으로는 무한에 가까운 데이터 처리 용량을 갖춘 컴퓨터를 갖게 됐다. 이제 당신이 나를 칵테일파티에서 만난다면 나는 반복 동적 계획법, 적응 희소 격자adaptive sparse grid, 비볼록성non-convexities, 보간 편향interpolation bias, 확실성 등가certainty equivalence, 병렬처리parallel processing 등에 관해 세세한 부분까지 외골수처럼 이야기할 수 있다.

이런 진보 덕에 돈에 관한 어떤 실용적인 질문이 나와도 이제 경제학자는 자신의 지식으로 답을 제시할 수 있다. 실로 경제학 기반의 재무설계는 개인 재무를 혁명적으로 바꿔놓으려 하고 있다. 종래 재무설계 '조언'—가계로 하여금 비싸고 위험한 금융 상품을 사도록 부추기는 조악하고 정확성도 떨어지는 규칙 더미—은 이제 자리를 보전하지 못한다. 새로운 재무설계, 무엇을 해야 할지 추측하는 데 그치지 않고 정확히 계산하는 재무설계가 그 자리를 차지할 것이다.

생활수준이 재무 문제를 결정한다

모든 재무 결정—교육, 직업이나 진로 선택, 생활방식, 결혼, 은퇴연령, 세금, 사회보장급여 혹은 투자 결정—은 우리의 생활수준과 관련있다. 생활수준이란 가계 구성원 1인이 평생 동안 할 수 있는 소비를 총칭한다. 그러나 우리 대부분은 자신이 내리는 재무 결정이 어떤 경제적 위험을 수반할지 생각하는 건 고사하고 그런 결정이 자신의 생활수준에 어떤 영향을 끼칠지조차 확실히 생각해보지 않고 결정을 내린다. 우리가 의지하는 건 제 잇속만 차리는 금융업계의 잣대나 친지들의 미심쩍은 조언뿐이다. 그러는 동안 우리는 많은 액수의 돈을 포기하고 훨씬 불행해지며 자신을 위험에 빠뜨린다.

여기 열 가지 질문이 있다. 생애 중요한 시기에 내리는 재무 결정이 생활수준을 결정함을 보여주는 질문이다.

1. 직장을 관두고 학교로 돌아가면 집세는 고사하고 점심값이나 낼 수 있을까?
2. 생활비가 많이 드는 도시에서 고소득 직종에 종사하느니 생활비가 적게 드는 도시에서 저소득 직종에 종사하면 가용 소득이 더 늘어날까?
3. 고소득이지만 힘든 직업을 선택하는 것이 재량지출에 얼마나 중요할까?
4. 자식이 하나 더 생겼다. 우리 가족의 생활수준을 보장하려면 생명보험에 더 가입해야 할까?

5. 은퇴 후 지금의 생활수준을 유지하려면 일하는 동안 저축을 얼마나 해야 할까? 일반 IRA 대신 로스 계좌Roth IRA에 돈을 모아두면 평생 세금을 아껴 장기적으로 가용 소득이 더 늘어날까?

6. 담보대출을 미리 갚으면 생활수준이 높아질까?

7. 일찍 은퇴하면 지속 가능한 생활수준에 타격을 입을까?

8. 자식들이 독립했다. 집을 줄이면 소비수준이 얼마나 나아질까?

9. 주식에 주로 투자할 경우 생활수준에 어떤 위험이 닥칠까?

위 질문들은 당신이 당면한 문제일 수도 있고 아니면 친척, 동료 혹은 친구의 문제일 수도 있다. 전자라면 스스로 답을 얻기 위해 이 책을 읽어야 한다. 그러나 다른 사람들, 특히 부모님과 자녀들이 적절한 재무 결정을 내리도록 지금 당장 혹은 나중에라도 돕는 일도 스스로 답을 얻는 일 못지않게 보람찰 것이다. 우리는 모두 형제자매의 재무상태를 지키는 파수꾼이다. 특히 그들이 벼랑 끝에 몰렸을 때 그렇다. 이책의 모든 사항이 당신에게 적용되는 이유는 그 때문이다. 당신은 은퇴해서 이제 직업이나 진로 선택을 하지 않아도 될지 모른다. 그러나 당신 손자는 선택이 필요하다. 당신은 사회보장급여를 받으려면 30년을 더 기다려야 할지 모른다. 그러나 당신 부모님이 사회보장급여를 지나치게 일찍 받으려 할 수도 있다. 이럴 때 당신은 뒷짐을 지고 '내 문제도 아닌 걸' 하며 방관할 텐가? 만약 부모님이 돌아가시기 전에 돈이 부족해지는 경우, 부모님이 받는 수급금이 적을수록 당신이 보조해야 할 금액이 늘어날 텐데도 처다보기만 할 것인가?

생활수준 기계가 있다면

생활수준과 관련된 전반적인 질문에 답을 해주고 당신을 더 부유하고 행복하게 만들어줄 수 있는 기계를 상상해보라. 이런 기계가 실제로 있다! 앞서 언급했듯 내가 운영하는 재무설계 소프트웨어 기업에서 이 기계를 만드는 데 여러 해를 바쳤다. 이 기계는 혁신적인 기술을 통합하고 감당할 수 없던 기술적 장애를 극복한 성과물이다. 또 우리의 소득, 급여, 각 주의 세금 체계뿐 아니라 미국의 가장 복잡한 재정 시스템인 사회보장제도 조항까지 망라해놨다.

내가 개발한 생활수준 기계는 네 가지 일을 한다. 첫째, 당신이 얼마를 지출해야 하는지 계산해준다. 다시 말해 지속 가능한 생활수준을 알려준다. 경제학자들은 지속 가능한 생활수준을 가리켜 소비평활화—안정적 생활수준 유지, 즉 현금흐름 제약을 고려해 가능한 한 안정적으로 생활수준을 유지하는 일—라는 이름을 붙여놨다. 둘째, 생활수준을 높이는 안전한 방안을 산출해준다. 셋째, 생활수준의 위험 요인을 계산해 투자 최선책을 비롯해 생활수준을 더 안전하게 만들 방안을 찾아준다. 넷째, 당신이 생활수준에 관한 결정을 내리기 전에 그 결정이 현실에서 어떤 비용을 초래하는지 산정함으로써 당신이 가진 돈으로 더 많은 행복을 살 수 있도록 돕는다.

우리 두뇌는 컴퓨터와는 비교도 안 되게 어리숙하지만 수년간 경제학을 연구하고 소프트웨어를 직접 만들어 가동해본 경험을 바탕으로 나는 재무상 교훈을 알아냈다. 앞으로 이 책의 각 장에서 경제학 원리와 내가 개발한 생활수준 기계를 통해 발견한 내용을 렌즈 삼아 개인 재무의 다양한 측면을 검토할 것이다. 이를 토대로 당신이 차차 자신만의 머니 플랜을 만들 수 있도록, 여러 재무 행동을 전체적으로 파악해 인생의 큰 그림을 그릴 수 있도록 여러 지침을 제공할 예정이다. 그 과정에서 나는 내가 개발한 소프트웨어가 제시하는 것과 똑같은 우선 사항 세 가지에 집중할 것이다. 당신이 돈을 더 벌게 하는 것, 당신의 위험을 줄이는 것 그리고 당신이 쓰는 돈에서 얻는 행복 수준을 높이는 것이다.

첫 번째 과제, 돈 더 벌기

내 첫 번째 과제는 간단하다. 당신이 돈을 더 벌 수 있게 돕는 것이다. 구미가 당길 만한 사례 하나를 소개한다. 스미스 씨 이야기다. 보스턴에 사는 이 부부는 생일이 같아 지난주에 62세가 됐다(여기서 소개하는 스미스 씨 부부는 가설에서 필요해 예로 드는 가정의 구성원이며 이 책에 등장하는 많은 가설 가족 중 하나다. 현실에 존재하는 가족도 소개하겠지만 그들의 사생활 보호를 위해 이름을 바꿨음을 미리 알린다).

스미스 씨 부부는 25세 이후 꽤 힘든 직종에서 일을 하며 가계를 꾸려왔다. 같은 연령대의 다른 사람들과 마찬가지로 이 부부에게도 번아웃 증후군이 찾아왔다. 그래서 지난주 이들이 맞이한 근사한 생일 파티는 은퇴 축하까지 겸하게 됐다. 그러나 오늘 두 사람은 가슴이 쓰리다. 은퇴를 결정하고 자리에 앉아 자신들의 재무상황을 살펴보고는 일한 기간보다 더 길어질 수 있는 은퇴 기간을 대비해 저축한 금액이 너무 적다는 사실을 깨달은 것이다. 은퇴 후 매년 유럽에서 보내기로 한 휴가, 여름 별장, 호화 자동차, 좋아하는 팀의 시즌 경기 티켓 등 모든 꿈이 한 시간 새 증발해버렸다.

스미스 씨 부부는 왜 몇 년 더 일찍 자신들의 재무상태를 검토해보지 않았을까? 이들은 사회보장계좌와 401(k) 계좌˚에 최대 액수로 납입한 돈을 쓰면 넉넉한 은퇴 생활을 할 수 있으리라 예상했다. 이 부부도 대부분의 미국인처럼 미국과 미국 기업주, 우리의 재무 행동을 인도하는 부모 격인 주체가 일을 똑바로 처리해 자신들을 안전한 재무상태로 이끌리라 생각한 것이다. 물론 이렇게 희망 섞인 염원만이 이들이 재무상태를 점검하지 않은 이유는 아니다. 두 사람은 현실을 직시하기가 두렵기도 했다.

다행스럽게도 스미스 씨 부부가 은퇴 생활을 위험에서 구제하는 안전하고 간단한 다섯 가지 해결책이 있다. 첫째, 부부는 62세에 곧바로 사회보장계좌의 돈을 수령하지 말고 70세가 될 때까지 기다렸다 받기 시작해야 한다. 둘째, 401(k) 계좌의 돈은 70세가 될 때까지 기다리지 말고 즉시 인출하기 시작해야 한다. 또 이 돈은 부부 공동 및 유족연금joint survivor annuities 형태로 인출해야 한다. 셋째, 두 사람은 현재 살고 있는 방 네 개짜리 집을 방 두 개짜리로 줄여야 한다. 그리고 넷째, 소득세를 내지 않아도 되는 뉴햄프셔주로 이사를 가야 한다.

이렇게 은퇴계획을 바꾸면 놀라운 변화가 생긴다. 스미스 씨 부부

˚ 1980년대 도입된 미국의 대표 기업연금계좌. 근로자가 월급의 일정 비율을 납입하고 회사도 일정 비율을 지원해 은퇴 자금을 만드는 형태다─옮긴이

의 지속 가능한 은퇴 가용 소득이 두 배 이상 늘어나는 것이다! 원래 계획대로 은퇴 자금을 쓴다면 이들은 주택비용과 세금을 제하고 한 달에 5337달러를 쓸 수 있다. 그러나 계획을 다시 짤 경우 월 1만 1819달러의 가용 소득이 생긴다. 이 정도면 어마어마한 증액이다. 평생 쓸 수 있는 돈을 현재가치로 환산하면 157만 8374달러라는 돈이 더 생기는 셈이다.

다시 말해 새로 짠 계획은 스미스 씨 부부의 가방에 현금 약 150만 달러를 채워 넣는 것과 같은 효과를 낸다. 이것이 마법이 아니면 무엇이겠는가.

두 번째 과제, 위험 줄이기

두 번째 과제는 당신이 재무 위험을 줄이도록 돕는 것이다. 위험도는 생활수준의 평균값 위아래로 어느 범위까지 생활수준이 오르락내리락할 수 있는지에 따라 달라진다. 상승 위험—평균 생활수준보다 높은 수준을 겪을 가능성, 즉 불확실한 이익 가능성—은 생활수준이 높아진다는 뜻이지만 불확실성 때문에 위험도가 높다. 하지만 하락 위험—기대한 생활수준에 비해 수준이 조금 아니면 혹여 많이 낮아지는 것, 즉 불확실한 손실 가능성—은 상승 위험과는 비교할 수 없는 큰 걱정거리다.

누구나 살면서 많은 위험을 마주한다. 그중 일부는 통제가 가능하고 일부는 통제가 불가능하다. 이 책에서는 특히 아래의 중요한 불확실성을 중점으로 다룰 것이다.

- 소득 위험(직장이나 경력 관련 경로가 예상대로 흘러가지 않을 위험)
- 수명 위험(일찍 죽을 위험)
- 장수 위험(예상보다 오래 살 위험)
- 물가 상승 위험(물가 상승으로 소득과 자산의 실질구매력이 하락할 위험)
- 투자 위험(시장에서 심각한 손실을 입을 위험)

이런 위험들은 생각만 해도 위협적이지만 놀랍게도 각각을 완화할 수 있는 효과적인 방안이 있다.

내 사례를 소개하겠다. 어머니가 88세를 맞으셨을 때 나는 나와 형제들에게 재무 위기가 닥쳤음을 깨달았다. 어머니는 자식들의 바람대로 88세를 훌쩍 넘겨 장수하실 수 있었다. 더할 나위 없이 좋은 일이지만 그 기간 동안 자식들은 전보다 훨씬 더 높은 비용을 들여 어머니를 부양해야 한다. 나는 형제들에게 어머니 앞으로 연금을 가입해드려야 한다고 제안했다. 생명보험을 들어드리자는 제안과 정반대인 셈이었다. 생명보험금은 사망했을 때 돈이 나오는 반면 연금은 살아 있는 동안 정기적으로 돈이 나온다.

내 제안을 들은 형과 누나는 나를 바보 취급 했다. 건강 상태가 최상이 아닌 어머니가 4년 남짓이나 더 사시겠느냐는 거였다. 내 말대로 연금을 가입해드렸는데 어머니께서 4년쯤 뒤 돌아가시면 연금에 납입한 돈 대부분을 잃게 된다. 나는 그렇게 될 가능성도 있다고 인정하면서도 우리 형제가 당면한 훨씬 더 큰 재정 위험은 엄마가 100세까지 사서서 예상보다 훨씬 더 오래 자식의 부양을 요하는 것이라는 주장을 굽히지 않았다.

"엄마가 5년 넘게 사실 확률은 없어. 확률을 좀 보라니까." 이것이 형제들 주장이었다.

나는 가장 중요한 건 어머니가 확률을 거스를 위험이라고 거듭 설명했다. 위험 문제만큼은 대개 최악의 시나리오를 상정한다. 재무 면에서 최악의 시나리오는 어머니가 예상보다 훨씬 더 장수하는 위험이었다.

형제들은 분석적이고 인간미 없는 내 말투를 달가워하지 않았다. 하지만 결국 내 말의 핵심을 이해한 뒤 고집을 꺾어 어머니께 연금을 들어드렸다. 결과적으로 잘한 결정이었다. 여전히 그리운 내 어머니는 98세까지 살다 돌아가셨다.

세 번째 과제, 효율 올리기

세 번째로 큰 목표는 당신이 더 행복해지는 방식으로 돈을 지출하도록 돕는 일이다. 이를 위해선 나와 함께 기이한 슈퍼마켓으로 쇼핑을 가야 한다. 이 슈퍼마켓에는 가격표가 없다. 우유 한 팩이 얼마인지, 여섯 팩들이 소시지가 얼마인지, 불맛 매운 소스값이 얼마인지, 생선 주둥이만 모은 통조림(그렇다, 정말 이곳에서는 별나게 맛난 음식을 다 판다)이 얼마인지 알 수 없다. 심지어 빵 한 덩이 값조차 모른다. 그럼에도 불구하고 당신은 상점을 돌아다니며 물품을 골라 카트에 담아야 한다. 고른 물건의 가격을 모두 더한 값이 200달러를 넘으면 카트에 달린 자동 센서가 당신의 신용카드에 비용을 청구하고 안녕을 고한다.

가격도 모르는 채 쇼핑을 할 수밖에 없다면 어떤 기분이겠는가? 적 잖이 속이 쓰릴 것이다. 물건값을 모르고 산다면 당신이 가치 있다고 생각하는 것보다 더 많은 값을 치르고 물건을 사는 꼴이 될 테니 말이 다. 당신이 생각하는 값보다 더 싼값에 물건을 살 수도 없을 것이다. 그렇다. 당신은 200달러가 넘는 값의 물건을 사 들고 상점을 나서겠지 만 분명 200달러어치 행복을 얻지는 못할 것이다.

물론 이건 사고실험일 뿐이다. 당연히 상점 물건에는 가격표가 붙 어 있다. 그러나 진짜 값을 모르는 채 사들이는 중요하고 비싼 물건이 적지 않다. 우리가 내리는 여러 가지 개인적 결정, 즉 생활방식에 관한 결정이 바로 모르고 비싸게 사는 물건에 속한다. 몇 가지 예를 들어보 겠다. 조기 은퇴, 진학할 대학, 추가 자녀계획, 이직, 주택 리모델링, 다 른 지역으로의 이사 그리고 이혼이다. 이런 결정 각각에는 정확한 값 이 있으며(이 가격은 비용이 아니라 수익의 관점에서 음의 가격일 수도 있 다) 그 가격은 당신의 지속 가능한 생활수준 측면에서 측정된다.

이해를 돕기 위한 사례를 보자. 은퇴에 관해 업계 표준 혜택이 있는 직장에서 은퇴하되 67세가 아닌 63세에 한다고 생각해보라. 이른 나 이에 은퇴한다는 것은 소득을 벌어들일 수 있는 햇수가 4년 줄어든다 는 뜻이다. 고용주와 고용인이 납입금을 분담해 적립하는 401(k)에 돈 을 넣는 기간도 4년 줄어든다. 다른 보험 비용은 차치하고서라도 메디케어Medicare*를 적용받을 나이인 65세가 되기 전 2년 동안은 의료보험 비용을 직접 내야 한다는 뜻이기도 하다. 직장 경력이 짧아진 탓에 사회보장급여가 줄어들 수 있고 은퇴할 때까지 벌어들인 총수입 평균 역시 줄어든다. 현금흐름도 나빠져 은퇴 자금이나 사회보장계좌에 적립해둔 돈을 직장을 그만두지 않았을 경우보다 더 일찍 인출하기 시작해야 할 수도 있다. 그뿐만 아니라 이른 은퇴는 소비와 저축의 전체 경로, 즉 미래 자산, 미래 과세 대상 자산소득 그리고 미래 연방 및 주 소득세까지 바뀐다는 뜻이다.

내 말뜻을 실감했을 것이다. 4년 먼저 은퇴하는 것이 재무 면에서 갖는 실제 의미를 파악하는 일은 복잡하다. 그렇다고 두려워할 필요는 없다. 나는 당신이 생활방식에 관해 내리는 재무 결정에 실제로 얼마만큼의 비용이 드는지 밝혀 매번 더 적절한 결정을 내릴 수 있게 해줄 것이다. 조기 은퇴가 당신이 개인 생활방식이라는 판매대에서 직접 골라잡은 물품 중 하나라면 나는 당신이 그 물품에 가격표를 붙이도록 도와주고 직장을 그만두지 않고 일을 계속하는 동안 벌어들일 수 있는 소득이 몇 년 더 쉬면서 여유를 누리는 시간만큼의 값어치를 하는지 계산해줄 작정이다. 이를테면 은퇴 시 예상되는 생활수준 하락 정도가 10퍼센트쯤이었는데 실제로는 20퍼센트쯤이라는 추산 결과가 나온다면 은퇴는 몇 년 더 기다렸다 하는 편이 낫다. 반대로 생활수준 하락을 20퍼센트 정도로 예상했는데 실제로는 10퍼센트에 불과

• 미국에서 시행하는 노인 의료보험제도. 사회보장세를 20년 이상 납부한 65세 이상 노인과 장애인에게 연방정부가 의료비의 50퍼센트를 지원한다―옮긴이

하다는 추산 결과가 나온다면 은퇴를 선택하면 된다.

요점은 이렇다. 나는 당신이 수긍할 만한 가격으로 최대한의 행복을 살 수 있도록 도울 작정이다. 물론 사람마다 재무상황은 다르다. 그렇다 해도 생활방식에 관한 다양한 결정에 어느 정도 비용이 드는지 명확히 파악할 수 있도록 충분한 사례를 제공할 것이다.

비밀을 공개하기에 앞서

앞으로 이 책에서 나는 당신의 저축금에 대한 명목수익률을 1.5퍼센트로, 연간 물가 상승률을 1.5퍼센트로 가정할 것이다. (물가 상승률을 감안한 후의) 실질수익률을 0으로 상정한 셈이다. 이는 내가 이 책을 집필한 당시 재무상황을 기반으로 한 것이다.* 이런 추산 방식은 꽤 편리하다. 물가 상승률을 감안한 액수를 미래 연수에 곱해 합산만 하면 되기 때문이다. 예를 들어 당신의 연간 수입이 7만 5000달러라면 그리고 당신의 소득이 (물가 상승률을 감안해) 실질적으로 고정돼 있다면 10년 후 은퇴하는 경우 당신의 평생 수입은 10×$75,000, 즉 75만 달

---

* 이 책을 쓰던 당시 재무부 30년 만기 물가연동국채의 명목금리는 1.5퍼센트다. (물가 연동) 채권 금리는 0에 가깝다고 본다. 따라서 시장은 장기 물가 상승률을 1.5퍼센트로 예상한다. 미 재무부 채권은 부도 가능성이 없다는 점에서 세계 최고의 안전금융자산으로 통한다. 그러므로 이 책에서 내가 제시할 추산치는 당신이 안전하게 투자를 하리라는 것 그리고 물가 상승률은 예상대로일 것이라는 가정을 기반으로 한다. 만일 당신이 주식투자를 하고 있다면 위험 가능성 때문에 모든 결과를 조정해야 할 것이다. 결국 그 조정은 수치 분석에서 안전이자율을 사용하는 쪽으로 돌아갈 것이다.

러라는 계산이 나온다.

자, 이제 시작이다. 앞에서 이미 재무와 관련된 충격 정보를 세 가지나 전했다. 이익이 되도록 은퇴 시기 정하기, 장수할 위험 대비하기, 돈은 덜 쓰고 행복은 더 누리기가 그것이다. 우리가 다룰 주제의 넓이와 깊이가 얼마나 되는지 감을 잡는 데 도움을 주기 위해 이런 정보를 미리 좀 더 공개한다. 정보의 출처를 이해하는 것은 재미도 있지만 무엇보다 이득이 된다.

이 책이 공개하는 재무 관련 충격 정보 몇 가지

Q. IRA의 돈을 현금화해서라도 담보대출금을 갚는 것이 이득일까?

A. 물론이다.

Q. 사회보장계좌 납입을 잠시 중단했다가 납입액을 늘려 다시 납입할 수 있나?

A. 은퇴연령이 지났고 70세 미만이라면 가능하다.

Q. 생활수준의 최저한도를 설정하고 생활수준을 상승시키는 한도에서만 위험투자를 하는 것이 가능한가?

A. 당연하다. 아주 쉽다.

Q. 배관공이 평생 버는 소득은 (전문의가 아닌) 일반의와 비슷할까?

A. 그렇다.

Q. 다른 주로 이사를 가면 생활수준을 크게 높일 수 있나?

A. 늘 그런 편이다.

Q. 일을 한다는 이유로 사회보장급여를 못 받을 경우 실제로 전액을
돌려받을 수 있을까?

A. 늘 그런 편이다.

Q. 공격적 소비는 공격적 투자만큼 위험한가?

A. 물론이다.

Q. 돈이 많아질수록 주식투자액을 늘려야 하는가?

A. 아니다. 부유할수록 채권에 투자하고 가난할수록 주식에 투자해
야 한다.

Q. 시장 타이밍을 보는 것이 합리적인가?

A. 그렇다.

Q. 자식을 더 낳으려면 생명보험이 더 필요한가?

A. 그렇지 않다. 오히려 줄여라!

Q. 100세까지 살 확률이 높지 않은데도 100세를 산다고 생각하고
계획을 세워야 하나?

A. 물론이다. 절대로 그렇다.

Q. 은퇴할 때가 되면 주식을 처분해야 하나?

A. 아니다. 오히려 주식을 늘려야 한다.

Q. 로스 계좌로 갈아타는 게 가치가 있을까?

A. 시기만 적절하다면 갈아타는 것이 좋다.

Q. 역모기지reverse mortgage*는 주택에 묶인 현금 가치를 풀어주는 효과적인 수단인가?

A. 전혀 그렇지 않다.

Q. 석사 학위를 따면 경제적으로 이득일까?

A. 별로 그렇지 않다.

Q. 62세에 은퇴하는 것과 67세에 은퇴하는 것은 차이가 클까?

A. 어마어마하게 크다.

Q. 젊은 미혼자에게 가장 좋은 재무설계법은?

A. 독립하지 않고 부모와 한집에 사는 것.

내 목표는 내가 아는 모든 재무 비밀을 당신에게 가르쳐줌으로써

---

* 고령자가 보유하고 있는 주택을 담보로 제공하고 금융기관에서 매월 일정액을 연금 형식으로 받는 대출 상품─옮긴이

당신이 자신만의 머니 플랜을 만들 힘을 기르게 하는 것이다. 그러기 전에 먼저 돈을 버는 기존 방식부터 살펴보자. 바로 노동이다. 똑같은 양의 일을 해도 소득 차이가 크기 때문에 직업이나 경력을 어떻게 선택하는지에 따라 생활수준도 천차만별이 될 수 있다. 그럼 이야기를 시작해보자.

차례

첫 번째 머니 플랜

직업에 관한 결정
: 돈을 많이 버는 일을 선택하라

당신은 총명한 18세 여성이다. 과학은 당신에게 식은 죽 먹기다. 부모님은 두 분 다 의사고 이미 당신의 인생 계획을 세워놨다. 당신은 명문대에 진학한 다음 의학전문대학원에서 수학하고 최고의 레지던트 과정을 거쳐 일반의로 개업해 오랫동안 충만한 경력을 이어가면 된다. 부모님은 당신의 미래를 확신하는 나머지 당신을 소개할 때 아예 '장차 의사가 될 내 딸'이라는 표현을 쓸 정도다.

문제는 당신은 피를 보기만 해도 기절할 것 같고 사람들과 대면하는 일도 영 적성에 맞지 않는다는 점이다. 더 중요한 사실. 당신은 셈에 밝다. 요즘 일반의 수입은? 글쎄, 모르겠다. 사실 어마어마한 의대 학비, 10년가량 되는 교육 기간, 고액의 학자금 대출 그리고 놀랄 만큼 적은 임금을 감안하면 결국 의사 수입은 배관공과 비슷하다.[1] 방사선과 전문의나 수술 전문의처럼 돈을 더 버는 특수 직종도 있지만 그 일에 종사하려면 몇 년 더 교육을 받아야 한다. 게다가 이런 직종과 다른 많은 첨단의학 분야는 급속도로 자동화되고 있다.[2] 반면 배관공은 직업 안정성이 높아 보인다. 미국에는 건물이 1억 2000만 채나 되는 데다 각 건물마다 배관 설비가 상이해 자동화 시스템을 구비할 위험은 전혀 없을 것 같다.

직업과 경력을 똑똑하게 관리하는 것은 가장 중요한 머니 플랜이다. 경력 관리는 평생 벌어들일 수 있는 수입을 최대화하고 가능한 한 자기 일을 즐기게 만들어준다. 여기서 경력이나 직업은 단수가 아니라 복수가 돼야 한다. 왜일까? 오늘날의 사회에서는 사는 동안 여러 개의 직업과 경력에 종사할 확률이 높기 때문이다. 18~48세 사이 사람들은 대부분 직업을 네 차례, 직무는 열두 차례 바꾼다고 한다. 직업을 바꾸는 이유는 합리적이다. 일을 더 잘해 성공할 수 있는 가능성과 새로 시작함으로써 치러야 하는 대가를 비교하면서 장기적으로 최상의 선택을 하려 애쓰기 때문이다.

새로운 직업을 계속 찾기 위해서가 아니라도, 하다못해 꿈에 그리던 길을 찾은 후에도 직업 선택지는 아주 많고 직장 변동도 잦다. 미국 노동통계국The Bureau of Labor Statistics의 직종 일람표는 최적의 직업을 선택할 수 있는 엄청난 기회의 창이기도 하지만 동시에 그것이 얼마나 어려운지 가늠해볼 수 있는 잣대기도 하다. 노동통계국이 제시하는 주요 직종은 867가지다. 어떤 직업을 선택해 얼마나 오랫동안 종사할지 결정하는 일은 큰 부담일 수 있다. 자신에게 어울리는 직업을 선택할 때까지 맞지 않는 직업을 선택할 확률이 훨씬 높다. 거의 확실하다. 867가지 맛의 아이스크림을 파는 상점에 간다고 생각해보라. 대개 초

콜릿, 바닐라, 쿠키 맛 등 늘 먹던 아이스크림을 후다닥 고르기 쉽다. 그런 다음 일렬로 늘어선 아이스크림 통을 쭉 둘러본다. 모든 아이스크림이 거의 다 맛있어 보인다. 샘플을 다 먹어본다면 꿈꾸던 아이스크림을 분명히 찾을 수 있으리라. 그러나 당신 못지않은 당 중독자들이 뒤에 늘어선 긴 줄에서 차례를 기다리고 있다. 결정할 시간은 임박해오고 뭘 골라야 할지 모르는 상황에서 결국 점원에게 가장 좋아하는 아이스크림이 뭐냐고 묻는다. 곧이어 상점 밖으로 밀려난 당신 손에는 말고기 맛 아이스크림 두 덩이가 들려 있다. 말고기 아이스크림이라니! 지구에 존재하는 최악의 맛을 들고 나온 것이다.

다행히 직업은 아이스크림이 아니니까 탐색할 시간이 몇 년은 있다. 게다가 직업 선택에 도움을 주는 무료 온라인 상담 사이트도 있다. 노동통계국이다. 직업고용 및 임금통계Occupational Employment and Wage Statistics, OEWS 프로그램은 867개 직업 각각에 대한 상세 정보를 제공한다(bls.gov를 찾아보라). 당신이 생각조차 못해본 직업, 한 번도 들어보지 못한 직업도 보게 될 것이다.

당신이자 당신 딸 그리고 손녀인 낸시

낸시라는 여성을 생각해보자. 22세인 낸시는 당신일 수도 있고 당신 딸이나 손녀일 수도 있다. 낸시는 듀크대학교에서 미술사로 학사 학위를 따고 학교를 갓 졸업했고 학자금 대출이 산더미다. 낸시는 지난 한 달간 전국 미술관에 난 저임금 인턴 광고를 보고 관련 직장 37개에 부지런히 지원서를 보냈다. 지금껏 33곳에서 정중한 거절만 받은 상황이다.

이런 상황에서 낸시는 누구나 그렇듯 공황에 빠져 도움을 요청한다. 첫 의논 상대는 이비인후과 의사인 밥 삼촌이다. 밥은 낸시에게 보청기 전문가 일을 해보라고 권한다. "보청기 전문가 분야는 잠재력이 무궁무진해. 미국 국민은 점점 더 노화하고 있고 노화에는 청력 손실이 따르거든."

낸시는 온라인에서 직종을 검색한다. 노동통계국의 직업고용 및 임금통계 사이트로 들어간 낸시는 통계치를 살펴본다. 통계상 보청기 전문가는 연간 약 5만 3000달러를 번다. 대단한 금액이다. 하지만 낸시가 내릴 수 있는 최고의 선택이 보청기 전문가가 되는 것일까? 낸시의 눈이 보청기 전문가 바로 위에 있는 희한한 직업에서 멈춘다. 교정기·보철 전문가라는 직업이다. 금속으로 된 다리 보조 기구와 인공 팔다리를 공급하는 일로 보청기를 맞추는 것과 똑같지는 않지만 그렇다고 크게 다른 분야도 아니다. 그러나 교정기·보철 전문가의 연간 평균 소득은 7만 3000달러다. 보청기 전문가보다 38퍼센트 높다.

낸시가 보청기 전문가가 아닌 교정기·보철 전문가가 된다고 상상해보자. 그리고 물가 상승률을 감안해 매년 연봉을 2만 달러씩, 합리적 은퇴연령인 67세까지 계속 더 번다고 생각해보자. 낸시의 평생 생활수준은 얼마나 더 높아질까?

인플레이션을 대략 감안한 장기금리는 본질적으로 0이라고 했으니 정답을 계산하기는 쉽다. 22세인 낸시가 은퇴할 때까지 일할 햇수인 45년에 2만 달러를 곱하기만 하면 된다. 평생의 소득 차이는 90만 달러다. 와! 평생 소득 견지에서 보면 거의 100만 달러에 이르는 금액이다. 이쯤에서 낸시는 크게 깨달았을 것이다. 교정기·보철 전문가가 되면 보청기 전문가가 될 때보다 14년 더 일찍 은퇴할 수 있고 그렇게 해도 죽을 때까지 보청기 전문가가 누리는 만큼의 연간 생활수준을 누릴 수 있다.

직종별 소득 변화를 비교하라

소득 성장은 직업 선택의 핵심 요소다. 불행히도 노동통계국은 취업 시작 연령이나 연차 기반의 소득 통계를 알려주진 않는다. 하지만 특정 직종의 상이한 연봉 수준 정도는 보여준다. 예를 들어 교정기·보철 전문가의 임금 하위 25분위 연봉(100명의 교정기·보철 전문가 중 급여 수준이 가장 낮은 데서 25번째 전문가의 연봉)은 5만 2000달러. 이 액수를 특정 직종 신입 연봉과 비슷하다고 가정하고 상위 75분위 연봉을 경력 종반기 연봉과 비슷하다고 가정하면 한 직종 전체의 연봉 상승 추이를 비교해볼 수 있다. 이렇게 추론해보면 교정기·보철 전문가의 초봉 수준은 보청기 전문가보다 약 1만 4000달러 더 높고 경력 종반기 연봉은 2만 3000달러가량 더 높다. 교정기·보철 전문가의 연봉이 세월이 흐르면서 더 빨리 상승한다는 뜻이다.

노동통계국 웹사이트는 다른 도시의 연봉을 비교할 수 있는 자료도 보여준다. 미시시피주 잭슨에서 교정기·보철 전문가로 일할 경우 연간 평균 연봉은 12만 3000달러로 전국 평균치보다 5만 달러 더 높다. 도시 가운데서 로스앤젤레스의 12만 9000달러 다음이다. 그러나 온라인에서 도시별 생활비를 추산해보면 로스앤젤레스는 잭슨보다 생활비가 50퍼센트가량 더 비싸다. 따라서 평균 연봉이 더 높다고 해도 로스앤젤레스에 사는 교정기·보철 전문가의 생활수준은 잭슨에서보다 꽤 낮다고 봐야 한다.

보청기 전문가는 어떨까? 플로리다주 탬파는 보청기 전문가의 연봉이 7만 7000달러로 전국 최고다. 전국 평균 5만 3000달러에 비해 훨씬 높다. 그래도 급여와 생활비 차이를 감안했을 때 잭슨에서 교정기·보철 전문가로 사는 게 탬파에서 보청기 전문가로 사는 것보다 생활수준이 두 배로 높다.

"교정기·보철 전문가 연봉이 보청기 전문가 연봉을 따라잡고 있다고?" 낸시의 이야기를 들은 밥 삼촌이 묻는다. 그리고 이렇게 말을 잇는다. "보청기 전문가와 교정기·보철 전문가의 연봉 차이는 놀라울 정도네. 하지만 두 직업에 관한 데이터는 단편적인 정보만 줄 뿐이지. 시간이 지나면 어떻게 될지 알아봐야 해. 30년 뒤엔 보청기 전문가가 교정기·보철 전문가보다 돈을 더 벌걸."

밥 삼촌 말에는 일리가 있다. 노동통계국 데이터에 따르면 지난 10년 동안 교정기·보철 전문가와 보청기 전문가 사이의 연봉 간극이 좁아졌기 때문이다. 그러나 현재까지는 두 직종 간 차이가 엄청나다. 그 격차가 역전되는 건 고사하고 지속적으로 좁아지리란 보장도 전혀 없다.

밥 삼촌은 낸시를 독려한다. "교육비는 고려해봤어? 보청기 전문가보다 교정기·보철 전문가 자격증을 따는 데 시간이 훨씬 오래 걸리거든. 등록금도 더 많이 들지."

"당연히 해봤죠." 낸시가 대답한다. "두 직업 다 교육 기간과 비용이 비슷해요. 어떤 길을 택하든 돈을 대출해야 하고 최소 1년은 걸려야 자격증을 따겠죠. 그래서 말인데요, 바로 그것 때문에 삼촌한테 가장 먼저 조언을 청한 거예요. 삼촌, 저 돈 좀 빌려주세요."

구하라 찾을 것이다

낸시는 자신이 잠정적으로나마 결정한 취업계획에 신이 나 있다. 하지만 일단 돈을 많이 버는 직종으로 방향을 틀고 나니 이제는 교정기·보철 전문가보다 벌이가 훨씬 더 나은 선택지가 또 있는지 궁금해진다. 다행히 노동통계국에는 두 가지 가상비서 소프트웨어가 있다. 하나는 직업편람, 또 하나는 진로 찾기 도구다. 이 두 프로그램이면 낸시는 탐색 범위를 좁히는 데 도움을 받을 수 있다.

직업편람의 특징은 직업 각각의 일반 유형을 특징별로 소개해둬 어떤 전문 분야든 세세한 부분까지 찾아볼 수 있다는 점이다. 중위소득, 교육 요건, 취업 전 요건, 실무 연수 요건, 전국 고용 현황, 고용 성장 예측 등 직업 관련 정보도 신속히 찾아볼 수 있게 해뒀다.

진로 찾기 도구는 고액 평균 연봉처럼 구체적 특징을 지닌 직종을 찾게 해주는 프로그램이다. 불행히도 진로 찾기 도구는 선택지를 좁혀도 너무 좁힌다는 단점이 있다. 좋은 진로를 놓치지 않으려면 867개 직종을 전부 찬찬히 훑어보라고 강력히 권고하고 싶다. 동기 부여가 필요하면 낸시를 생각하자. 교정기·보철 전문가와 보청기 전문가를 비교해보기만 했는데도 연봉 수준이 크게 다르다는 사실을 알고 흥분했던 것을 떠올려보라. 또 하나 유념해야 할 점은 노동통계국이 알려주는 것 이상으로 선택할 수 있는 직업이 많다는 것이다. 노동통계국의 직업 분류는 얼핏 보면 세세한 것 같지만 실제로는 직종을 큰 뭉텅이로 묶어놓은 데 불과한 면이 있다.

11-9033이라는 직종을 예로 들면 교육행정가로 전문대학이나 대학 졸업 학력이 자격 요건이라고 돼 있다. 낸시가 고려해볼 만한 직종이다. 대학 졸업장이 필요하고 전국 평균 연봉은 11만 2000달러다. 교정기·보철 전문가 평균 연봉보다 3만 9000달러가 높고 보청기 전문가 평균 연봉보다는 무려 5만 9000달러나 높다. 노동통계국 진로 설명서에는 아래와 같이 쓰여 있다.

> 종합대학, 단과대학 혹은 전문대학을 비롯한 대학 기관에서 교수 및 강사와 학생 행정, 서비스, 기타 교육 활동을 계획하거나 지시하거나 조율하거나 조사한다.

종합대학에는 11-9033에 맞는 직업이 많다. 이를테면 학과 매니저, 대학 연구실 코디네이터, 학부 학생 자문, 학생부 부학장, 장학금 관리 행정가, 대학 예산 실장, 프로그램 디렉터, 프로젝트 코디네이터, 피험자 보호 전문가 그리고 학생 서비스 매니저 등이다.

따라서 최소한 수박 겉핥기식으로라도 직업 관련 조사를 해야 한다. 노동통계국이 제공하는 진로 목록도 마찬가지다. 예를 들어 보청기 전문가는 두 가지 형태가 있다. 청능사와 청각 기기 전문가다. 청능

사는 난청을 진단한다. 청각 기기 전문가는 문제 교정을 위한 보청기를 선택해준다.

네트워크가 전부다

노동통계국 데이터베이스 같은 진로 데이터베이스는 특정 직종의 일상 직무에 관해 피상적 정보만 줄 뿐이다. 만일 장학금 관리 행정가가 흥미로운 직업으로 보이는데 실제로 무슨 일을 하는지 알고 싶다면 지역 내 대학에 전화를 걸어 장학금 부서의 장이나 실무자에게 직접 문의하라. 지금 진로 조사를 하고 있는데 그들만 대답해줄 수 있는 질문이 있다고 자초지종을 설명하라. 많은 조언을 얻을 수 있을 뿐 아니라 심지어 당사자를 직접 만나게 될 가능성도 있다. 점심을 함께 먹게 될지도 모른다!

친지 혹은 낯선 사람에게 도움을 구해 직장을 얻는 일을 네트워킹이라 한다. 미국에서 네트워킹을 통해 직장을 구하는 사람의 수가 정확히 얼마나 되는지는 아무도 모르지만 존재하는 증거로 미뤄볼 때 구직자의 절반은 족히 넘을 것으로 추정된다.[3] 수많은 취업 공고가 애초에 나지조차 않는 이유가 고용주 측이 책상에 쌓인 이력서 더미를 뒤적이느니 자신의 네트워크를 이용하는 편이 구인에 더 효율적이라 생각하기 때문이라는 증거도 있다. 어떤 직업은 네트워크를 활용하지 않으면 지원조차 해보지 못할 수도 있다는 뜻이다. 친구가 친구를 고용하는 상황을 떠올려보면 그림이 그려질 것이다. 최상의 네트워크를 만드는 법에 관해서라면 인터넷에 좋은 정보와 조언이 넘쳐난다. 이력서 제대로 준비하기, 링크드인LinkedIn 같은 소셜미디어 활용하기, 도움을 청할 사람에게 도와달라고 제안하기, 아니면 단순히 친근해 보이기 등등.

전통적 형태의 네트워킹 말고도 전문 진로 상담사, 온라인 진로 도구 그리고 헤드헌터도 도움을 줄 수 있다. 온라인 도구는 유료지만 사실상 많은 도구가 노동통계국의 무료 데이터에 기반을 두고 있기 때문에 정말 돈을 낼 만한 가치가 있는지 따져봐야 한다. 헤드헌터들은 대개 고용주에게 돈을 받으므로, 이들을 활용해서 당신이 잃을 것은 아무것도 없다.

멈추지 말고 미래를 생각하라

플리트우드 맥Fleetwood Mac이 옳았다.* 언제나 미래를 생각해야 하는 이유는 간단하다. 진로 선택에서의 성공은 길게 봐야 하기 때문이다. 어떤 직업이 당장은 매력적이라 해도 아주 오랫동안 할 수 있는 일이 아니라면 최상의 선택이 될 수 없다는 점을 기억하라.

수많은 고소득 직종은 번아웃 증후군 비율과 이직률이 높다. 기업 법률 전문 변호사가 그중 하나다. 이들은 일을 시작하고 처음 몇 년 동

---

* 영국 록밴드. 〈멈추지 말고 미래를 생각하라Don't Stop Thinking About Tomorrow〉라는 노래로 인기를 끌었다—옮긴이

안은 주 60시간 이상 일해야 한다. 50세가 돼서 그 정도 일의 양과 속도를 더는 버텨내지 못해 주말까지 일에 바칠 의지와 열의가 충만한 27세 젊은이에게 밀려난다면 지금까지 쌓은 눈부신 경력은 그대로 물거품이 된다. 그러니 직업을 선택할 때는 늙어서도 일할 가능성이 높은 일인지 시간을 들여 확인하라. 그렇지 않은 직종은 탈진 비율이 매우 높거나 일 자체가 육체적으로 아주 고되거나 연공서열 기반의 봉급 체계에서 나이가 들면 비용을 늘린다는 이유로 밀려난다는 뜻일 수 있다.

미국의 누진세 체계에서 연봉은 높지만 수명은 짧을지 모르는 직종을 선택할 경우 더 큰 대가를 치러야 한다. 세금은 매년 내며 연봉이 높을수록 연간 세율도 높아지니, 평생 버는 수입이 같아도 더 짧은 기간에 세금을 몰아서 내면 실제 가용소득이 줄어들게 된다. 일반의와 배관공 비교를 떠올려보라. 의사라는 직업은 비교적 짧은 세월 동안 큰 연봉을 압축해 받는 직종이다. 세금 역시 단기간에 몰아서 내야 한다. 배관공 일은 그렇지 않다. 배관공이 의사와 동일한 생활수준을 누릴 수 있는 이유 중 하나가 바로 이것이다.

번아웃 증후군은 위험 요소지만 그래도 최소한 어느 정도는 당신이 통제할 수 있다. 그러나 선택한 직종이 기술 발전으로 자동화를 겪고 있거나 외부 하청 대상이거나 해외로 이전된다면 새 직업을 찾는 일 외에 다른 선택지가 없을 수 있다.

특히 자동화는 요즘 직업을 선택할 때 예민한 관심사다. 일부 추정에 따르면 앞으로 수십 년 내에 미국에서 절반에 이르는 직종이 로봇으로 인해 사라질 것이다.[4] 도저히 믿기지 않는 변화일 수도 있다. 하지만 로봇이 할 수 없거나 하려고 하지 않을 수 있는 직종을 생각하기란 불가능할 정도다. 로봇은 이미 비행기를 조종하고 자동차를 운전하며 공장에서 직원 대신 일한다. 처방전을 채우고 구매를 처리하며 아이를 돌봐주고 햄버거를 나른다. 진공청소기를 돌려주고 수술실에서 담낭을 제거해주며 등을 문질러주고 적을 살해한다. 게다가 과거 수많은 숙련근로자가 오늘날 우리가 누리는 기술보다 턱없이 어설픈 기술로 취업 시장에서 퇴출당했다는 사실을 생각해보라. 예를 들어 1900년에는 2100만 마리 말이 수송과 농업을 비롯한 대부분의 노역을 담당하고 있었다. 그러다 열기관이 등장했다. 오늘날 노역에 쓰이는 말은 200만 마리 미만이다.

다행히 자동화 확률을 확인할 수 있는 방법이 있다. 경제학자들과 기계학습 전문 프로그램이 거의 모든 직업이 몰락한 말처럼 될 확률을 추산해놨기 때문이다. replacedbyrobot.info라는 웹사이트는 당신의 직업이 첨단기술로 인해 완전히 파탄 날 확률을 알아볼 수 있는 사이트 중 하나다. 흥미롭게도 이 사이트는 앞에서 살펴본 교정기·보철 전문가와 보청기 전문가(특히 청능사)가 모든 전문 직종 중 자동화 가능성이 가장 낮은 편에 속한다는 결과를 제시한다. 물론 교정기와 인공 팔다리를 사용자에게 잘 맞도록 주문·제작하고 보청기를 개선하는 데는 분명 광범위하게 소프트웨어가 사용될 테지만 임상은 꼭 사람이 해야 하는 일이기 때문이다.

하청이나 해외 이전으로 직장을 잃는 것 역시 로봇에게 직장을 빼앗기는 것 못지않게 괴롭다. 하청이란 기업이 제3자를 고용해 당신이 하던 일을 시키는 것이다. 해외 이전이란 외국인을 고용해 당신 자리를 채우는 것이다. 현재 해외 이전은 미국 취업 시장에 훨씬 더 큰 위협이 되고 있다. 최근 한 연구는 모든 직종의 4분의 1이 앞으로 불과 몇 년 뒤에는 해외 이전 대상이 될 것임을 시사한다.[5] 저런!

자동화 사례에서도 봤지만 하청이나 해외 이전의 표적이 될 확률이 가장 낮은 직업은 반복적이지 않은 일, 인간의 기술이 필요한 일이다. 사람 사이에 상호작용이 이뤄지는 보청기 전문가나 교정기·보철 전문가 같은 의료업 직종이 많이 포함돼 있다.

남아도는 노동력이 되는 데서 오는 피해를 막는 또 한 가지 방법은 신생 사업, 즉 새로운 직업이 늘 생겨나는 분야와 급속하게 성장하고 있는 분야의 직종을 선택하는 것이다. 그러면 해고를 당한다 해도 다른 기업에서 다시 일을 시작하기가 더 쉽다. 주목할 만한 사실 하나. 미국 내 신생 기업 절반은 3006곳 카운티 중 단 20곳 정도에만 자리 잡고 있다. 이들 중 어느 곳이건 경력을 시작하기에 좋은 출발점이 될 수 있다.[6] 일부 카운티는 생활비가 비싼 주요 대도시에 위치해 있지만 생활비가 그리 비싸지 않은 교외 지역 카운티도 있다.

한 직종에서 오래 일할 확률이 줄어드는 불확실한 상황에서 앞으로 각각의 직종으로 벌어들일 소득을 어떻게 비교할 수 있을까? 그 답은 특정 직종에서 매년 벌어들일 소득과 그 직종에서 특정 해까지 일을 지속할 확률(예를 들어 80퍼센트라면 0.8)을 곱하는 것이다. 그런 다음 일을 할 연수와 예상 연봉 수치를 곱한 뒤 거기서 예상 연간 비용 수치를 빼보라. 그러면 해당 직업의 예상 가치가 나온다. 특정 직업을 지속할 확률은 어디서 구해야 할까? 당신이 종사할 직종이 자동화될 확률을 조사하는 것이 출발점이다. 한편으로 해당 분야에서 일하는 사람—장기적 전망과 관점을 지닌 선배—에게 자기가 종사하는 직업이 30년 뒤에도 남아 있을 확률이 얼마나 된다고 생각하는지 자문을 구하라.

물론 이런 계산을 해본다고 해서 갑자기 해고를 당해 현실에서 삶이 완전히 뒤바뀌는 경제적·심리적 피해 혹은 사양산업에서 일하는 공포 요인까지 포착할 수 있는 것은 아니다. 이는 무시할 수 없는 개인적 요인이다. 그렇다 해도 이 계산은 특정 직종이 사라질 확률까지 감안해 평균적으로 어느 정도 소득을 제공할지 명료하게 알려준다는 장점이 있다.

초봉이 높은 직종보다 소득 성장이 빠른 직업을 택하라

가정을 한번 해보자. 당신은 현재 22세고 67세까지 일할 계획이다. A라는 직업은 초봉이 7만 5000달러로 상당히 높다. 그러나 이 직업은 실질임금 상승은 보장해주지 않는다. 물가 상승률을 넘어서는 연봉 인상이 없다는 뜻이다. B라는 직업은 연봉 6만 달러에서 출발하지만 (대부분의 직업에서 수입이 가장 높아지는 나이인) 50세를 거치는 동안 매년 물가 상승률을 넘는 2.5퍼센트씩 임금이 상승한다. 전체 직종을 기반으로 추산할 때 세후 소득은 A와 B 중 어느 직업이 더 많을까?

승자는 B다. 그것도 대승이다. 첫 소득은 20퍼센트 적었지만 50세가 되면 60퍼센트 더 높은 연봉을 받고 이후 17년 내내 더 높은 연봉을 받는다. 평생 수입으로 따지면 B의 연봉이 35퍼센트나 더 높다! 하지만 주의하자. 직종별 연봉 증가 추세는 모종의 이유로 기울어져 있다. 평탄하지 않다는 뜻이다. 보통 젊을 때 더 열심히 일할 동기를 부여하기 위해 나이가 들수록 연봉이 높아지게 돼 있다. 그러나 한편으로 충분히 근면하지 않거나 성과를 내지 못하는 경우 고용주가 당신을 해고할 수도 있다. 게다가 연봉이 높아지기 시작하면서 일부 악덕 고용주는 암묵적으로 약속한 실제 연봉을 지급하지 않으려 당신을 부당해고할지도 모른다. 이를테면 10년—B라는 직업에서 연봉 7만 5000달러에 도달하는 데 걸리는 시간—이 지난 뒤 겨우 연봉이 올라갔는데 해고를 당한다면 미래에 늘어날 연봉만 믿고 혼신의 힘을 다해 일을 해온 당신에게는 정말 끔찍한 손해다.

당신만 좋아하는 직업을 찾으라

직업 B가 A보다 당신의 수고에 연봉을 35퍼센트 더 주는 것에는 이유가 있다. 특정 직업의 연봉이 일정 비율로 올라가는 이유가 그 직업에 어떤 식으로든 부정적 측면이 있기 때문일 경우 경제학자들은 여기에 따르는 임금 차액을 '보상적 임금격차compensating differential'라 부른다.

보상적 임금격차는 노동시장에서는 흔한 일이다. 기술과 교육과 경험을 비롯해 다른 모든 조건이 동일하다면 불쾌하거나 위험하거나 신경을 많이 쓰게 하거나 불안정하거나 괴롭거나 금전 위험이 있는 일을 하는 사람이 이런 단점이 전혀 없는 일을 하는 같은 조건의 사람보다 돈을 더 받는다. 낸시 사례를 다시 떠올려보라. 교정기·보철 전문가와 보청기 전문가 사이의 선택 말이다. 교정기·보철 전문가라는 직업은 인공 팔을 달아야 하는 23세 젊은이를 상대하는 일이고 그런 일은 8세 아이에게 보청기를 달아주는 일보다 훨씬 더 힘들기 때문에 연봉을 더 받을 확률이 높다.

낸시가 조언을 구한 밥 삼촌이 낸시에게 보청기 전문가의 길을 선택하라고 설득한 마지막 이유도 바로 이것이다. "낸시, 교정기·보철 전문가 연봉이 왜 더 높은지 확실히 알았을 거다. 넌 아주 고통스러운 신체장애를 지닌 사람을 매일 상대해야 해. 꽤 우울할 거다."

낸시는 이 문제를 심사숙고했다. "알았어요. 교정기·보철 전문가 일이 보청기 전문가 일보다 급여가 높은 게 우연은 아니네요. 그리고 그 일이 힘들 때가 많다는 것도 잘 알았어요. 하지만 전 보통 사람과는 달라요. 좀 특이한 편이거든요. 아무래도 전 교정기·보철 전문가로 사람들을 돕는 데서 개인적 보람을 더 크게 느낄 것 같아요. 제게는 보상적 임금격차가 그저 보너스에 불과하니까요. 설사 교정기·보철 전문가와 보청기 전문가의 연봉이 같다고 해도 전 교정기·보철 전문가를 선택할 거예요."

"음, 낸시야 네가 사안을 다각도에서 고려한다니 다행이구나. 교정기·보철 전문가로 일하는 게 네게는 최선의 진로일 수도 있겠다." 밥 삼촌이 대답한다.

"삼촌, 사실 진로를 그렇게 쉽게 찾아볼 수 있고 게다가 훨씬 더 많은 돈을 벌 수 있는 직종이 있다는 걸 알고 나니 욕심이 막 생기더라고요. 그래서 다른 직종도 계속 알아봤어요. 그러다 보상적 임금격차가 훨씬 더 큰 직업을 찾아냈죠. 장의사 말이에요. 이참에 장의사가 될까 생각 중이에요. 남자들이 주로 장악하고 있는 분야지만 여자라고 한 몫 크게 잡지 못할 이유가 없잖아요."

이번에도 낸시의 생각은 탁월하다. 낸시는 보상적 임금격차를 진로 탐색에 훌륭하게 활용하고 있다. 낸시는 장의사가 되면 정말 재밌겠다고 생각한다. 대화를 나눌 필요가 없는 사람을 상대로 일한다는 게 마음에 든다. 대부분의 사람이 꺼리는 일을 하면서 돈을 더 벌 수 있고 즐거움까지 누릴 수 있다.

낸시가 주는 메시지는 당신이 경제적으로 유리한 진로를 모색할 때 중요하게 고려할 가치가 충분하다. 장의사가 하는 시신 방부 처리처럼 대부분의 사람이 싫어하는 일을 좋아할수록 진로 탐색이라는 금광의 규모는 커질 수 있다. 비결은 당신은 좋아하면서 남들은 싫어하는 직업을 찾아 탐색 목록 최상단에 놓는 것이다.

자영업을 고려하라

자영업은 아무나 할 수 있는 일은 아니다. 하지만 이 책을 읽고 있는 당신은 아무나가 아니지 않은가. 매년 생겨나는 신생 업체가 무려 60만 개 이상이다. 그중 많은 업체가 파산한다. 7년 후까지 살아남는 업체는 그 절반에 불과하다. 10년이 지나도 여전히 운영하는 업체는 30퍼센트로 줄어든다. 20년이 지나면? 고작 20퍼센트만 남는다. 그러니 자기 사업을 시작한다고 성공을 보장할 순 없다. 하지만 그 보상이 엄청나리라는 것만은 확실하다. 자기 집 차고에서 애플Apple을 창업해 억만장자가 된 스티브 잡스Steve Jobs까지 될 필요는 없다. 훨씬 많은 창업주가 큰돈을 들이지 않아도 안전하고 훌륭하게 자영업을 하면서 스스로의 고용주가 될 수 있음을 입증한다.

팻 케니와 카라 케니 남매를 소개하겠다. 최근 내가 만난 남매 동업자다. 아일랜드에 살던 청년 팻은 괜찮은 학생이었지만 대학은 그의 적성에 맞지 않았다. 아버지가 간신히 운영하시는 작은 규모의 농장 일도 그의 적성은 아니었다. 18세가 되자 팻은 아일랜드 코크를 떠나 뉴욕주 새그하버로 갔다. 새그하버에는 이미 그의 누이 카라가 집 청소 일을 하면서 살고 있었다.

나는 아내와 함께 팻의 부모님이 코크에서 운영하던 오두막을 빌려 지낸 적이 있다. 우리는 하룻밤 사이에 그 집 식구들과 친해졌고 몇 달 뒤 두 분이 롱아일랜드에 정착한 팻과 카라를 방문할 때 같이 그곳으로 갔다. 두 분은 우리에게 자식들이 잘됐다고 말해주셨다. 하지만 팻과 카라의 성공은 그저 잘된 수준이 아니었다. 입이 떡 벌어질 만큼 성공적인 창업을 한 사업주였던 것이다. 이제 45세가 된 팻은 이윤이 많이 나는 건설 회사를 운영하고 있다. 카라도 청소 회사를 창업해 놀라울 만큼 크게 키워냈다.

아일랜드를 떠나 뉴욕에 도착한 팻이 잡은 첫 일은 공사장 막일이었다. 팻은 여러 도급업자들과 일하며 건설 일을 배워나갔다. 그러면서 자신이 설계뿐 아니라 고객 응대에도 재능이 있음을 알게 됐다. 팻의 아일랜드 억양은 뉴요커들에게 꽤 참신하게 들렸다. 5년 후 그는 자신의 업체를 꾸려 직접 따 온 일을 해줄 추가 일꾼을 고용했다. 마침

내 친구 하나가 그에게 작은 집의 설계와 시공을 맡겼다. 팻은 일을 잘 마무리했고 이 일로 더 큰 프로젝트까지 더 맡게 됐다. 우리가 팻의 부모님을 모시고 갔을 무렵 팻은 월가의 거물이 살 약 279제곱미터짜리 해변 주택 프로젝트를 마무리하던 중이었다. 테니스코트, 풀장, 옥외 온수 욕조, 스파 욕조, 운동 시설, 자동차 여섯 대가 들어가는 차고에다 주인의 기후 위기 관련 죄책감을 덜어줄 태양전지까지 온갖 시설을 갖춘 집이었다.

한편 누이 카라가 사업을 확장한 비결은 책에 나오는 가장 오래된 마케팅 전략을 쓰는 것이었다. 바로 현 고객에게 새 고객을 이어달라고 도움을 청하는 것이다. 고객 목록이 늘어나면서 카라는 청소보다는 감독 일에 더 많은 시간을 쓰게 됐다. 머지않아 그의 청소 서비스는 직원 35명, 고객 600명의 사업체로 변모했다. 팻처럼 카라도 상위소득 생활수준으로 빠르게 진입한 것이다.

아일랜드를 떠나 크게 성공한 지 20년이 지난 지금도 남매는 여전히 현실에 발을 단단히 박고 사는 사람들이다. 성공 비결을 묻자 둘은 운이 좋았다고 대답했다. 그냥 지역 요식업체에서 웨이터로 쉽게 일을 시작해 그대로 쭉 일할 수도 있었는데 어떻게 운이 트여 창업까지 했다는 것이다. 그들 말이 맞을 수도 있다. 하지만 내 생각은 다르다. 이들이 뉴욕에서 웨이터로 일을 시작했다면 아마 식당 경험을 발판 삼아 푸드 트럭 사업을 시작하고 그 뒤에는 작은 규모의 카페, 그다음에는 마침내 둘만의 식당을 했으리라 장담한다. 케니 남매는 달리 생각하기가 불가능할 만큼 추진력과 열정 넘치는 사람들이기 때문이다.

열정과 추진력은 남매의 성공에 중요한 요인이긴 했지만 결정적 요인은 아니었다. 핵심 요인은 내부 정보였다. 이들은 자신이 종사하는 업종의 세부 사항을 주의 깊게 꼼꼼히 습득했고 자신을 고용한 이들보다 더 우수한 서비스를 더 싼값에 제공할 수 있음을 깨달았다. '시간은 돈이다'라는 벤저민 프랭클린Benjamin Franklin의 명언을 떠올려보라. 이 명언을 창업주들은 '전문 지식은 돈이다'로 해석해야 한다. 그 지식이 꼭 기술적인 부분일 필요는 없다. 대인 관계와 관련된 지식이어도 좋다. 팻의 경우는 물론 자신이 종사하는 건설 일을 배워야 했다. 하지만 그 외에 또 두 가지 사항을 더 세심하게 파악했다. 같이 일하던 도급업자와 건축가보다 자신의 디자인 감각이 더 낫다는 점 그리고 사교적인 성격과 유머 감각 덕에 자신이 건축 분야의 다른 누구보다 고객과의 교류에 뛰어나다는 점이었다. 신중함도 핵심 요인이었다. 팻과 카라 남매는 빚을 지지 않고 업체를 조금씩 키워야 한다는 사실을 잘 알고 있었다.

창업이 너무 위험한 일처럼 보일 수 있다. 그러나 사실 팻과 카라의 결정은 위험과는 거리가 멀다. 실제로 자영업이 고용주를 위해 일하는 것보다 훨씬 더 안전할 수 있다. 팻과 카라의 직업 안정성은 최고다. 애초에 해고당할 일이 없기 때문이다. 남매는 승진에서 누락되는 일도 없을 것이다. 예상했던 상여금이 갑자기 깎일 일도, 까다로운 상사를 참아줄 일도 전혀 없다. 그뿐만 아니라 이들의 사업체는 성장했고 덕분에 이들은 남의 밑에서 고용인으로 일했다면 벌지 못했을 큰 돈을 벌었다.

비용을 투자한 신호로 경력을 쌓으라

분명 자영업을 해야 할 이유는 많다. 그러나 꼭 자영업을 하지 않고 고용인이 돼서도 미래를 탄탄하게 보장받을 방법이 있다. 앞으로 들 사례의 주인공은 CJ다. 그는 오랫동안 매사추세츠주 벨몬트의 세차장에서 일하다 결국 그 세차장 소유주가 된 인물이다. 나는 벨몬트에 살던 시절 CJ에게 세차를 받았다. 그는 60대가 돼서도 쩌렁쩌렁한 목소리로 직원들에게 일을 가르쳤을 뿐 아니라 모범을 보이기 위해 직접 세차도 했다.

어느 날 CJ가 자기 일에 얽힌 흥미로운 사연을 들려줬다. 그는 20대 초반이던 1960년대에 보스턴으로 왔다. 흑인에다 고등학교 졸업장밖에 없는 처지에 일자리를 찾기란 쉽지 않았다. 몇 달이나 일자리를 구하던 끝에 광고란에서 한 자동차 세차장의 '사원 급구' 광고를 보고 세차장을 찾아갔다. 벨몬트까지 버스를 네 번이나 갈아타고 가야 했다. 세차장 사장들은 CJ가 탐탁지 않았지만 CJ는 자신에게 한 번만 기회를 달라고 설득했다. 그들은 CJ에게 다음 날 아침 8시까지 오라고 말했다. 그러나 다음 날 CJ는 새벽 6시 30분 넥타이를 단정하게 맨 차림새에 완벽하게 광을 낸 구두까지 신고 세차장으로 출근했다. 사장들은 그의 모습에 깊은 인상을 받았고 얼마나 오래 기다린 거냐고 물었다. "한 시간 반이요." 그가 대답했다.

다음 날도 똑같았다. CJ는 8시에 일을 시작하는데도 6시 30분에 출근했다. 매일매일 그는 지나치게 잘 차려입고 지나치게 일찍 출근했다. 언제나 예외 없이 때 빼고 광낸 차림새였다. 이 이야기의 핵심은 무엇일까? 그의 설명에 따르면 CJ는 사장들에게 자신이 신뢰해도 좋을 사람이라는 신호를 줬다. 자신은 흑인이기 때문에 특히 더 열심히 그런 신호를 보내야 했다는 사연이었다. 일찍 출근할수록, 옷을 잘 차려입을수록, 구두에서 광이 반짝반짝 날수록, 다시 말해 더 높은 비용을 감수할수록 더 좋은 신호를 고용주에게 보낼 수 있었다. CJ가 그저 10분 일찍 출근했다면 그건 큰일이 아니다. 하지만 매일매일 한 시간 반이나 일찍 잘 차려입고 구두에 광까지 내서 출근한다면? 그쯤 되면 그의 행동은 그를 신뢰해도 좋다는 신호로 작용한다. 그 신호는 통했다. CJ는 소중한 시간과 돈을 들이면서까지 자신이 세차장이라는 직장을 진지하게 생각한다는 점, 오너들과 장기적으로 일하려 정성을 쏟고 있다는 점을 그들이 납득하게 만들었다.

CJ의 모습은 그에게 세차 이상의 큰 야심이 있다는 신호이기도 했다. 그 결과 오너들은 곧 CJ를 완전히 달리 보기 시작했다. 특히 이들은 CJ가 중요한 당면 문제를 해결해줄 수 있으리라고 생각했다. 자신들이 골프를 치러 간 사이 그들보다 더 잘할 정도는 아니어도 그들만큼 세차장을 운영할 인력을 구하는 일 말이다. 이들은 광고, 신제품 그리고 비용 절감에 관한 참신한 아이디어도 생각해내야 했다. CJ는 문제를 해결해주고 돈은 받지 않았다. 그렇다고 세차장을 위한 묘안을 갖다 바치고 가만히 있었던 것은 아니다. 그는 사장들의 문제를 해결해주면 자신의 경력을 더 빠르게 발전시킬 수 있다는 점을 잘 알았다. CJ가 밝게 웃으며 세차 손님을 응대하고 손님 이름까지 하나하나 기억하는 등 새로운 마케팅 전략을 개발한 덕에 세차장 수입이 두 배 이상 증가했다.

시간이 지나고 CJ는 세차를 하는 많은 직원과 달리 전체 사업을 관리하는 직책을 맡았다. 사장들은 은퇴하면서 CJ에게 세차장을 팔았고 그는 세차장을 계속 성공적으로 운영하며 세 딸을 대학 교육까지 시켰다. CJ 말에 따르면 세차장 사업은 자신의 인생에서 가장 큰 성취였다. 세차장 오너가 된 뒤에도 그가 신발에 광을 냈다는 사실은 덧붙일 필요도 없는 이야기다.

CJ가 생각한 전략은 고도로 세련된, 노벨경제학상까지 수상한 이론과 본질적으로 같다. 바로 비싼 신호로 신뢰성을 전달하는 방법을 설명한 신호 이론signaling theory이다. 경제학자인 나는 CJ가 불과 22세의 나이에 이 이론의 정수를 스스로 생각해내고 그토록 눈부신 방식으로 자신만의 신호를 전달했다는 사실에 적잖은 감명을 받았다.

말년에 직업을 바꿀 때는 비용 회수 기간을 고려하라

잠시 팻의 이야기로 돌아가보자. 만일 팻과 그가 꾸리고 있는 사업에 악재가 터진다면? 월가의 큰손인 고객이 금융 사기로 교도소에 갇히는 바람에 팻에게 갚아야 할 엄청난 금액의 대금을 갚지 못한다. 그런데다 환경 재앙으로 해수면이 상승한다. 그 속도도 엄청나다. 이제 롱아일랜드 최북단 지역의 건설 수요가 말라붙어 팻은 유머 감각을 잃기 시작한다.

팻은 처음부터 다시 시작해야 한다. 하지만 어디서 뭘 한단 말인가? 45세에 새로이 진로를 선택하는 일은 22세 때와는 다르다. 따라서 그의 셈법은 낸시와는 상당히 달라진다. 가장 큰 차이는 나이가 들어 새로운 직업을 갖는 경우 새 직종에 종사하기 위해 교육받는 비용을 회수하는 기간이 젊어서 새 직업을 가질 때보다 짧아진다는 점이다. 말하자면 팻이 65세에 은퇴할 계획인데 의사가 되자고 10년 동안 학교에 다닐 수는 없는 노릇이란 뜻이다. 첫 환자를 받아 돈을 벌 때 이미 56세가 된다. 마찬가지로 초봉이 높은 직장보다 소득 성장이 큰 직장이 주는 이득 역시 누릴 여유가 없을 것이다. 따라서 팻은 이른 시일 내에 성공할 수 있는 직종을 찾아봐야 한다.

각 직업의 가치를 계산해 예상 수입을 모두 더하고 그 값에서 예상 비용을 빼면 어떤 투자든 회수할 수 있는 시간이 짧다는 사실이 드러날 것이다. 그리고 모든 것을 감안할 때 무엇이 이득이고 손실인지 파악할 수 있을 것이다.

직업을 선택할 때의 핵심은 다음과 같다.

■ 오늘날의 노동시장은 빠른 자동화, 하청, 해외 이전 등으로 부
  모 세대 때와는 다르다. 배관공의 평생 수입은 일반의와 비슷하
  며 과거에는 들어본 적조차 없는 직업도 고려할 가치가 있다.

■ 노동통계국 자료와 기타 도구를 이용하라. 단, 데이터베이스에
  만 의존하지 말고 관계자에게 도움을 청하고 네트워크를 구축
  하며 고용주의 잠재적 문제를 해결할 방법을 알아내라. 당신이
  감당할 수 있는 비용으로 가능한 한 더 많은 신호를 적극적으
  로 보내 특별한 기여를 할 수 있다는 점을 어필하라.

■ 더하고 곱하고 빼라. 연봉을 근무 연수와 곱한 수치에서 비용
  을 빼 예상액을 산출하면 그 직업의 순소득을 1차로 파악할 수
  있다. 최악의 시나리오도 고려하라. 확률만 믿을 수는 없다. 당
  신이 평균이 되리란 보장은 없다.

■ 순 비용과 보상적 임금격차를 감안하라. 특정 직업의 연봉이 별 이유 없이 지나치게 높다면 이유를 알아보라. 위험한 일을 해야 하는지, 힘든 시간을 보내야 하는지, 교육비가 높은지, 번아웃 증후군 비율이 높은지, 성차별이나 인종차별이 있는지 등의 정보를 찾아봐야 한다. 단, 다른 사람이 그 직업을 꺼린다는 이유만으로 당신이 흥미를 느끼는 직업을 겁낼 필요는 없다. 남이 싫어하는 일이 오히려 내가 좋아하는 일일 수도 있다.

■ 자영업을 고려해보라. 올바른 방식으로 올바른 사업을 꾸린다면 남은 미래 소득을 높일 수 있고 비할 데 없는 직업 안정성도 누릴 수 있다.

■ 멈추지 말고 미래를 고민하라. 은퇴 전까지 가능한 최선의 경력을 쌓고 있는가? 직업을 바꿔야 할까? 현재 경력이 위험에 처해 있는가? 자신이 종사하는 직종의 이익과 보상의 향후 추세와 미래 위험을 고려하라. 예를 들어 롱아일랜드에서 건설 일에 종사하고 있다면 해수면 변화를 주시하라. 한편으로는 허리케인이 누군가의 집을 무너뜨릴 때 당신이 그의 집을 다시 지을 수 있다는 점에서 누군가의 손실이 당신에게는 이익이 될 수도 있음을 고려해야 한다.

■ 직업 선택이야말로 가장 중요한 재무 투자임을 유념하라. 남은 평생 수십만 달러를 벌어줄 일을 찾아내는 데는 아주 적은 노력만 기울이면 된다.

두 번째 머니 플랜

은퇴에 관한 결정 1
: 돈 벌기를 멈추지 말라

50대 후반이나 60대인데 아직 일을
하고 있다면 당신은 지금쯤 일찌감치 은퇴한 친구들과 어울리고 싶어
좀이 쑤실 것이다. 아니면 배우자나 동반자가 이미 은퇴해 당신과 시
간을 같이 보내고 싶어 할 수도 있다. 아니면 자녀들이 당신이 손주를
하루 종일 무보수로 봐주길 내심 고대하고 있을 수도 있다.
　　재무 관점에서 은퇴는 늦게 할수록 안전하고 영리한 전략이다. 다
시 말해 남들과 어울리느니 일을 하는 편이 경제적으로는 낫다는 말
이다. 그럼에도 불구하고 직장인 중 거의 3분의 2가 57~66세 사이에
조기 은퇴를 한다.[1]
　　조기 은퇴를 현실적으로 인식하는 사람은 거의 없다. 현실적으로
조기 은퇴란 우리 인생에서 가장 길고 비싼 휴가를 갖겠다는 결정이
다. 이렇게 표현하면 은퇴의 근사한 이점―손주들과 즐기는 여가, 취
미 활동을 할 여유, 스트레스 감소, 원할 때 원하는 일을 할 자유―이

수십 년까지는 아니어도 수년 동안의 소득이라는 값비싼 대가를 치르고 얻는 것이라는 점이 분명해진다.

이 책이 제시하는 머니 플랜 중 가장 간단한 계획은 돈 벌기를 멈추지 *않는* 것이다. 조기 은퇴는 돈을 포기하겠다는 결정이다. 조기 은퇴가 탁월한 선택지인 상황도 있다는 점은 분명하게 짚고 넘어가자. 경제적 여력이 있는 일부는 은퇴계획을 세심하게 세워 자신이 파악한 감당할 수 있는 값에 여가를 살 수 있다. 물론 더 많은 근로자에게는 아예 선택의 여지 자체가 없다. 몸과 마음이 완전히 탈진한 상태기 때문이다. 자신이 종사하는 일이 자동화되거나 하청 혹은 해외 이전 대상이 되는 모습을 봐야 하는 경우도 있다. 늙었다는 이유만으로 불법 해고를 당하고 다른 직장을 알아보려 해도 또다시 연령차별을 겪기도 한다. 모두 조기 은퇴를 선택할 수 없는 경우다.

이런 경우를 제외하고 생각해볼 때 조기 은퇴를 결정하는 대다수는 자신의 의지로 은퇴를 선택한다. 55~65세가량 연령대에서 직장을 그만두는 사람 대부분은 직장에 다니지 못할 장애 없이 건강하다.[2] 그런데도 많은 사람이 저축해놓은 돈도 거의 없으면서 무턱대고 은퇴를 해버린다.

베이비붐 세대의 은퇴라는 낭패

현재 미국에서 조기 은퇴 하는 연령대에 속하는 사람은 인구 특징상 베이비붐 세대—1946~1964년에 태어난 세대—로 무려 7300만 명이나 된다. 이들이 스스로 은퇴를 결정했다는 점은 이들의 저축액이 많지 않다는 사실을 고려하면 그저 놀랍기만 하다.[3] 실제로 이미 은퇴한 베이비붐 세대 거의 절반 정도가 저축이랄 게 거의 없는 실정이다.[4] 베이비붐 세대 전체 중위자산은 고작 14만 4000달러 정도다. 중위가구 3년 치 지출도 못 되는 액수다.[5] 개인연금이나 주나 지역에서 주는 연금이 상당액 있다면 상황이 훨씬 나을 테지만 그렇지도 않다. 베이비붐 세대 세 명 중 한 명 미만꼴로만 사회보장계좌 외의 다른 계좌가 있고 사회보장계좌 납입금도 연간 1만 8000달러 미만에 불과하다.[6] 연금을 받는 은퇴자라 하더라도 많은 수는 사회보장제도에 속하지 않은 주나 지역정부에서 일한 뒤에 국가가 보장하는 사회보장급여를 애초에 기대할 수도 없다.

저축 부족 문제는 비단 베이비붐 세대만의 걱정거리가 아니다. 미국 근로자 대부분의 저축액이 매우 적다. 보스턴칼리지의 은퇴연구센터Center for Retirement Research 보고서에 따르면 오늘날 근로자 가구 중 절반은 은퇴 시 생활수준이 심각하게 하락할 위험에 처해 있다.[7] 모든 근로자가 2년 더 늦게 은퇴한다면 이런 위험이 대략 절반가량으로 떨어진다.

당신을 공포에 떨게 할 생각은 없다. 수백만 명의 은퇴자가 나사NASA에서 쓰는 속된 말로 '나사가 풀려 돈을 마구 써버렸다'고 해서 당신까지 저축이 거의 없다는 뜻은 아니다. 그렇다 해도 당신 역시 지나치게 일찍 은퇴할 계획을 세웠거나 이미 은퇴해 계속 그 상태로 지낼 계획일 수도 있다. 영영 은퇴할 최적 시기를 결정하려면 두 가지를 먼저 생각해야 한다. 첫째, 재무 관점에서 당신 수명이 예상보다 길어질 수 있음을 인식해야 한다. 둘째, 은퇴를 미루고 일을 더 오래하는 것이야말로 노후 생활비를 벌어들이는 확실한 방법임을 알아야 한다.

제때 죽는다? 죽을 제때란 없다

대부분의 사람이 충분한 액수의 돈을 저축해두지 못한 이유 중 하나는 기대수명에 대한 오해가 확산돼 있기 때문이다. 통계학에서 '기대'라는 말은 평균을 뜻한다. 예를 들어 현재 50세인 사람은 평균적으로 82세에 사망한다. 따라서 이들의 기대수명은 32년이다. 이는 대개 계획 기간을 설정하는 데 쓰인다. 지극히 합리적으로 보이는 계산 같지만 솔직히 말해 미친 짓이다.

우리가 정확히 자신의 기대수명에 맞춰 죽을 확률은 본질적으로 0이며 그 기대수명보다 1년 먼저 혹은 1년 늦게 죽을 확률 또한 지극히 낮다. 현재 50세인 사람의 족히 절반 이상은 80세를 훌쩍 넘기도록 살아 있을 것이다.[8] 그중 4분의 1은 90세까지 살 것이다. 게다가 결혼했거나 동반자가 있다면 가족 단위의 장수 연령을 모두 합친 수치가 가장 중요하다. 부부가 모두 65세라고 가정해보자. 적어도 둘 중 한 명이 95세까지 살 확률은 18퍼센트다.[9]

100세나 그 이상까지 산다면 어떨까? 황당한 소리처럼 들릴지 모르지만 그렇지 않다. 100세 언저리까지 살 확률은 나이와 건강 상태에 따라 1~5퍼센트에 이르기 때문이다. 100세까지 사는 사람이 당신만은 아닐 것이다. 2050년까지 100세 인구는 60만 명에 이를 것이다. 미국의 꽤 큰 도시를 채울 정도가 된다. 캔자스시티에서 차를 몰고 가는 데 보이는 운전자마다 100세라고 상상해보라.

건강만 잘 유지한다면 100세를 넘어서까지 사는 것은 엄청난 선물이다. 당신 자녀가 일찍 결혼해 자녀를 낳는다면 당신은 증손자뿐 아니라 고손자까지 만나볼 수도 있다. 얼마나 큰 기쁨인가. 하지만 재정 면에서 보자면 장수는 큰 골칫거리일 수 있다. 생존하는 동안 매년 뭔가 먹어야 하고 입어야 하고 어딘가에 있어야 하며 품위 유지도 해야 하기 때문이다. 나이가 들수록 비용—특히 의료비, 주택 유지와 돌봄 비용—이 상승하면서 생활비는 위협이 될 만큼 늘어난다.

조기 은퇴는 문제를 더욱 악화한다. 은퇴를 계획할 당시에는 꽤 합리적 은퇴연령으로 보였던 나이, 이를테면 62세에 은퇴한 다음 100세까지 산다고 가정해보라. 25세에 일을 시작했다면 일을 한 기간은 37년이다. 확실히 자신을 혹사해가며 노동한 37년 세월은 변덕스러운 상사를 견디고 긴 통근 시간을 버티며 짜증 나는 동료에게 웃어주고 정부에 엄청난 세금을 갖다 바치며 참아내는 세월치고는 정말 길다. 하지만 62세에 은퇴해 100세까지 산다면 일을 하지 않고 놀아야 하는 세월이 38년이다. 노는 세월 38년은 일한 세월 37년보다 더 길다. 100세까지 사는 경우 일을 하면서 보낸 세월보다 은퇴하고 보내는 세월이 더 길지 모른다는 뜻이다!

이제 탁자를 탕탕 치며 내 주장을 힘줘 강조하려 한다. 당신의 재무 계획이나 사회보장제도가 기대수명을 어떻게 고려하든 당신이 *예상한 시기에 죽는다는 보장은 결코 없다!* 평균치는 이런 상황에선 별 쓸모가 없다. 따라서 기대수명은 올바른 계획 기간이 아니다.

그렇다면 올바른 은퇴계획 기준 연령은 몇 살일까? 미친 소리로 들릴지 모르지만 당신의 최대 기대수명, 당신이 살 수 있는 최대한의 나이다.

당신 나이가 현재 50세고 최대 기대수명이 100세라면 당신의 계획 기간은 32년이 아니라 50년이 돼야 한다. 무려 56퍼센트나 더 긴 세월이다! 계획 기간을 올바르게 세우는 일이야말로 저축액을 얼마로 할지 그리고 언제 영영 은퇴할지 결정을 내리는 데 중요한 영향을 미칠 것이다.

너무 빨리 은퇴했는데 너무 오래 산다면

당신을 25세 마사라고 가정해보자. 마사의 적정 계획 기간은 75년이다. 그의 최대수명을 100세라고 전제했을 때의 값이다. 또 마사가 62세까지 쭉 연봉 10만 달러를 번다고 가정해보자. 마사는 62세에 은퇴하고 싶다. 마지막으로 마사가 저축한 돈을 안전한 국채에 투자하고 있고 물가 상승률을 반영해 실질수익이 0이라고 상정해보자.

100세가 될 때까지 지출 수준을 유지하려면 62세까지 매년 얼마를 모아야 할까? 마사가 (오늘날 달러 시세로) 100세까지 연간 거의 5만 달러라는 액수를 재량지출한다고 가정해보자. (재량지출이란 총수입에서 고정으로 나가는 주거비, 연방이나 주에 내는 세금 등 고정지출과 수업료나 이혼 위자료, 자동차 대출금 등 특수지출을 뺀 나머지 모든 지출을 뜻한다.) 62세가 될 때까지 목표액을 모으려면—심지어 사회보장급여와

401(k)를 감안해도—마사는 매년 2만 달러를 저축해야 한다. 마사가 매년 벌어들이는 세전 소득의 20퍼센트에 해당하는 금액이다. 그러나 저축액이라는 것은 통상 세금과 주거비 같은 필요경비를 뺀 값에서 산출해야 하기 때문에 실제로 따지면 마사가 매년 쓸 수 있는 재량소득 5만 달러의 40퍼센트에 달한다. 마사는 사회보장계좌의 돈과 자신의 은퇴계획에 큰 변화를 꾀할 만큼, 다시 말해 주거비와 식비와 오락비와 여행 등에 써야 하는 경비의 40퍼센트를 저축해둘 만큼 자제력이 높을까? 아마 아닐 확률이 더 높을 것이다.

그럼 마사가 필요한 만큼 오래 자신의 현 생활수준을 유지할 수 있도록 저축하려면 어떤 계획을 짜야 할까? 마사가 이런 상황을 직시하지 않고 자신이 생각한 시기, 즉 기대수명인 82세에 죽는다고 가정해보자. 82세 이후까지 살 가능성을 두고 마사는 "절대 불가능해"라고 딱 잘라 말한다. 이런 접근법은 마사의 은퇴계획 기간을 대폭 줄이기 때문에 필요한 은퇴 전 저축액도 거의 절반 가까이 줄어든다. 세금을 내고 원활하게 소비할 수 있는 재량지출액도 매년 거의 6만 달러까지 늘어난다. 100세까지 산다고 가정했을 때는 재량소득 중 40퍼센트를 저축해야 했다. 이제는 단 20퍼센트만 저축하면 된다.

시간을 빨리 돌려 마사의 마지막 생일 파티 겸 고별 파티 장소로 가보자. 친지들이 모두 모여 마사가 자신들의 인생을 사랑과 기쁨으로 충만하게 해줬다며 감사를 표한다. "하지만 사랑하는 여러분, 오늘 밤이 제가 하느님의 이 아름다운 땅에서 보내는 마지막 날입니다. 나는 기대수명을 다 채웠어요. 내일이면 난 세상에 없을 거예요."

슬픈 선언을 마친 마사는 친지들에게 마지막 인사를 고한 후 자기 방으로 돌아간다. 그리고 다음 날 눈을 뜨면 천국 문 앞에 서 있을 자신의 모습을 고대하면서 잠든다. 그러나 이튿날 마사는 아파트 4층 자기 방 침대에서 깨어난다. 마지막 남은 돈까지 탈탈 털어 쓰고 죽도록 세심하게 계획을 짜뒀기 때문에 은행 계좌에 남은 돈은 한 푼도 없다. 다가오는 빈곤에 우울해지고 천국에 갈 약속을 놓칠까 봐 두려워진 마사는 창문을 열고 뛰어내릴까 고민한다.

죽을 날짜를 정할 때는 최대수명을 고려하라

천행인지 마사의 여동생 마거릿은 경제학자다. 마거릿이 마사의 구원투수로 나선 덕에 마사는 그 이후로도 행복하게 산다. 물론 동생이 매주 해주는 말을 새겨들어야 한다. "언니, 언니는 통계 수치가 아니야. 살아 있는 현실이라고."

마거릿 말이 옳았다. 모든 통계는 본질상 현실에서 나타나는 결과의 평균치일 뿐이다. 당신 자신의 기대수명을 고려할 때 자신을 그런 현실 결과 중 하나라고 간주해야 한다. 당신은 더 일찍 죽을 수도 있고 더 늦게 죽을 수도 있지만 평균값에 해당하는 해에 정확히 죽을 수는 없다. 당신과 일반적인 특징이 비슷한 다른 모든 사람도 마찬가지다. 당신의 기대수명은 당신과 똑같은 수만 명이 사망하는 나이의 평균치에 불과하기 때문이다.

사망이라는 사건은 딱 한 번 일어날 일이기 때문에 그리고 그 사건이 언제 일어날지 알 수 없기 때문에 당신이 특별히 주의를 기울여야 하는 수명은 딱 하나다. 재무 관점에서 볼 때 최악의 결과, 다시 말해 최대수명까지 살지 모를 현실의 가능성만 챙기면 된다. 그런데도 우리 내면 어딘가 저 깊은 곳에서는 내가 므두셀라^{Methuselah}처럼 오래 살 리는 결코 없다는 생각이 뙈리를 튼다. 이런 확신은 틀림없이 고통을 회피하려는 성향이 만든 결과다. 최고령이 된 내 모습은 생각만 해도―우리 솔직해지자―두렵고 우울하다. 오래 살수록 거울에 비치는 자신은 나날이 달라져만 갈 테고 가용 소득도 줄어들 테고 할 수 있는 일도 점점 더 적어질 게 빤하다. 늙어갈 미래를 생각하면서 경험하는 감정적 고통이야말로 수많은 사람이 일찍 죽거나 최소한 정해진 때 죽는 게 자신의 운명이라고 스스로를 기만하는 이유일 수 있다. 그러나 우리는 이미 미래의 자신이므로 그 사람을 찾는 길 외에 다른 선택지는 없다.

올바른 계획 기간에 관해 지난 세월 열띤 논쟁을 수도 없이 했다. 그걸 여기서 다 열거하는 일은 무의미하다. 경제학 관점에서 장수에 대한 이 격언을 제시하는 순간 논쟁은 끝이다.

> 최고령을 기준으로 계획을 짜되 그 전에 죽을 유리한 확률에 베팅하라.

다시 말해 은퇴계획 기간을 짤 때는 설사 자신이 그토록 오래 살 확률이 별로 없다고 생각하더라도 최고령에 맞춰야 한다. 물론 젊을 때

• 구약성서에 나오는 최고령 인물―옮긴이

는 나이 들었을 때보다 비교적 더 지출하되 계속 쓰기만 하면 늙어서 쓸 수 있는 자금이 줄어들 수밖에 없다는 사실을 인식해야 한다. 그렇다. 당신이 오래 살아남는다면 생활수준은 좀 더 낮아질 것이다. 그러니 미래의 자신에게 아무것도 남겨놓지 않는 일만큼은 피해야 한다. 그리고 노년기에서도 후기 단계로 접어들면 적어도 여행 같은 몸이 힘든 활동에 돈을 쓸 일은 줄어들 테니 어쨌든 지출도 줄어들긴 할 것이다.

이런 점을 염두에 두고 마사 이야기로 돌아가보자. 마사가 100세까지 산다고 계획을 세우되 75세 이후 매년 1퍼센트씩 생활수준이 줄어든다고 가정하면 저축을 얼마나 줄여도 될지 알아보자. 이는 생애 초기에 세워야 하는 사망 베팅으로 매우 중요하다. 마사가 100세까지 사는 경우 100세에 그의 생활수준은 75세보다 22퍼센트 낮아질 것이다. 좀 우울하지만 그래도 이런 계획을 세우면 큰 금액을 저축하지 않아도 된다는 점이 좋다.

고령이 될수록 생활수준이 줄어든다고 가정할 때와 그렇지 않을 때의 차이는 얼마나 될까? 마사가 직장에 다니는 세월 동안 100세까지 생활수준을 완벽히 평활화할 계획인 경우 수입 총액의 20퍼센트를 저축해야 했던 점을 떠올려보라. 계획한 대로 75세 이후 생활수준이 하락한다는 점을 감안하면 마사의 저축액은 줄어들긴 하지만 크게 줄어들지는 않는다. 마사는 75세가 되기 전에 매년 지출을 5퍼센트씩 더 해도 되고 총소득의 20퍼센트가 아니라 18퍼센트만 저축하면 된다. 다시 말해 가용소득의 40퍼센트가 아니라 36퍼센트를 저축해야 한다는 뜻이다.

합리적인 사망 베팅으로 은퇴 시기를 위한 저축 계산이 바뀌긴 하지만 그렇게 큰 차이는 아니다. 이 정도는 은퇴계획에서 미미한 고려 사항이라는 뜻이다. 그렇다면 더 큰 차이를 만드는 계획이 있을까? 직장에 다니는 기간을 늘려서 그렇게 할 수 있는지 알아보자.

은퇴 연기라는 마법

마사가 지나치게 높은 액수를 저축하거나 다른 극단적인 수단에 의지하지 않고도 100세까지 사는 동안 생활수준을 평활화할 더 효율적인 방법이 틀림없이 있을 것이다. 그렇다. 방법이 있다. 간단하다. 은퇴를 미루면 된다.

당신도 알다시피 마사는 연간 10만 달러라는 연봉을 받는다. 세금과 다른 고려 사항을 무시하고 5년만 더 일하면 평생 소득 50만 달러가 추가로 생기는 셈이다. 엄청난 금액이다. 심지어 매년 2만 달러씩 적극적으로 저축한다 해도 25년을 모아야 하는 돈을 단 5년만 더 일해도 벌어들일 수 있는 것이다.

물론 연방 및 주 세금을 무시할 수는 없다. 마사가 벌어들이는 추가 소득 50만 달러 중 15만 달러가량을 세금으로 내야 할 것이다. 그러나 희소식 두 가지. 첫째, 마사는 5년을 더 일함으로써 401(k)의 고용주 납입금을 3만 달러나 더 받아낼 수 있다. 둘째, 마사는 또 하나의 실책, 바로 가능한 한 일찍 사회보장계좌의 돈을 수령하는 실책을 피할 수 있다. 마사가 직장을 계속 다닐 경우 62세부터 사회보장계좌의 납입금을 타지 않아도 된다는 뜻이다. 더 오랜 기간 직장에 다녀 사회보장 계좌 인출을 미루면 마사가 받을 금액은 이른바 '조기 은퇴로 인한 감소early retirement reduction'를 겪지 않아도 된다. 마사가 67세에 은퇴할 때까지 급여를 수령하지 않아도 퇴직급여는 고스란히 다 인출할 수 있다. 마사가 100세까지 산다면 평생 총 28만 달러를 더 받아 쓸 수 있는 것이다!

67세까지 일을 하면 마사의 지속 가능한 생활수준에 어떤 여파가 생길까? 세금을 제외하고 매년 얼마의 여윳돈이 생길까? 평생 사회보장급여가 늘지 않는다고 가정해도 마사의 생활수준 향상 비율은 10퍼센트다. 사회보장급여 증가분까지 감안하면 17퍼센트 향상된다. 엄청난 상승이다. 은퇴를 5년 미루기만 해도 마사는 해마다 17퍼센트의 돈을 더 쓸 수 있다. 은퇴 직후부터 100세까지 계속 그렇다.

은퇴를 미룰 경우 마사가 직장에 다니는 동안 저축해야 하는 금액에는 어떤 영향이 있을까? 직장에 계속 다녀도 은퇴 전후 안정적인 생활수준을 유지하기 위해 소득의 20퍼센트를 계속 저축해야 할까? 그렇지 않다. 새로 산정한 그의 은퇴 전 저축 비율은 이제 총소득의 12퍼센트다. 역시 상당한 액수지만 훨씬 감당할 만하게 줄었다.

은퇴를 미루는 것은 마사가 평생 어느 정도의 소득을 얻는지에 상관없이 평생의 재무상태에 유사한 긍정적 영향을 끼친다. 이 영향은 소득 수준이 낮을수록 좀 더 커진다. 예를 들어 마사가 매년 10만 달러가 아니라 5만 달러를 벌고 있다면 연간 생활수준 향상 비율은 17퍼센트가 아니라 18퍼센트가 된다. 그리고 마사가 200만 달러 연봉을 받는 경우 생활수준 향상 비율은 15퍼센트가 된다. 핵심은 은퇴 연기는 소득이 적을수록 효과가 더욱 커진다는 것이다. 특히 미국의 누진적 재정 제도를 감안하면 더더욱 그렇다.

고령 근로자라면

물론 마사는 25세부터 은퇴 계획을 세우기 시작했지만 대부분의 사람들이 진지하게 은퇴를 고려하는 시기는 이미 너무 늦은 경우가 많다. 25세 근로자에게 5년 더 일하는 것이 그토록 좋은 방안이라면 고령 근로자, 예를 들어 62세에 바로 은퇴할지 아니면 67세까지 직장을 다닐지 결정하려는 사람에게 은퇴 연기는 어떤 의미가 있을까?

네브래스카주에 사는 가상의 부부 레이와 수의 경우를 생각해보자. 두 사람 모두 62세로 연봉 7만 5000달러짜리 직장에 다닌다. 부부 합산으로 100만 달러짜리 401(k)가 있고 30만 달러짜리 집 한 채가 있다. 대출은 없다. 저축액도 100만 달러나 된다. 부부의 자랑이다. 거의 7년을 일해야 벌 수 있는 돈이다. 하지만 100만 달러를 이들의 기대수명인 38년으로 나눠보자. 연간 2만 6000달러다. 이러면 100만 달러가 그렇게 큰돈은 못 됨을 알 수 있다. 자, 이제 이 돈에서 연방 및 주 세금으로 10퍼센트가량이 나간다고 생각해보라. 결국 연방 빈곤선을 조금 넘는 정도, 연간 2만 3000달러의 총은퇴소득이 남는다. 62세 때 부부가 각자 받는 사회보장급여를 합치면 사정은 훨씬 더 나아지는 듯 보인다. 연간 총 7만 2000달러 정도로 살 수 있다. 그러나 이것도 소득세를 내기 전 이야기다. 메디케어 B파트 보험료, 메디케어 보조 보험료,

보험료를 제외한 병원비, 재산세, 주택보험, 주택 수리 및 자동차보험까지 모든 비용을 공제하고 나면 연간 가용 소득은 약 5만 달러다. 한 달에 4167달러, 주당 961달러, 1일 137달러다. 네브래스카주에 사는 걸 감안하면 초라할 정도는 아니다. 하지만 수의 어머니는 비싼 요양원에 계시고 레이의 아버지도 곧 요양원으로 들어가실 테니 두 분 모두 레이와 수의 경제적 도움이 필요할 것이다. 이런 사정 때문에 부부는 조기 은퇴의 꿈을 재고하는 중이다.

67세까지 일을 하는 경우 세전 소득은 부부 합산 75만 달러가 된다. 마사 사례에서 봤듯이 사회보장급여도 인출 시작 후 더 높아진다. 이 두 요인을 더하면 두 사람의 연간 구매력 상승률은 놀랍게도 33퍼센트나 된다. 마사가 늦게 은퇴하는 경우 얻는 이득의 두 배가량이다. 어떻게 그럴 수 있을까? 부부의 소득이 높아 더 짧은 기간 동안 더 많은 돈을 벌기 때문이다.

레이와 수는 중산층, 정확히 말해 중상류층에 속한다. 그러나 이들과 같은 수준의 소득을 벌어들이는 수천만 명은 훨씬 더 나쁜 저축 상황에서 은퇴연령에 도달한다. 미국인은 저축에 인색하다. 이들은 대체로 미국 정부와 고용주의 은퇴계획이 자신의 은퇴 생활을 안락하게 유지해주리라 믿는 모양이다. 그러나 현실은 다르다. 실제로 레이와 수가 401(k) 계좌에 부부 합산 14만 4000달러 정도—베이비붐 세대의 중위자산액—밖에 납입해두지 않았다면 62세가 아닌 67세에 은퇴할 경우 여생 내내 51퍼센트나 더 높은 생활수준을 유지한다!

은퇴 시기를 정할 때 기억해둘 점은 이렇다.

- 돈을 많이 버는 가장 확실한 방법은 은퇴를 미루는 것이다.
- 평균수명대로 죽을 것이라는 사실을 믿지 말 것. 실제로 누구도 기대한 때에 죽지 않는다. 평균수명이란 통계의 평균일 뿐이다. 당신 개인은 평균이 아니라 통계를 형성하고 있는 개별 값이다.
- 장수는 대비해야 하는 재난이다. 재무 관점에서 최악의 시기, 즉 최고령에 사망할 가능성이란 곧 위험을 뜻하기 때문이다. 오래 산다는 건 오래 음식을 먹어야 하고 옷을 입어야 하고 집이 있어야 하며 놀아야 하고 품위를 유지해야 한다는 뜻이다. 장수란 이 모든 문제를 더 오랫동안 해결해야 한다는 뜻이다. 최고령까지 살 가능성에 맞춰 계획을 짜는 것은 은퇴 시기를 결정할 때 매우 중요한 요인이다. 그러지 않으면 모아둔 저축

이 지나치게 적은 상황에 직장이라는 배에서 너무 빨리 뛰어내릴 위험이 있다.

■ 은퇴계획 기간을 최대수명에 맞춰 설정해야 한다고 해서 최고령까지 살지 못할 확률을 무시하라는 뜻은 아니다. 경제학에서는 사망 베팅을 할 때 사망연령을 가능한 한 높게 잡으라고 조언한다. 사망 베팅을 크게 하는 일은 어렵지 않다. 베팅을 잘못해 생각보다 더 오래 살 경우 말년에 쓸 돈이 적어진다는 사실을 인식한 상태에서 지출하면 된다.

■ 물가 상승 탓에 안전한 투자처 따위는 찾아볼 수 없는 요즘 같은 시기에 은퇴 기간이 아주 길어질지 모를 위험에 대비해 저축을 하기란 극히 어렵다. 대부분의 사람이 지닌 능력 이상의 자제력이 필요하기 때문이다. 따라서 계획보다 늦게 은퇴하는 것이 가장 확실한 최상의 조치다.

■ 조기 은퇴는 사회보장급여를 그만큼 더 일찍 수령한다는 뜻이다. 대부분의 가정에서 이는 엄청난 재무 실책이다.

세 번째 머니 플랜

은퇴에 관한 결정 2
: 사회보장제도를 적극 활용하라

사회보장은 많은 이들이 생각하는 것
보다 훨씬 더 큰 금융거래다. 젊은이들은 사회보장제도가 정치가들의
다툼거리 정도라고 생각할 수도 있다. 경력 중반부, 소득이 가장 높을
때 직장인이 사회보장계좌에 납입하는 돈은 연봉에서 큰 덩어리를 뭉
텅 떼어가는 골칫거리 같을 수도 있다. 심지어 나이가 지긋한 이들에
게조차 사회보장계좌가 중요한 문제로 보이지 않을지 모른다. 그러나
실제로 사회보장은 대부분의 인생에서 가장 중요하지는 않아도 중요
도 높은 재무 요소 중 하나다. 그리고 당신에겐 사회보장급여를 늘릴
권한, 사실상 최대화할 수 있는 권한이 있다. 3장에서는 사회보장계좌
를 금광으로 바꿀 수 있는 열 가지 비밀을 알려주려 한다. 그전에 사회
보장의 재무적 중요성을 실감할 수 있도록 샌디라는 가상 인물을 소
개하고자 한다.

　　샌디는 캔자스주에 사는 50대 미혼 여성으로 자녀가 없고 5만 달

러 연봉을 받고 있다. 401(k)에는 3년 치 정도 연봉소득을 모아놨다. 401(k)에 고용주가 임금의 3퍼센트, 자신이 3퍼센트를 납입하는 형태다. 예금계좌에는 1년 치 연봉의 절반 정도가 들어 있다. 20년 대출 융자를 받은 25만 달러짜리 주택을 보유하고 있다. 샌디는 62세에 은퇴해 사회보장급여를 받을 계획이다.

샌디의 자산은 현재 은퇴할 때까지의 근로소득, 401(k) 계좌, (융자금을 뺀) 주택, 현금성 자산(예금계좌)과 사회보장계좌, 총 다섯 개다. 이 중 무엇이 가장 큰 자산일까? 사회보장계좌다. 그것도 큰 차이로 그렇다. 샌디가 평생 모을 사회보장계좌 총액은 72만 4000달러로 남은 평생 근로소득인 65만 달러를 넘는다. 그가 미래에 인출할 401(k) 액수를 현재가치로 환산하면 19만 1000달러다. 주택과 예금계좌의 현금을 총액으로 환산하면 각각 5만 달러, 2만 5000달러에 불과하다.

먼 미래에 수령할 사회보장급여 총액을 예금계좌와 똑같은 *개인 금융자산*으로 생각하다니 좀 이상해 보일 수 있다. 그러나 사회보장급여 역시 자산 성격을 지니고 있기 때문에 일단 이런 시각으로 보면 다른 모든 자산처럼 사회보장급여 역시 관리해야 한다는 점을 납득하게 될 것이다.

그런데 사회보장급여가 개인에게 금융자산인 이유는 무엇일까? 사회보장계좌에는 당신이 직장에서 버는 수입의 12.4퍼센트를 적립해놓은 돈이 있기 때문이다. 여기서 직장이란 사회보장 FICA 세금*이

부과되는 직장을 뜻한다. 미 의회는 12.4퍼센트의 절반인 6.2퍼센트에 해당하는 세금은 고용주가, 나머지 절반은 고용인이 내도록 규정하고 있다. 바로 이 점 때문에 우리는 고용주가 실제로 우리를 위해 세금을 낸다고 그리고 우리 개인은 FICA 세금의 절반만 부담하는 거라고 생각한다. 그러나 고용주가 고용인을 대신해 내는 모든 돈은 우리가 받는 급여에 실수령액 형태로 숨어 있다. 세금은 거기서 나온다. 그러니 당신이 받을 자격이 있는 사회보장급여 한 푼 한 푼은 모조리 당신 돈이다. 이런 이유로 사회보장급여에서 내 몫을 챙겨야 한다. 즉, 이 자산을 관리해야 한다는 뜻이다. 샌디가 사회보장급여를 가장 중요한 자산으로 관리해야 하는 이유는 간단하다. 사회보장급여가 *가장 큰* 자산이기 때문이다.

자, 이제 '3×샌디'라는 사람이 있다고 가정해보자. 3×샌디는 샌디의 복제 인간이다. 3×샌디는 사회보장급여를 뺀 자산이 샌디의 세 배다. 다시 말해 3×샌디는 급여, 401(k) 납입액, 주택 자산가치가 세 배다. 물론 담보대출액도 세 배다.

3×샌디의 평생 소득은 195만 달러다. 미래의 사회보장급여액은 129만 달러다. 샌디가 수령하는 금액의 두 배가 안 된다. 누진세가 적용돼서 그렇다. 또 사회보장급여는 어느 시점까지는 소득이 높으면

납입액도 높아지지만 꼭 그에 비례하지는 않는다. 그럼에도 사회보장액은 3×샌디의 자산 중 두 번째로 많은 액수를 차지한다.

6×샌디는 어떨까? 그가 평생 납입한 사회보장급여액은 130만 달러다. 3×샌디와 크게 다를 바 없다. 그러나 6×샌디의 평생 근로소득은 390만 달러에 이른다. 1등과 2등의 차이가 크긴 하지만 그래도 6×샌디 소득 중 2등 역시 사회보장급여액이다. 미래에 그가 받을 401(k) 인출액의 현재가치도 115만 달러로 2등에 가깝지만 3등이다.

미래의 경제적 안전을 고려해 우리는 평생 소득을 최적화할 생각에 잠을 설친다. 직장을 옮길까, 아예 직종을 바꿀까, 일찍 은퇴를 할까. 일반 IRA 문제도 걱정이다. 돈을 더 적립해야 할까? 로스 IRA를 개설해야 할까? 투자는 어떻게 해야 할까? 일반 IRA를 로스 IRA로 바꾸면 도움이 될까? 돈은 언제, 어떻게 인출해야 할까? 강제최소인출규정 required minimum distribution *은? 그러나 대부분 사회보장계좌를 어떻게 관리할지의 문제는 생각하지 않는다.

당신은 이렇게 말할지도 모른다. "하지만 사회보장급여는 정부가 금액을 정하는 거잖아. 내가 바꿀 수도 없고 그저 주는 대로 받아야 하는데 왜 그걸 걱정해야 하지?"

실은 당신이 평생 적립한 사회보장급여를 보물창고로 바꿀 방법이 많다. 이제부터 자세히 알아보자.

---

* 72세가 되면 최소인출 조항에 따라 연방 국세청에서 나이와 기대수명 등을 고려해 산정한 최소인출액의 인출을 시작해야 한다. 위반 시 최소인출액의 50퍼센트에 해당하는 벌금이 부과된다—옮긴이

급여 종류를 알아두라

미국의 사회보장제도는 많은 급여를 제공한다. 총 열세 가지로 대부분은 들어본 적도 없을지 모른다. 아래가 그 목록이다.

1. 퇴직급여 Retirement benefit
2. 장애급여 Disability benefit
3. 배우자급여 Spousal benefit
4. 이혼배우자급여 Divorced spousal benefit
5. 양육배우자급여 Child-in-care spousal benefit
6. 유족(배우자)급여 Widow(er) benefit
7. 자녀급여 Child benefit
8. 장애자녀급여 Disabled child benefit
9. 한부모급여 Mother(father) benefit
10. 이혼유족(배우자)급여 Divorced widow(er) benefit
11. 부모급여 Parent benefit
12. 손자급여 Grandchild benefit
13. 사망급여 Death benefit

사회보장급여는 규칙투성이에 연령 기준도 많아 언제 어떻게 수급하고 다른 사람이 받게 할 수 있는지가 제한된다. 그럼에도 담당 공무원의 비난을 감수하고 얻는 이득이 적지 않다.

배우자급여와 이혼배우자급여는 현 배우자와 전 배우자에게 제공된다. 그러나 전 배우자가 급여를 받으려면 일정 연한을 채워야 한다. 결혼 기간이 최소 10년은 돼야 한다는 뜻이다. 그렇다고 10년간 꼭 같은 집에 거주하거나 한 침대를 쓸 필요까지는 없다. 법적 결혼 기간이 10년이면 된다. 이혼한 배우자 이름으로 된 급여를 받으려면 재혼도 금물이다. 미혼 상태여야 급여를 탈 수 있다. (남자들이 만든 조항이 아닌가 싶을 것이다. 정답이다.)

자녀급여와 장애자녀급여는 아동인 자녀 그리고 22세가 되기 전 장애를 입은 성인 자녀에게 제공된다. 양육배우자급여는 배우자가 어리거나 장애를 입은 자녀를 양육할 때 제공된다. 당신의 배우자와 자녀가 이 급여를 받으려면 당신이 퇴직급여를 받기 시작해야 한다. 전처나 전남편의 경우는 상황이 좀 다르다. 당신과 결혼한 기간이 10년이 되고 당신이 최소 62세며 이혼한 지 20년이 넘었고…… 그리고? 그렇다. *미혼이라면 급여를 받을 수 있다!*

당신에게 딸린 식구, 전 배우자, 심지어 당신이 부양해야 하는 부모님이 유족급여를 받으려면 먼저 당신이 사망을 해야 한다. 일단 당신이 사망하면 당신의 쥐꼬리만 한 사망급여부터 현금화할 수 있다. 유족급여는 다른 피부양자 급여보다 액수가 더 많다. 따라서 적어도 절반 정도는 당신이 부양비를 대고 있는 90세 어머니에게 꼭 알려드려야 한다. 당신이 죽는 순간 어머니가 꽤 큰 액수의 부모급여—전체 퇴직급여의 4분의 3에 해당하는 금액—를 받으실 수 있다고 말이다.

유족(배우자)급여는 장애가 있는 유족(배우자)의 경우는 50세부터, 장애가 없는 경우는 60세부터 받을 수 있다. 배우자가 당신이 사망한 뒤 당신의 어리거나 장애가 있는 자녀를 양육하고 있다면 한부모급여를 받을 수 있다.

사회보장제도에는 늘 불쾌한 딜레마가 있다. 그중 하나는 가족최대급여maximum family benefit다. 당신의 자녀와 배우자와 부모가 당신의 소득 내역을 바탕으로 받을 수 있는 최대 금액을 제한하는 제도다. 부부가 퇴직계좌에서 인출을 하기 시작하면 가족최대급여 금액이 합산돼 두 사람 몫이 최대 수령액이 된다. 그럼 피부양자에게 돌아갈 금액이 좀 더 늘어날 수 있다. 피부양자의 수급액이 가족최대급여액을 초과하는 경우 피부양자는 최대 금액을 비율에 따라 쪼개서 받을 수 있다. 다행히 이 비율은 법에 규정돼 있다. 덕분에 남은 사회보장급여를 두고 수령자끼리 피 튀기는 다툼을 벌이지 않아도 된다.

전 부인이나 남편이 결혼하지 않거나 *60세가 지나서 재혼한 경우* (역시 성차별이 느껴지지 않는가?) 이혼한 전남편(아내)의 사회보장급여를 받을 수 있다. 그러나 전 배우자가 받는 급여는 유족이 받을 수 있는 가족최대급여에서 제해지지는 않는다. 어느 현명한 국회의원이 사망한 당신의 급여를 받는 전 배우자와 현 배우자를 멀찌감치 떼어놓았기 때문이다.

쓰라 아니면 잃는다

사회보장급여는 쓰지 않으면 잃는 체계다. 당신이 챙길 자격이 있는 돈을 공식적으로 요청하지 않으면 받을 수 없다는 뜻이다. 사회보장국은 우리가 받을 수 있는 돈이 있다는 사실을 굳이 알려주지 않는다. 그들은 우리가 그 돈을 납입하기 위해 평생 동안 직장에 다니며 일하는 내내 FICA 세금을 냈다는 사실도 아랑곳하지 않는다.

70대 중반에 접어든 노인 다수가 사회보장국에서 자신의 돈을 언제부터 보내주느냐고 묻는다. 그러면 나는 화를 참으며 당장 직접 수급 신청을 해야 한다고 말한다. 70세가 넘을 때까지 기다렸다 탄다고 해서 월 지급액이 늘어나진 않는다. 인출을 신청하지 않아 일정 기간 동안 돈을 받지 못했다면 그 기간 내내 받았어야 할 월 지급액을 한 푼도 받지 못하는 것일 뿐이다. 정부는 6개월 정도 미지급된 수급액은 소급해 지불한다. 하지만 그걸로 끝이다. 따라서 73세 6개월인 사람이 3만 달러를 매년 연금처럼 받을 자격이 있는데 공식적으로 수급 신청을 하지 않았다면 그는 7만 5000달러라는 큰돈을 이미 잃은 셈이다.

6400만 명이 넘는 미국인—여섯 명 중 한 명꼴이다—이 이미 급여를 받고 있다. 이들은 모두 분명하게 사회보장급여를 수령하기로 결정했다. 앞으로 곧 수령하겠다고 결정할 이들도 많다. 나머지 전부는 앞으로 해야 할 일의 목록에 수령 결정을 올려놓았다. 결과적으로 누구에게나 사회보장급여 수급 문제가 있고 주변에 이 결정을 내리는 동료와 친지가 있다. 그러나 우리가 나누는 일상 대화에 사회보장급여가 화제로 오르는 일은 거의 없다. 그러니 당신은 앞으로 수급할 수 있는 돈에 관해 어떻게든 알게 되리라 막연히 생각해선 안 된다.

이제 사회보장급여에 관한 중요한 과제를 당신에게 내주겠다(기억하라, 난 선생이다!). 과제는 다음과 같다. 당신이 탈 수 있는 사회보장급여 전체와 수급 시기를 알아보라. 그다음에는 말하기도 입 아프지만 적정 시기에 꼭 수급 신청을 해야 한다. 사회보장국 웹사이트나 직원에게 상담하면 오히려 심하게 혼란스러울 수 있다는 점에 유념할 것. 사회보장국 웹사이트는 정보 면에서 오해의 소지가 높다. 직원이 말하는 내용의 절반 정도는 내 경험상 잘못됐거나 오해의 소지가 있거나 불완전하다. 이들의 직무 수행도가 이토록 낮은 데는 이유가 있다. 사회보장제도는 믿을 수 없을 만큼 난해하고 복잡한데 직원의 임금은 낮은 데다 직원들은 과로를 하고 있다. 훈련 수준도 높지 않다. 그런데 불행히도 이들은 자신이 모든 정보를 제대로 파악하고 있다는 착각마저 하고 있다.

마조리라는 여성 이야기를 해보겠다. 나는 마조리가 사회보장급여를 수급할 수 있도록 도왔다. 마조리는 거주 지역 사회보장국 사무소에서 사회보장급여를 받을 자격이 없다는 말을 들었다. 마조리는 내게 연락했고 내가 쓴 칼럼을 보고 자신에게 사회보장급여를 받을 권한이 있다는 생각을 했다고 말했다. 나는 마조리에게 당신은 분명 그럴 자격이 있다고 답했고 다시 사회보장국 사무소로 가서 직원을 부른 다음 내게 전화를 하라고 전해달라고 했다. 정말 기가 찰 노릇이었다. 바로 다음 날 그 직원이 내게 전화를 했다. 직원은 30분 동안이나 내가 마조리의 사회보장급여에 관해 제대로 알지 못한다고 고래고래 고함을 쳐가며 우겨댔다. 그 바람에 나는 대꾸할 기회조차 잡지 못하고 간신히 이 말만 전했다. "장담하는데 당신과 당신 사무소 이름을 기필코 알아낸 다음 한 시간 뒤 이 대화를 주제로 칼럼을 써서 발표할 겁니다." 직원은 급기야 욕설을 내뱉더니 전화를 끊어버렸다. 10분 후 그 직원이 완전히 달라진 목소리로 다시 전화를 걸어왔다. 상사와 이야기를 했는데 내 말이 옳다고 하더라는 내용이었다. 그 직원의 사과를 받아줬느냐고? "당연하죠." 이게 내 대답이었다. 쓰겠다고 장담했던 칼럼을 쓰는 일도 물론 없었다.

발품을 팔아 정보를 구하라

사회보장급여 조항이 그토록 복잡하다면(실제로 그렇다), 사회보장국 웹사이트에서 제공하는 정보가 그토록 오해의 소지가 많다면(정말 그렇다) 그리고 사회보장국 직원이 당신에게 그토록 질 나쁜 조언을 할 가능성이 없지 않다면(역시 그렇다) 당신은 자신이 받아야 할 사회보장급여를 제대로 받는다고 어떻게 확신할 수 있을까?

첫째, 사회보장제도에 관한 정보를 찾아 샅샅이 읽어두라. 당신의 충직한 저자인 내가 바로 이 주제로 베스트셀러를 썼다.* 둘째, 여기저기서 정보를 탐색하라. 관련 사무소 여러 곳을 찾아가고 전화로 다른 직원과 이야기를 나누고 상관과 대화하겠다고 요청하라. 당신이 맞게 알고 있고 직원이 잘못 알고 있는 게 확실하다면 사무소 직원의 부정적인 대답을 수용하지 말라. 피부양자에게 지불되는 급여에 관한 복잡한 내용을 다루는 경우 사회보장국에서는 당신이 수급할 금액을 직원이 직접 계산하게 한다. 직원이 계산 과정에서 실수할 수 있다는 점

---

* 《네 몫을 챙겨라Get What's Yours》는 《뉴욕타임스》 선정 베스트셀러다. PBS 방송국 〈PBS 뉴스 아워PBS News Hour〉 경제 담당 통신원 폴 솔먼Paul Solman 그리고 오랜 세월 개인 재무 관련 저술가로 활동한 필 묄러Phil Moeller와 함께 쓴 책이다.

을 고려하면 당신은 말 그대로 다른 사무소에서 더 높은 급여를 받을 수도 있다. 도저히 믿기 힘들겠지만 이게 현실이다. 그뿐만 아니라 사회보장국에서 당신에게 급여를 받을 자격이 없다고 말한다 해도 특수한 형태의 급여를 신청하겠다는 주장은 할 수 있음을 유념하라. 사회보장국은 당신의 신청을 거절할 수 없으며 당신은 신청을 함으로써 항변할 권리를 지킬 수 있다.

구매해 활용할 수 있는 온라인 프로그램도 다양하다. (그중 하나는 우리 회사 제품이다.*) 사회보장국에는 자체 온라인 계산기가 있다. 나라면 쓰지 않겠다. 당신이 미래에 수령할 금액을 과소평가하거나 과대평가해 산정하기 때문이다. 당신이 60세 미만이라면—60세까지는 과거의 과세대상소득 covered earning에 임금지수를 반영한다—사회보장국은 경제 전반의 평균임금 상승이나 물가 상승률을 전혀 고려하지 않는다. 예를 들어 당신이 40세라면 사회보장국 계산기는 당신이 미래에 수령할 사회보장급여를 5분의 1가량 낮게 산정하는 짓을 아무렇지도 않게 저지른다. 당신이 직장에 다니고 있다면 사회보장국 계산기는 당신이 은퇴할 때까지 현 수준의 수입을 똑같이 번다고 책정해 낮은 수령액을 추산할 수 있다. 직장에 다니지 않는다면 반대로 과도하게 산정될 가능성도 있다.

나라면 온라인 무료 산정 서비스도 이용하지 않겠다. 말 그대로 '싸고 간편한' 정도의 서비스일 뿐 정확성이 떨어지기 때문이다.

---

* '사회보장급여 최대화하기Maximize My Social Security'라는 이름의 프로그램이다. 주소는 maximizemysocialsecurity.com.

수급 시기를 미루라

샌디와 3×샌디, 6×샌디 셋 모두 계획대로 62세에 은퇴하되 사회보장급여 수급 전략에 한 가지 중요한 변화를 꾀한다고 가정해보자. 70세까지 급여 수령을 미루는 것이다. 이들의 평생 소득에 변화가 있을까? 당연히 있다. 평생 수급액이 무려 수십만 달러 늘어난다!

먼저 샌디의 경우 늘어나는 수급액이 26만 7520달러다. 빳빳한 달러 지폐 100만 장의 4분의 1에 해당한다! 샌디가 자기 집 현관을 나서서 8층 높이의 1달러짜리 지폐 더미를 본다고 상상해보라. 바로 그만큼이 샌디가 쓸 수 있는 돈이다. 3×샌디, 6×샌디의 경우 증가분이 각각 47만 4616달러, 47만 6010달러다. 거의 50만 달러에 육박한다. 1달러 지폐를 문 앞에 쌓아놓으면 자그마치 15층 높이까지 치솟는다.

이 모든 사회보장급여 추가액이 어디서 오는지 설명하겠다. 앞에서 다뤘듯이 수급액은 일찍 탈수록 줄어든다. 줄어드는 수급액은 당신이 온전한—달리 말해 '정상'—사회보장 은퇴연령(1960년 이후 출생자인 샌디의 경우 67세)이 되기 전에 수령하는 경우 매년 대략 7퍼센트다. 정확한 감액분을 따지면 감액 첫 36개월 동안은 매달 0.95퍼센트, 남은 기간에는 0.4퍼센트다. 그뿐만 아니라 사회보장급여 정상 은퇴연령을 넘겨 수령을 시작하는 경우 지연퇴직급여공제delayed retirement credit, DRC가 생긴다. 수령 시작을 미룬 기간 동안 매년 8퍼센트 소득이 증가하는 셈이다(월 단위로 환산하면 약 0.7퍼센트 증가분이다). 지연퇴직급여공제는 70세까지만 적립 가능하기 때문에 앞서 말했듯 70세를 넘겨도 돈을 받지 않는다고 해서 액수가 늘어나진 않는다.

사회보장급여 수급을 일찍 시작해 생기는 감액분과 늦게 시작해 생기는 증액분을 수급 조정분actuarial adjustments 이라고 한다. 수급 조정의 목적은 수급을 일찍 시작하면 평균적으로 더 오래 급여를 받는 점을 감안해 수급액을 보상하는 것이다. 그러나 감액분과 증액분 산정 방법은 수십 년 전, 다시 말해 이자율이 높고 수명이 지금처럼 길지 않았던 시절에 정해졌다. 따라서 오늘날 사회보장국은 인내심의 대가로 놀라울 만큼 높은 비율의 초과 지급금을 준다고 봐야 한다.

각 샌디의 퇴직급여는 70세에 수급을 시작하는 경우 62세와 비교해 대략 76퍼센트 높아진다. 예를 들어 3×샌디가 62세에 수급금을 받기 시작하는데 100세까지 산다면 남은 38년 동안 매년 3만 2008달러를 받는다. 반면 70세까지 기다리면 남은 30년 동안 5만 6364달러를 받는다. 수급 시기만 늦춰도 금액 차이가 무려 37만 4000달러에 달한다.*

이제 "우와!" 하고 탄성을 내질러도 좋다. 샌디는 사회보장 퇴직급여 신청을 8년 정도만 미뤄도 5년 치 근로소득 이상을 받을 수 있다. 3×샌디의 수급액은 3년 치 근로소득을 넘어선다. 6×샌디는 1년 반치 이상의 근로소득을 급여로 받게 된다.

하지만 세금은? 수급액이 많아지면 세금도 늘어날까? 그렇다. 하지만 이를 상쇄하는 이점도 있다. 그 덕에 더 받는 수급액은 근본적으로

---

* 하지만 아직 타지도 않은 돈에 이토록 큰 가치를 부여해야 할까? 경제학의 대답은 분명히 '그렇다'는 것이다. 이는 재정적 차익거래financial arbitrage 문제다. (물가 상승률을 반영한) 보장된 실질사회보장급여는 재무부가 발행한 물가연동국채 투자금에서 다달이 지급되는 이자와 다를 바 없다.

비과세 대상이 된다. 먼저 배경은 이렇다. 수급액 절반에 대해 연방소득세를 내야 하는 경우는 총소득(세액공제 항목에 해당하는 금액을 뺀 총소득과 비과세 이자소득, 사회보장급여 절반을 더한 액수)이 2만 5000달러(기혼은 3만 2000달러) 이상 3만 4000달러 미만(기혼은 4만 4000달러)일 때다. 총소득이 3만 4000달러(기혼은 4만 4000달러)를 넘는다면 사회보장급여 수급액의 35퍼센트에 세금이 더 붙는다. 하지만 연방소득세 대부분의 조항과 달리 이 한도는 물가 상승률을 반영하지 않는다. 따라서 시간이 지날수록 각 세대 수입도 늘고 수급액도 늘면서 더 많은 비율―결국 100퍼센트―의 사회보장급여 수급자가 수급액의 85퍼센트에 대해 소득세를 내는 결과가 나온다.

당신이 수급할 돈을 정부가 다시 가져가다니 실망스러울 것이다. (뭐, 표현은 다양하게 할 수 있겠다.) 하지만 수급을 미루면 교묘한 감세 효과를 볼 수 있다. 70세까지 기다렸다가 급여를 타면 샌디 세 명은 자신의 다른 자산 대부분을 써야 한다. 60대에 사회보장급여를 수급하지 않기 때문에 과세 대상 소득이 낮아진다는 뜻이다. 70세 이후가 되면 그나마 과세 대상이 되는 예금 자산소득도 거의 없어지기 때문에 과세 대상 소득은 더욱 낮아진다. 결국 이 과세소득 평활화로 샌디 세 명은 낮은 과세 구간에 들어가게 된다. 종합해보면 남은 사회보장급여에 세금이 거의 붙지 않을 정도가 된다.*

70세까지 기다렸다가 사회보장급여를 타는 일이 누구나 가능하진

---

* 또 다른 이점도 있다. 캔자스주에서는 사회보장급여의 소득세를 내려면 6×샌디보다 소득이 훨씬 더 높아야 한다. 게다가 사회보장급여에 과세하는 주는 열두 곳뿐이다.

않다. 많은 사람이 다른 선택의 여지가 없어서 62세나 그보다 더 일찍 급여를 타기 시작한다. 그 돈 외에는 생계 수단이 없는 것이다. 자녀급여, 장애자녀급여, 양육배우자급여나 배우자급여를 받아야 하는 사람도 있다. 건강 상태가 좋지 않아 살날이 많지 않다고 확신하는 경우에도 미리 사회보장급여를 수급한다. 그러나 사회보장급여에 대한 내 간곡한 조언에 귀를 기울여보라. 어떤 결정이든 내리기 전에 당신 가정의 평생 총사회보장급여 수급액을 최대화하는 전략을 파악해두라. 염두에 둘 사항은 *사회보장급여 수급 시기 결정은 당신이 내릴 가장 중요한 재무 결정에 속한다는 것이다.*

경고 하나. 70세에 사회보장급여를 수급하기 시작할 계획이라면 70세 생일을 맞이하기 몇 개월 전부터 사기 전화가 빗발칠 것을 예상해야 한다. 불법 사기 전화를 말하는 것이 아니다. 사회보장국에서 오는 공적 전화가 사기라는 뜻이다. 당신이 이 책을 읽을 때쯤이면 사회보장국도 방침을 바꾼 뒤겠지만 현재 70세가 다가오는 사람은 사회보장국의 전화 연락을 받는다. 전화를 받은 날짜에서 과거 6개월 전으로 소급해 퇴직급여를 수급하기 시작하라는 권고 전화다. 이때 이들이 제시하는 당근은 기일이 경과한 수급액 6개월 치에 해당하는 일시금을 받을 수 있다는 것이다. 이 사기성 권고는 70세에 가까워진 사회보장급여 수급자가 70세부터 수급을 시작하겠다고 요청하는 전화를 걸어올 때도 등장한다.

하지만 사회보장국의 거래 아닌 거래를 수락하는 경우 70세가 될 때까지 내내 매달 받을 수 있는 지연퇴직급여공제 그리고 추가 6개월 치의 지연퇴직급여공제까지 잃는다. 70세 생일까지 4개월 남았다고 생각해보자. 사회보장국의 제안을 받아들이면 저들은 당신이 6개월 전 사회보장급여 수급을 시작했다면 받았을 금액을 바탕으로 산정한 6개월 치 수급금을 보내줄 것이다. 그들의 '거래'를 받아들인다는 것은 10개월 치 지연퇴직급여공제를 잃는다는 뜻이다. 따라서 당신의 사회보장급여 수급액은 앞으로 *영원히* 6.67퍼센트가량 낮아질 것이다. 사회보장국 직원이 당신을 설득해 자기 제안을 받아들이게 할 때 이런 영구적 손실을 언급할까? 아마 그러지 않을 것이다. 사회보장국 직원의 제안이 사기인 이유가 바로 여기 있다. 저들의 제안은 금전상 사회보장국에는 이롭지만 당신에게는 해롭다.

나는 이 사기 이야기를 내 치과 의사에게 들었다. 당시 그가 이미 70세가 넘었다는 사실도 모르는 채 의사에게 사회보장급여 수급계획을 물었다. "70세까지 기다렸죠." 몇 분 동안 드릴로 내 이를 뚫은 다음 그가 말했다. "사실 사회보장국 사람들 정말 좋더군요. 두 달이나 먼저 전화를 걸어 6개월 치 급여를 거저 준다고 했거든요. 정말 감동적이었어요. 최고 수급액을 챙겨주는 데다 6개월 치 금액까지 수표로 줬으니까요." 그 지점에서 나는 이 의사의 환상을 깰지 말지 결정해야 했다. 의사는 자신이 받은 수표와 매달 받는 연금 형태 금액이 사회보장국 직원의 제안을 수락하지 않았을 때보다 더 적다는 사실을 전혀 모르고 있었다. 나는 결국 환상을 깨는 정보를 주기로 결정했다. 의사는 이미 늦었지만 다른 사람에게는 미리 경고라도 해줄 수 있어야 했다. 그래서 그렇게 했다. 나는 그가 사기를 당했다고 말해줬고 내 치료비는 애초의 예상보다 높게 나왔다.

당신이 만일 70세가 되기까지 몇 년 남았다면 정부가 당신이 당연히 받아야 할 사회보장급여 수급액을 제대로 줄 것인지 말 것인지 불안해하고 걱정하는 편이 합리적이다. 사회보장급여의 장기 재무상황은 연방정부 재무상황 일반과 마찬가지로 나락에 빠져 있다. 사회보장제도에 쌓인 미적립채무 unfunded liability — 예상되는 미래 지출 총액과 예상되는 수급액 총액의 차액을 현재가치로 환산한 금액 — 는 53조 달러에 이른다.[1] 대략 2년 반어치 미국 GDP에 해당하는 액수다. 이 적자를 어떻게 충당해야 할지 아무도 모른다. 확실한 것은 현재 혹은 가까운 미래에 돈을 수급할 사람들의 수급금을 삭감하는 조치는 정치적으로 입법하기가 매우 어렵다. 그럼에도 불구하고 심지어 사회보장급여가 20퍼센트 영구 삭감 — 2030년부터 시작된다 — 된다 해도 70세까지 기다려 수령하라는 조언이 바뀌지는 않는다. 사회보장급여 수급을 늦추면 이득의 규모는 작아질 수 있지만 여전히 그 이득은 크다. 왜냐고? 어느 쪽이든 급여는 삭감되기 때문이다.

급여액을 불려서 물려주라

사회보장급여 수급 시기를 미루는 결정은 샌디뿐 아니라 샌디 배우자에게도 또 다른 적잖은 이득을 제공할 수 있다. 이 이득은 유족급여 형태를 띤다. 3×샌디 그리고 배우자 제인의 급여를 더해보자. 배우자 제인은 3×샌디와 생일은 같지만 3×샌디가 사망하는 경우 62세부터 매년 1만 1696달러를 더 받는다. 3×샌디가 받던 금액(3만 2008달러)의 약 3분의 1가량이다.

3×샌디가 62세부터 급여를 수급하다 70세에 사망하는 경우에도 62세부터 급여 수급을 시작한 제인은 자신의 급여 대신 3×샌디의 급여를 받기 시작한다.* 매년 2만 5805달러를 더 받는다는 뜻이다. 꽤 큰 금액이다. 그러나 3×샌디가 70세까지 기다렸다가 급여를 받으면 증가액이 훨씬 더 커진다. 제인이 매년 받는 급여액 1만 1696달러는 5만 6364달러로 확 뛴다. 증액분이 무려 4만 4668달러나 된다. 100세까지 산다면 제인은 3×샌디가 62세부터 급여를 수급했을 때보다 유족급여를 56만 5890달러나 더 받는 셈이다.

샌디와 제인이 이혼한다 해도 제인은 조건만 맞으면 유족 배우자와 같은 급여를 받을 수 있다. 유족 배우자가 받는 급여는 전 배우자에게도 똑같이 적용되기 때문이다. 물론 조건이 있다. 전 배우자가 사망한 사람과 최소 10년을 살고 재혼하지 않았거나 60세 이후 재혼한 경우여야 한다. 따라서 샌디의 전 배우자가 다수라면 이들 모두 샌디가 70세까지 기다려서 급여를 수령했을 때의 이득을 동일하게 누릴 수 있다.

당신이 급여 수급이 가능한 시기인 62세와 70세 사이에 사회보장 급여 수급을 시작하지 못하고 사망하면 어떻게 될까? 배우자와 이혼한 전 배우자의 급여는 당신이 사망한 달 수급을 시작했을 때 받았을 금액을 기반으로 산정한다. 그리고 당신이 퇴직급여를 받지 못하

고 은퇴연령 전에 사망하는 경우 사회보장국은 유족급여를 산정할 때 은퇴연령 수급액을 사용한다. 만일 당신이 사망하기 전 수급을 시작했다면 사회보장국은 복잡한 공식을 적용할 것이다. 이름하여 RIB-LIM(퇴직보험급여제한retirement insurance benefit limitation)이라는 프로그램인데 은퇴연령에 가까운 나이에 급여를 받을수록 유족급여 역시 더 높아진다.

어린 자녀 그리고 22세 미만의 장애가 있는 모든 연령대 자녀에게 돌아가는 유족급여는 어떨까? 이 역시 당신이 퇴직급여를 수급하기 시작하는 시기에 따라 달라질까? 사실 그렇지는 않다. 자녀에게 돌아가는 유족급여는 당신이 죽기 전에 받는 실제 급여가 아니라 당신이 은퇴연령을 채웠을 때 받는 급여를 기반으로 산정한다.*

여기 슬프지만 피할 수 없는 진실이 있다. 저소득층일수록 사회보장급여 수급을 미루는 것이 유족 배우자에게 더 중요하다는 것이다. 몇 년 전 나는 한 디너파티 자리에서 브라이언이라는 사람과 대화를 나눴다. 브라이언은 68세 심장외과의로 이전에 한 번도 만난 적 없는 이였다. 그는 파티 주최자를 통해 내가 사회보장급여에 관한 글을 썼다는 것을 알게 됐다. 2분 정도 한담을 나눈 끝에 그는 내게 놀라운 이야기를 털어놨다. 자신이 한 달 전 췌장암 진단을 받았고 기껏해야 살날이 2년 정도 남은 시한부라는 것이다. 나는 깊은 유감을 표했다. 브라이언은 이어서 사회보장급여를 타기 위해 70세가 될 때까지 기다리던 중이었다고 말했다. 그러나 암 진단을 받고 지역 사회보장국 사

---

* 부모님이 당신의 급여를 수령할 때도 같은 기준이 적용된다.

무소에 가서 자신의 상황을 알렸다고 했다. 사무소에서는 그에게 급여를 수급할 시간이 얼마 남지 않았기 때문에 즉시 급여를 타야 하고 6개월 치를 소급해 한꺼번에 주겠다고 말했다고 했다. 그는 동의했고 바로 수표를 받았다.

나는 브라이언에게 그의 부인인 팸이 직장이 있었는지 그리고 사회보장국에서 그에게 부인의 소득 이력을 물었는지 여부를 물었다. "아뇨. 저는 늘 비상 대기 상태였어요. 그래서 아내는 집에서 세 아이를 키웠죠. 그리고 사회보장국에서는 내가 결혼했는지 여부를 묻지 않았어요."

나는 브라이언에게 사회보장국 직원은 분명 좋은 사람이었겠지만 그에게 해준 조언은 끔찍한 것이라고 설명했다. "선생님께서 70세가 될 때까지 기다렸다가 급여를 받으시면 부인께서는 여생 내내 물가상승률까지 반영한 유족급여를 매달 16퍼센트 더 받을 수 있습니다. 부인께서 평생 유족급여를 더 많이 타는 편이 지금 당장 퇴직급여 수급을 시작하는 것보다 경제적으로 훨씬 더 이득입니다. 다행히 급여 수급 시작 시점까지 1년이 남아 있으니 신청을 철회할 수 있어요. 받은 돈은 다시 돌려주셔야 할 겁니다. 사회보장급여는 다시 받으실 수 있어요. 그리고 선생님께서 직접 타실 지연퇴직급여공제가 얼마든 부인께서 수급하실 급여는 영구히 더 높아질 겁니다." 브라이언은 내 말을 바로 이해했고 급여 신청을 철회하겠다고 대답했다.

이 이야기의 교훈은 이렇다. 가족이 받을 수급금을 최대화하는 것이 당신의 수급금을 최대화하는 것과 꼭 일치하지는 않을 수 있다는 것이다. 상황이 달라져도 같은 일이 생길 수 있다. 당신이 62세가 됐는

데 어린 자녀나 장애가 있는 자녀가 있고 배우자가 그 자녀를 기르고 있다고 가정해보자. 당신이 퇴직급여를 받기 시작하면 자녀와 배우자는 양육배우자급여와 장애자녀급여를 받을 수 있다. 따라서 당신이 자신을 위해 급여 수급을 미루는 경우 가족이 평생 수급할 금액이 줄어들 수 있다. 이런 상황에서 최적의 조치는 대체로 기다리는 것이지만 70세까지 계속 기다려야 하는 건 아니다. 그러나 예외적으로 알아둬야 할 점이 하나 있다. 당신에게 장애자녀가 있는데 그 자녀가 보충적 보장소득 Supplemental Security Income, SSI 그리고/혹은 장애수당을 자신의 경력에 의거해 받는 경우 당신이 사회보장급여를 수급하는 과정에서 그 자녀에게 제공하는 장애자녀급여 때문에 자녀가 자체적으로 받는 보충적 보장소득과 장애수당이 줄어든다. 따라서 장애자녀가 보충적 보장소득 그리고/혹은 장애수당을 받고 있는 경우 부모는 70세까지 기다리는 것이 최선일 확률이 높다.

중단하고 다시 시작하라

앞에서 이야기한 비밀을 알게 된 사람 중에는 퇴직급여를 지나치게 빨리 탔다고 자책하는 사람도 있을 것이다. 그러나 당신의 연령이 만기은퇴연령과 70세 사이라면 급여 수급을 중단했다가 70세에 다시 시작함으로써 손실을 줄일 수 있다. 급여를 다시 받기 시작하면 급여 수급을 중단한 몇 달 동안 쌓인 지연퇴직급여공제에 해당하는 금액까지 덤으로 받을 수 있다.

안됐지만 퇴직급여 수급을 중단하면 배우자나 자녀가 당신의 경력에 의거해 받고 있거나 받을 수 있는 급여도 함께 중단된다. 물론 다시 퇴직급여를 수급하기 시작하면 가족이 수급할 급여도 다시 지급되기 시작하지만 대신 이들은 물가 상승률이 반영되지 않은 예전 금액을 그대로 받는다. 또 한 가지 안된 점은 퇴직급여가 아닌 급여는 지연퇴직급여공제 같은 유형의 수급액 증가가 없다는 것이다.

소득조사는 무시하라

정말 중요한 비밀 하나. 당신이 만일 사회보장급여를 만기은퇴연령이 되기 전에 타기로 한다면 사회보장국은 수급액에서 면세액exempt amount을 초과하는 금액 1달러당 50센트를 세금으로 부과할 것이다. 2021년 면세액은 1만 8960달러였다. 당신이 만기은퇴연령(1960년 이후 출생자의 은퇴연령은 67세)이 되는 해 1월 1일이 되면 면세액 초과분에 붙는 세금은 33센트로 줄어들고 면세액 자체도 5만 520달러로 뛴다. 당신이 만기은퇴연령이 되는 첫날 소득조사Earnings Test는 영광스러운 최후를 맞이한다. 만기은퇴연령만 되면 소득이 늘어났다고 해서 급여를 잃을 일이 전혀 없다는 뜻이다.

내야 하는 다른 세금도 쌓여 있는 판에 연령 관련 소득조사까지 받아야 하다니 터무니없다고 느껴질 수 있다. 그 이유를 알아보기 위해 가정을 한번 해보자. 당신은 63세가 됐고 6개월 전 연봉 5만 달러짜리 직장을 잃는 바람에 줄어든 퇴직급여 2만 달러를 수령하기 시작했다.

그러다 다시 6개월 후 다니던 회사 사장이 전화를 걸어 재고용을 제안한다. 하지만 직장으로 돌아가봤자 별 의미가 없어 보인다. 사회보장세와 메디케어(FICA) 세금, 연방소득세, 주소득세를 내고 사회보장급여 1만 5880달러까지 포기하고 나면 1년 꼬박 일해도 남는 돈은 2만 달러 남짓이다. 5만 달러 중 60퍼센트를 세금으로 낸 꼴이다. 이런데 열심히 일할 이유가 과연 있을까?

다행히 이런 결과를 초래하는 사회보장급여 소득조사는 대부분이 무시해도 되는 멍청한 계략이다. 세심히 살펴보면 완전히 사라지다시피 한 제도이기 때문이다. 대부분은 소득조사가 유명무실한지 모르고 이 조사 때문에 직장으로 돌아가지 않기로 결정한다. 결국 이들은 세금을 낼 필요가 없는 직장 연봉에 세금이 붙으리라 지레짐작하고는 직장에서 벌 수 있는 거액의 돈을 그냥 날려버린다.

소득조사가 사라진 것이나 마찬가지인 이유는 또 다른 사회보장제도 조항 때문인데 대부분은 들어본 적조차 없다. 이름하여 '감액 요인 조정adjustment of the reduction factor'이다. 감액 요인은 사회보장급여를 일찍 받아 수급액이 줄어드는 것을 뜻한다. 원칙상 수급액 감소는 실제로 급여를 일찍 수급한 개월 수에만 적용돼야 한다. 소득조사 때문에 몇 달 치 수급액이 줄어들면 일찍 급여를 수급한 몇 개월은 여기에 포함되면 안 된다. 다시 말해 조기 은퇴로 인한 수급액 감소분을 더 줄여 줘야 한다는 뜻이다. 실제로 그렇게 하고 있다. 단 하나 약점은 이 시기가 만기은퇴연령이 될 때까지 지연된다는 것이다. 만기은퇴연령이 되면 사회보장국은 수급액을 영구히 늘려준다. 이때 증액분은 퇴직급여를 일찍 타서 손해 본 금액을 모두 벌충할 정도다.

오른쪽 주머니에서 돈을 빼다 왼쪽 주머니에 도로 넣어주는 것이나 다름없는 이 기괴한 짓을 이해할 수 있는 더 쉬운 방법이 있다. 당신이 62세 생일날 일찍 퇴직급여를 신청했는데 바로 그날 연봉이 매우 높은 직장에서 온 채용 제안을 수락했다고 상상해보자. 연봉이 아주 높다는 말은 영구 은퇴를 하는 만기은퇴연령이 된 달의 소득조사를 통해 수급액 전액이 사라질 만큼 높다는 뜻이다. 하지만 아까 말한 감액 요인 조정으로 인해 만기은퇴연령 때 당신의 수급액은 62세에 수급 신청을 하지 않았을 때와 조금도 다르지 않다!* 결국 다시 취직을 해도 사회보장급여에서의 불이익은 전혀 없다는 뜻이다. 게다가 만기은퇴연령인 67세가 되면 퇴직급여를 중단했다가 70세가 되는 달부터 재수령하기 시작해도 된다. 70세의 수급액 또한 62세에 신청을 하지 않은 경우와 아무런 차이가 없다.

감액 요인 조정은 퇴직급여뿐 아니라 배우자급여, 이혼배우자급여, 유족(배우자)급여, 이혼유족(배우자)급여를 비롯해 당신이 일찍 수령했다가 소득조사로 잃어버릴 수 있는 다른 급여에도 해당된다. (앞으로 살펴볼 한 가지 중요한 예외만 제외하고) 이 급여 모두 일찍 수령하면 감소하는 종류다.

중요한 예외가 있다. 만기은퇴연령 때 예를 들어 유족(배우자)급여처럼 금액이 더 높은 급여로 갈아타는 경우 당신 자신의 퇴직급여가 늘어난 사실은 전혀 도움이 되지 않는다는 점이다. 결과적으로 당신

---

* 그건 그렇고 소득조사 후 형편없는 연금을 수령하기 시작한 지 1년 이내에 퇴직급여 신청을 철회해도 결과는 똑같다.

은 그 증액된 급여를 타지 못할 것이기 때문이다. 이 경우에는 소득조사를 통해 끔찍한 세금이 부과된다. 이런 점을 감안하면 최상의 조치는 퇴직급여를 일찍 받고 직장은 그만두는 것이 될 수 있다.

자격이 된다면 공짜 급여를 타라

2015년 미국 사회보장법에 큰 변화가 생겼다. 1954년 1월 1일 전 출생한 국민은 본인의 퇴직급여는 지연퇴직급여공제로 쌓아둔 채 배우자급여를 탈 수 있게 된 것이다. 배우자급여를 신청하는 사람의 배우자는 자기 퇴직급여를 받고 있어야 한다. 예를 들어 아내가 1953년생으로 69세, 남편이 62세라고 가정해보자. 남편이 조기퇴직급여를 신청하고 아내가 배우자급여를 신청하면 아내는 남편의 (조기가 아닌) 만기퇴직급여 절반을 자신의 퇴직급여를 신청하는 70세까지 1년간 수령할 수 있다(자신이 70세에 탈 퇴직급여가 배우자보다 많다고 가정하면 이득이다). 남편의 만기퇴직급여가 연간 3만 달러라고 가정해보자. 아내는 자신의 최대 퇴직급여를 타기 위해 70세까지 기다리는 동안 1년에 1만 5000달러 배우자급여를 탈 수 있다.

대부분의 부부는 이 자격이 있는데도 자신이 공짜 급여를 수령할 수 있다는 사실을 전혀 모르는 실정이다. 2년 전 학회를 마치고 집으로 돌아가는 비행기의 내 옆자리에는 세계 최고의 거시경제학자로 손꼽히는 하버드대학교 경제학과 교수가 타고 있었다. 72세였던 그의 가명을 프랭크로 정하자. 그와 이야기를 나누다 불현듯 두 가지 생각이 떠올랐다. (a) 프랭크가 퇴직급여를 받는 중이라는 것, (b) 그의 아내가 1954년 1월 1일 이전 출생자일 수도 있다는 것이었다. 나는 프랭크에게 이에 관해 물어봤다. 프랭크의 아내는 정말 그 연령대였고 만기은퇴연령에 도달해 있었다. 몇 초 후 나는 프랭크에게 5만 달러를 벌어줬다. 그러고는 프랭크가 나와 내 아내에게 한 턱 쏴야 한다고 우겼다(그는 정말 그렇게 했다).

프랭크와의 일화를 들려주는 이유의 핵심은 이 책의 머니 플랜이 거짓이 아니라는 점을 분명히 밝히는 것 외에도 또 있다. 자신의 퇴직급여를 수령하는 사람이 자기 급여는 지연퇴직급여공제가 쌓이게 두면서 배우자급여를 신청하는 그의 배우자보다 나이가 많은 경우도 있다는 점을 지적하기 위해서다.

불행히도 이 방법은 2024년 1월 1일 이후로는 이용할 수 없다. 이 조항은 단계적으로 폐지된다. 1954년 1월 1일 이전 출생자는 이미 모두 70세에 도달했기 때문이다. 그렇다 해도 수급액이 높은 배우자가 자신의 퇴직급여를 일찍 타서, 나이가 많든 적든 수급액이 낮은 배우자로 하여금 배우자급여를 먼저 받게 하는 것은 여전히 의미가 크다. 자녀급여와 장애자녀급여도 마찬가지다.

유족(배우자)급여와 퇴직급여를 동시에 타지 말라

재닛의 예를 들어보자. 재닛은 남편을 잃었고 62세 생일을 기념하면서 사회보장국 지역 사무소에 연락해 자신의 급여를 탈 계획이다.

재닛은 자신이 탈 수 있는 급여 종류를 잘 모른다. 하지만 친절한 직원의 설명에 따르면 최상의 방법은 탈 수 있는 모든 급여를 신청하는 것이다. 자신의 퇴직급여와 유족(배우자)급여 둘 다 신청하면 된다.

불행히도 사회보장국 직원은 재닛에게 최악의 조언을 해줬다.

이유를 살펴보기 위해 가설을 세워 세부 사항을 정리해보자. 일단 재닛의 조기퇴직급여는 매달 2000달러고 유족(배우자)급여는 매달 2001달러라고 가정해보자. 재닛이 사회보장국 직원의 조언을 따라 두 급여를 모두 신청할 경우 그는 둘 중 큰 액수의 급여를 받게 된다. 이 경우에는 2001달러 유족(배우자)급여다. *평생* 매달 2001달러를 받는 것이다. 다시 말해 재닛은 아주 오랫동안 힘들게 직장을 다니면서 비싼 FICA 세금을 물어가며 적립한 본인의 퇴직급여를 한 푼도 받지 못한다.• 재닛이 평생 수령할 급여는 (최고 연령인 100세까지 산다고 가정하면) 38년 동안 매달 2001달러, 즉 총액으로는 91만 2456달러가 된다.

사회보장국 직원이 퇴직급여와 유족(배우자)급여의 지급 원리를 제대로 파악하고 있었다면 재닛에게 공무원 중대 과실에 해당하는 실책을 저지르는 대신 다음과 같은 올바른 조언을 해줬을 것이다.

"지금 당장 유족(배우자)급여를 신청하시고 70세까지 기다렸다 본

• 사회보장국은 재닛이 자신의 2000달러 퇴직급여에다 유족(배우자)급여 1달러를 더한 금액을 수령한다고 주장할 것이다. 그러나 재닛의 퇴직급여가 1000달러에 불과하다면 사회보장국은 재닛이 그 1000달러에 1000달러 유족(배우자)급여를 더해 챙겨 가는 것이라고 주장할 것이다. 두 경우 모두 재닛이 수령하는 총액은 매달 2000달러, 결국 유족(배우자)급여에 해당하는 금액뿐이다.

인의 퇴직급여 수급을 시작하세요. 얼마든지 그래도 됩니다. 당장 한 꺼번에 두 급여 모두 신청할 의무는 없어요. 62세인 현재부터 70세 가 될 때까지 8년간 2001달러 유족(배우자)급여를 받을 수 있습니다. 그런 다음 70세가 되면 본인의 퇴직급여를 신청하시면 됩니다. 현재 가치인 월 2000달러보다 76퍼센트 더 높은 3520달러를 매달 받게 되거든요. 그때의 수령액은 조기(퇴직) 감액 요인에 저촉되지 않아 본인이 적립한 지연퇴직급여공제 덕에 늘어나기 때문입니다.

70세부터 받을 수급액 두 가지[유족(배우자)급여와 본인의 퇴직급여] 중 더 큰 것이 3520달러니까 70세부터 100세까지는 그 돈을 받으시 면 됩니다. 확실히 100세까지 살지 못한다 해도 말년에 받는 급여는 중요합니다. 혹시라도 100세까지 살게 될지 모르니까요. 8년 동안 매달 2001달러를 받고 30년 동안 매달 3520달러를 받는 경우 두 금 액을 합치면 총액이 145만 9296달러가 됩니다. 한꺼번에 두 급여를 다 받는 경우와의 차이가 평생 54만 6840달러에 달하죠."

사회보장국 직원이 재닛에게 이렇게 지혜로운 조언을 해줄 가망은 없을까? 사회보장국 직원은 유족 배우자가 더 받을 수 있는 수급액을 잘못 기입한 문서를 들이밀어 그들이 큰돈—재닛의 경우 50만 달러 이상—을 손해 보게 할 만큼 무능하거나 악독한 인간일까? 미안하지 만 두 질문 다 그렇다고 봐야 한다. 2018년 사회보장국 감사보고서는 사회보장국이 재닛이 당한 방법으로 유족(배우자)급여 1억 3200만 달 러 이상을 절약해왔다고 비판했다.[2] 감사보고서는 사회보장국 행정가 들에게 이 문제를 시정하고 평생 수급액을 박탈당한 유족(배우자)에게 보상을 고려하라고 권고했다. 하지만 지금까지 시정도 보상도 전혀 없었다. 또 우리는 이런 실책이 벌어진 사정도 전혀 모른다. 아마 재닛 같은 처지의 사람들이 유족(배우자)급여만 신청했는데(그리고 나서 나중에 자기 퇴직급여를 신청할 수도 있었음에도) 직원이 둘 다 신청하게 시켰는지도 모를 일이다. 그렇다면 이런 실책은 사회보장국 직원의 부주의, 무능, 악의 아니면 셋 다를 보여주는 결과라고밖에 달리 할 말이 없다.

재닛이 만일 이런 실책을 파악했다면 그는 즉시 사회보장국 사무소로 돌아가 서면으로 자신이 유족(배우자)급여만 받았고 퇴직급여는 신청한 적이 없음을 확인해달라고 요청했어야 했고 또 그럴 수 있었다. 재닛은 또 신청서의 사고 적요란에 자신의 급여 신청은 유족(배우자)급여에 국한된 것이며 특정 연령이 될 때까지 본인의 퇴직급여는 신청하지 않음을 구체적으로 명시했어야(그리고 사진을 찍어 증거로 남겨뒀어야) 했다.

물론 이건 재닛의 사례지만 유족(배우자)급여를 먼저 받고 본인의 급여를 나중에 받는 것이 늘 최선의 선택은 아니라는 점도 분명히 밝혀둔다. 62세에 본인의 퇴직급여를 먼저 받기 시작한 다음 유족(배우자)급여는 가장 액수가 많을 때—물론 무작정 오래 기다린다고 최고액이 되는 것은 절대 아니다—수급하는 것이 최선일 것이다. 유족(배우자)급여액이 본인의 급여액보다 많다면 이런 조치를 취하는 편이 좋다. 사망한 배우자가 사망 전 본인의 퇴직급여를 한 번도 탄 적이 없거나 만기은퇴연령에 도달한 후 급여를 수급한 경우 유족 배우자가 급여를 탈 최적 시기는 만기은퇴연령에 도달했을 때다. 이때가 되면 조기 수령을 한다고 해도 수급액이 줄어들지 않기 때문이다. 사망한 배우자가 본인의 퇴직급여를 죽기 전에 조기 수령한 경우 유족(배우자)급여가 최고액에 도달하는 때는 본인의 만기은퇴연령 3년 6개월 전이다. 계산상 앞에서 언급한 RIB-LIM이라는 복잡한 공식이 적용되기 때문이다.

본인의 만기은퇴연령 3년 6개월 전이라는 앞의 내용을 다섯 번 더 읽어두길 간곡히 부탁한다. 이를테면 당신은 62세에 본인의 퇴직급여를 수령하고 5년을 기다려 만기은퇴연령인 67세에 유족(배우자)급여를 타야 최대 수급금을 탈 수 있다고 생각할 수 있다. 그러나 실제로는 64세 6개월 전부터 유족(배우자)급여를 받는 편이 최대 수급금을 타는 선택이다. 그 이후까지 기다릴 경우 수만 달러는 아니어도 수천 달러 손해를 본다. 당신은 사회보장국의 오해의 소지가 많은 웹사이트에서 뭔가 읽거나 훈련과 지식이 엄청나게 부족한 직원 말을 듣거나 별로 다를 것도 없는 재무설계자가 하라는 대로 해서 잘못된 선택을 할 수 있다. 만일 당신이 이 경우—60대 초반에 배우자를 잃었는데 사망한 배우자가 본인의 퇴직급여를 일찍 탄 경우—에 해당된다면 시간을 들여서라도 이 점을 명확히 알아둬야 한다.[*]

---

[*] 우리 회사의 maximizemysocialsecurity.com은 무료에 가까운 비용—40달러—으로 이 계산을 100퍼센트 정확히 할 수 있는 유일한 프로그램일지 모른다. 그렇다. 광고 같을 것이다. 하지만 내 생각에 다른 것들은 모두 급여액을 평가할 때 당신을 평균치라고 생각하고 산정하기 때문에 정확성이 떨어진다. 이는 제대로 교육받은 경제학자라면 누구라도 반대할 방식이다.

더 벌어서 더 받으라

사회보장급여가 직장 생활을 하는 동안 당신이 번 소득에 따라 얼마나 달라질 수 있는지 앞에서 이미 다뤘다. 가능한 가장 높은 급여를 타려면 급여액이 어떻게 산출되는지 확실하게 파악해두는 것이 매우 중요하다.

당신이 수급할 수 있는(혹은 다른 사람에게 제공할 수 있는) 사회보장급여 각각은 (최저) 기본보장액primary insurance amount, PIA 이라는 액수에 따라 정해진다. 기본보장액을 산정할 때 사회보장국은 당신의 과거 과세소득—즉, FICA 세금을 낸 소득—전체를 평가한다. 그러나 평가 전 사회보장국은 국민 전체 평균임금 성장률을 감안해 당신의 60세 이전 과세소득을 조정한다.* 60세 이후 과세소득은 물가와 연동하지 않고 급여액 산정 시 명목상으로만 들어간다. 따라서 당신이 60세 이후에도 일을 해서 실질임금이 늘거나 국민 경제 전체 실질임금이 늘어서 혹은 물가 상승으로 소득이 늘었다면 60세 이후 소득은 기본보장액에 큰 영향을 끼친다.

사회보장국은 당신의 과거 과세소득—60세까지의 물가연동 소득에다 60세 이후의 물가연동 없는 소득을 합산한 소득—을 샅샅이 평가한 다음 가장 높은 35개 값의 평균치를 내서 물가연동 월평균소득

---

* 예를 들어 당신이 2018년 60세가 됐다면 1995년 당신이 37세일 때 과세소득은 등급을 매기기 전에 (물가연동으로) 금액이 2.11배만큼 늘어난다. (1995년 평균 과세소득이 2만 4795.66달러라면 2018년 평균 과세소득은 2.11배 늘어 5만 2145.89달러가 된다.) 60세 이후 과세소득은 물가연동 없이 명목소득 그대로 산정 대상이 된다.

117

average indexed monthly earnings, AIME을 산정한다. 그리고 이를 이용해 당신의 기본보장액을 계산한다. 이 과정의 세부 사항이 많이 복잡하지만 알아둬야 할 핵심은 일을 계속하면 물가연동 월평균소득이 높아지고 따라서 수급금도 늘어난다는 것이다. 사회보장국은 이를 가리켜 급여 재산정recomputation of benefits이라 한다. 사회보장국의 급여 재산정은 당신이 퇴직급여를 받는 동안 매년 이뤄진다.

좀 극단적이긴 하지만 효과가 좋은 사례를 들어보겠다. 당신은 88세인데 은퇴를 했다가 다시 직장으로 돌아가 높은 임금을 받고 있다. 연봉이 최고로 높은 35개 기업 중 한 곳에서 일을 하는 것이다. 1년 후 사회보장국은 당신의 물가연동 월평균소득(그리고 그에 따라 달라지는) 기본보장액을 올리고 따라서 퇴직급여액도 올린다. (급여액은 기본보장액에 따라 달라지니까.) 당신의 퇴직급여 증액분은 그해 생활비 조정분cost of living adjustment, COLA*보다 높을 것이다.

자, 이제 당신에게 다섯 명의 미혼 전남편이 있다고 가정해보자. 각 남편은 당신과 10년씩 살았고 당신 경력을 바탕으로 이혼배우자급여를 받고 있다. 그러려면 각 남편은 스스로 번 돈이 거의 없었어야 한다. 아니면 적어도 당신이 일하는 동안 번 돈보다 훨씬 더 적은 돈을 벌었어야 한다(아니면 FICA 세금을 내지 않는 직종에서 일했어도 된다). 남편들이 제비족이었든 아예 생계비를 벌지 않았든 모두 당신의 사회보장급여 혜택을 본다고 가정해보자. 전남편끼리의 다툼을 막기 위해 각자의 수급액은 나머지 전남편의 수급액에 아무 영향도 주지 않도록

---

* 물가 상승률을 감안한 사회보장급여 증액분―옮긴이

돼 있다. 따라서 당신이 88세에 돈을 더 많이 벌어 기본보장액이 높아 지면 전남편 각각은 여생 동안 더 높은 이혼배우자급여를 받는다. 그 뿐만 아니라 당신이 사망하면 살아 있는 전남편 각각은 설사 (60세 이 후) 재혼해도 더 높은 이혼유족(배우자)급여를 탄다.*

나이가 들면서 돈을 더 벌어 기본보장액을 높일 수 있는 능력은 과 거 소득이 낮았거나 소득이 비정기적으로 있었을 경우 특히 중요하다 (현 배우자나 전 배우자가 이미 훨씬 더 소득이 높아 당신 경력에 따라 급여 를 수급하는 경우가 아니라면 소득을 높여 기본보장액을 높이는 것이 크게 중요하지 않거나 아예 중요하지 않을 수도 있다). 또 당신이 배우자보다 나이가 더 많고 고소득 직업을 갖고 있는 경우, 다시 말해 사회보장급 여 과세소득 상한선보다 높은 금액을 벌 경우 소득을 높이는 것이 중 요할 수 있다.**

만일 과세소득 기록이 불규칙하다면 거기에는 소득이 아주 낮거나 아예 없는 때도 포함돼 있을 것이다. 연령에 관계없이 소득을 늘림으 로써 이 약한 부분을 높은 소득으로 메꿀 수 있다. 그러면 당신의 물가 연동 월평균소득과 기본보장액도 함께 올릴 수 있다.

이 비밀이 얼마나 큰 가치가 있는지 예를 들어보겠다. 당신은 60세

---

* 만일 이들이 60세 전에 재혼하면 새 배우자가 사망한 뒤 다시 이혼유족(배우자)급여를 받기 시작할 수 있다. 게다가 이들이 배우자 사망 후 결혼한 다수의 배우자가 또 사망 한 경우 가장 높은 유족(배우자)급여를 골라 받을 수 있다.

** 과세소득 상한선은 사회보장세 평가 대상 소득 중 가장 높은 액수의 소득이다. 2021년 과세소득 상한선에 해당하는 소득은 14만 2800달러였다. 이는 세월이 흐르면서 경제 전 반의 평균임금 기반으로 더 올라간다.

에 미혼이고 루이지애나주에 살고 있다. 은퇴는 내년에 할 생각이다. 현재 연봉은 2만 7000달러이고 임금은 전국 평균을 쭉 유지해왔다. 과거에 10여 차례 결혼을 했지만 전 배우자의 사회보장급여를 타는 데 필요한 10년을 채워 산 적은 없다. 아이를 키우는 동안은 일하지 않 았기 때문에 사회보장계좌에 납입하기 시작한 때는 45세나 돼서였다. 따라서 당신은 10년 이상 연금을 납입했기에 사회보장 퇴직급여를 받 는 데 필요한 40크레딧을 확보했다. 다행히 당신은 일정액—가장 좋 아하는 전 배우자에게 50만 달러—을 상속받았기 때문에 사회보장급 여를 받게 될 70세까지는 그 돈으로 살 계획이다.

만약 당신이 1년 더 일하면 어떻게 될까? 평생 수령할 사회보장급 여가 9288달러 더 늘어난다. 세전 소득 1년 치의 3분의 1에 해당하는 액수(4개월 치 임금)만큼 느는 셈이다. 달리 말해 1년을 더 일하면 은퇴 기간 동안 연봉 3분의 1에 해당하는 소득이 증가한 만큼의 돈을 더 받 는다는 뜻이다. 물론 당신과 당신 고용주는 추가로 사회보장세를 내야 한다. 1년에 총 3348달러에 해당하는 금액이다. 그렇다 하더라도 1년 더 일하는 것으로 당신의 최종 순소득은 5940달러가 된다. 더 낸 사회 보장세 금액에 대해 77퍼센트 수익을 보는 것이다!

둘째, 당신이 직장을 더 다녀 이듬해에 사회보장급여 최고액을 받 을 수 있다고 가정해보자. 그러면 평생 급여액은 놀랍게도 9만 8310달 러만큼 늘어난다. 고용주와 고용인의 사회보장세는 1만 7707달러를 넘겠지만 그래도 큰돈이 남는다. 결국 1년 더 일하는 것으로 평생의 사 회보장급여액을 거의 4분의 1만큼이나 늘리는 셈이다!

이제 사회보장급여 과세소득의 또 다른 내용을 상정해보자. 당신은 늘 사회보장 최고액보다 많은 돈을 벌었고 현재 60세가 넘었다. 또 하나 당신의 올해 소득 역시 사회보장 상한선을 넘는다. 올해 상한선이 전해보다 높다면—보통은 거의 늘 그렇다—당신의 물가연동 월평균소득과 기본보장액도 같이 높아지고 따라서 퇴직급여액도 받을 때마다 높아지는 셈이다. 당장 이해가 될 만큼 분명하진 않지만 이 역시 사회보장급여 산정으로 나온 결과다. 좋다. 하지만 이런 실질급여액 증가가 크게 중요할까? 그렇기도 하고 아니기도 하다. 현재가치로 당신이 평생 받을 급여액은 대략 4500달러만큼 늘어난다. 당신이 납세할 사회보장세 1만 7707달러보다 훨씬 적다. 하지만 어쨌든 일을 할 생각이었다면 아주 좋은 보상이다.

소득을 늘려 사회보장급여를 늘리는 방법이 또 하나 있다. 이 방법은 사회보장세를 공제하지 않는 고용 형태로 일하는 15퍼센트 정도의 근로자에게 적용된다. 이들은 주로 주와 지역에 고용되는 교사 등이며, 이들의 직업은 사회보장세 면제 대상이다. 사회보장세를 공제받지 않는 이들은 대개 고용주에게서 연금을 받는다. 하지만 이런 경우에도 사회보장법상 40크레딧을 채우는 10년 동안 사회보장급여가 있는 부문에서 일하면 급여를 받을 수 있다. 이들은 급여 대상 소득 기간이 매우 짧기 때문에 사회보장국의 누진성이 매우 강한 기본보장액 산정 시 비교적 큰 액수의 급여를 받을 수 있는 저임금 근로자로 평가된다.

다른 연금을 받는 비급여형 근로자에게 과도하게 후한 급여를 지급하는 일을 피하기 위해 미 의회는 중복지급배제조항Windfall Elimination Provision, WEP을 채택했다. 당신이 사회보장급여가 아닌 연금을 받기 시작하면 이 조항의 효력이 발생한다. '중복지급배제조항에 저촉된다wEP'd'는 말은 당신의 물가연동 월평균소득이 더 엄격한 기본보장액 산정 공식을 따른다는 뜻이다. 중복지급배제조항에 저촉돼 수급액이 줄어드는 것은 비공제 연금의 절반 혹은 정부가 비공제 403(b)나 그와 유사한 퇴직급여라고 보는 수급액의 절반에 해당하는 액수에 국한된다.

하지만 중요한 점이 하나 있다. 당신이 어느 정도로 중복지급배제조항에 저촉되느냐는 사회보장세 면제를 받는 직종에서 몇 년간 기준소득에 해당하는 임금을 받았느냐에 따라 달라진다. 2021년 1년 기준소득에 해당하는 소득은 2만 6550달러였다. 기준소득을 20년 이하로 받았다면 중복지급배제조항에 저촉된다. 기준소득을 번 기간이 21년에서 30년 미만이라면 중복지급배제조항에 저촉되는 액수는 매년 감소한다. 30년이 지나면 더는 중복지급배제조항에 저촉되지 않는다. 따라서 당신의 기준소득만으로 급여액을 늘릴 기간이 10년 정도 있다고 봐야 한다.

사망한 배우자나 전 배우자(10년간 결혼 생활을 한 경우) 덕에 받는 배우자급여, 이혼배우자급여, 유족(배우자)급여 그리고 이혼유족(배우자)급여는 당신이 사회보장세가 공제되지 않는 연금을 받는 경우 급여액이 또 다른 법―정부연금차감법Government Pension Offset―에 의해 줄어든다.* 감소분은 사회보장세 공제가 없는 연금 혹은 정부가 결정하는 바 다른 비공제 연금에서 제공하는 지급액의 3분의 2다. 정부연금

---

* 외국에서 받는 연금은 유족(배우자)급여의 경우 정부연금차감법이 적용되지 않는다.

차감을 피하는 아주 쉬운 방법이 하나 있다. 연방이나 주나 지방정부에서 60개월 동안 일하라. 연속으로 60개월일 필요는 없다. 사회보장세 공제를 받는 직종이면 된다. 온전히, 영원히 정부연금차감을 면제받는다!

대부분의 사람에게 사회보장급여는 가장 크거나 두 번째로 큰 자산이다. 사회보장급여에 관한 비밀을 정리하면 아래와 같다.

■ 사회보장급여는 총 열세 가지인데 대부분은 들어본 적도 없을 것이다. 사회보장급여는 쓰지 않으면 잃는다. 받을 자격이 있는데도 신청하지 않으면 공짜로 받을 돈을 포기하는 것이다. 공식적으로 신청할 수 있는 급여는 뭐든 전부 신청해야 한다. 사회보장국에서는 당신의 급여 수급 시기가 언제인지 공지해주지 않는다. 기껏해야 체납된 6개월 치 수급금만 줄 뿐이다.

■ 발품을 팔아 정보를 구해야 한다. 한 곳 이상의 사회보장국 사무소에 알아보고 가급적 상세한 온라인 프로그램을 뒤져보라. 우리 회사의 프로그램을 추천하고 싶지만 다른 것도 괜찮다.

■ 사회보장제도는 당신의 퇴직급여 수급을 미루기 위해 큰 인센티브를 제공한다. 인내심을 좀 더 발휘해 당신이 당연히 받을

급여를 신청하는 데 필요한 짧은 시간을 언제 쓸지만 선택하면 된다. 더 높은 퇴직급여를 받을 때까지 기다리면 유족 배우자나 자격이 되는 전 배우자에게 돌아가는 급여액도 높일 수 있다. 당신 자신의 평생 퇴직급여를 희생해서라도 유족의 수급금을 높이는 것이 합당할 정도로 유족에게 돌아가는 이득이 크다. 너무 이르다 싶게 퇴직급여를 수령하기 시작했더라도 만기은퇴 연령이나 70세 이전 아무 때나 수령을 중단했다가 70세 이전이나 70세에 다시 수령할 수 있다.

■ 대부분의 근로자에게 소득조사는 평생 받는 급여액에 별 영향을 끼치지 않는다. 소득조사를 걱정해 일터로 다시 돌아가는 일을 망설이진 않아도 된다.

■ 1954년 1월 1일 이전에 태어난 이들은 배우자급여를 공짜로 수령할 수 있다. 여기 해당하는 베이비붐 세대는 수백만 명으로 이 혜택을 이용해 적긴 해도 어느 정도 돈을 챙길 수 있다.

■ 자신의 퇴직급여와 유족(배우자)급여를 타는 시기를 잘 조율해 유족 배우자나 자격이 있는 전 배우자가 평생 받을 급여액을 최대한 올리는 것이 중요하다.

■ 당신의 경력에 따라 사회보장세를 공제받는 직장에서 오래 일할수록 평생 받는 급여액을 상당히 늘릴 수 있다. 일부의 경우 오래 돈을 벌수록 사회보장 납입액을 더 늘려 돌아오는 급여액이 훨씬 늘어나게 할 수 있다. 사회보장급여 최고 상한선에 해당하는 액수를 초과한 수입이 있는 사람이 60세 넘어서까지 일하는 경우 사회보장급여 산정법 때문에 기본보장액이 자동

으로 높아질 뿐만 아니라 그에 기반한 모든 급여액도 연간 생활비 조정분 이상으로 높아진다. 중복지급배제조항에 저촉되는 경우 기준소득 상한년도 이상 소득을 벌면 저촉액을 줄일 수 있다.

네 번째 머니 플랜

세금에 관한 결정
: 절세하라

앞에서 개탄했듯 미국인은 저축을 지독하게 못한다. 그러나 개인이든 국민 전체든 저축에 인색한 미국인의 습성(국민 저축률은 코로나19 이전에도 어마어마하게 낮았다)은 새로울 것이 전혀 없는 이야기다. 수십 년 전 의회는 이 문제를 인식하고 정교한 퇴직계좌와 가치재계좌를 고안해 사람들을 꼬드겨 공적 성격의 사회보장계좌에 납입하는 것 이상의 돈을 납입하게 해뒀다.

미 의회는 변호사 천지인 상황이고 변호사는 사안을 가능한 한 복잡하게 만들지 않고는 못 배긴다. DNA에 그렇게 새겨진 모양이다. 이들은 사회보장체제가 사용자에게 끔찍한 악몽이 되도록 방치했다. 퇴직계좌 시스템이 문양 복잡한 퀼트 이불을 방불케 하는 것도 마찬가지다. 지금까지 내가 강조해온 계좌는 401(k)다. 당신이 다니는 직장 고용주가 적립해 관리하는 계좌다. 이제 비슷한 종류의 다른 계좌도 알려주겠다. 일반 IRA, 로스 IRA, 배우자 IRA, 자영업자를 위한 키오

플랜Keogh plan, 소규모 영업장의 SEP simplified employee pension, 심플Savings Inventive Match Plan for Employees, SIMPLE IRA, 심플 401(k)플랜, 급여공제 IRA, 403(b), 이익공유플랜profit-sharing plan, 확정급여플랜define benefit plans, 우리사주플랜stock-ownership plans, 457플랜, 솔로 401(k)플랜, 비공제 IRA, 로스 401(k)플랜, 로스 403(b)플랜, 로스 457플랜, 뭐 이 정도면 충분하다. 이제 커피 한잔씩 하자!

각 퇴직계좌에는 자체 규정, 제약, 납입 한도 그리고 자격 요건이 따라붙는다. 퇴직계좌와 퇴직계좌의 적립액을 최상으로 활용하는 방법을 알아두면 평생 낼 세금을 줄일 수 있다. 당연히 동시에 평생 쓸 돈은 늘어난다.

4장에서는 퇴직계좌의 두 가지 기본 유형과 각각의 세금우대 조치 그리고 절세액을 최대화하기 위해 서로 다른 유형의 퇴직계좌로 돈을 옮기는 방법을 설명할 것이다. 그런 다음 끔찍하게 건조하지만 중요한 규칙(이 부분은 건너뛰고 나중에 다시 읽어봐도 상관없다)을 다룬 다음 정말 재밌는 부분으로 넘어갈 것이다. 이 특별한 마법의 모자에서 얼마나 많은 돈을 꺼낼 수 있는지 직접 보여주는 부분이다. 물론 여기에는 '고용자 부담'이라는 마법이 포함된다. 직장에 고용돼 일하는 대부분의 근로자에게 '고용자 부담'은 노동을 더 하지 않아도 받을 수 있는 엄청난 액수의 상여금과 같다.

고용자 부담을 이용해 절세하는 것은 이 책에서 가장 간단한 머니 플랜이다. 고용자가 고용인의 퇴직계좌에 납입해야 하는 평균부담금은 고용인 임금의 4퍼센트를 넘는다. 그러나 이 공짜 돈을 받을 자격이 있는 근로자 중 4분의 1은 고용주의 퇴직계좌에 돈을 낼 필요가 없다. 생각할 필요조차 없는 이 간단한 사실을 한 문장으로 표현하면 다음과 같다.

고용주가 공짜 돈을 주겠다면 받으라.

퇴직계좌를 쭉 설명한 다음에는 의료저축계좌health savings accounts, HSA와 카페테리아플랜cafeteria plans*과 529플랜을 논하겠다. 이 계좌들은 특정 유형의 지출에 배정된 것이다. 이를 사용하면 규정 한도 내에서 교육비나 의료비 같은 '가치재'에 당신이 적립한 돈을 쓸 수 있다. 정부는 세금 감면을 통해 이런 지출을 보조하고 싶어 한다. 의료저축계좌와 카페테리아플랜의 경우 세금이 100퍼센트 감면된다. 당신이 두 계좌에 적립한 소득에는 전혀 과세되지 않는다는 뜻이다.

내가 앞으로 당신 머리에 욱여넣으려고 하는 지루하고 재미없는 퇴직계좌의 요점이 이미 나왔음을 눈치챘을 것이다. 하지만 어쩔 수 없다. 퇴직계좌는 세금을 깎아주겠다는 정부의 특별한 제안이므로 나는 꼭 당신이 세금을 덜 낼 기회를 죄다 활용할 수 있게 도와주고 싶다. 평생 세금을 최소화하는 데 사용할 수 있는 두 가지 주요 유형의 퇴직계좌, 두 유형 사이에서 돈을 옮기는 방법 그리고 세금을 줄이기 위해 이 계좌를 합법적으로 활용하는 방법 등을 쭉 안내하겠단 뜻이다.

---

* 카페테리아식 복리후생제도로 고용주가 일정한 조건을 충족하는 고용인에게 선택권을 제공한다—옮긴이

과세유예 일반 IRA와 로스 IRA를 비교해보라

퇴직계좌는 과세를 유예해주는 유형과 유예해주지 않는 유형 두 가지로 나뉜다. 대부분의 퇴직계좌 자산은 과세유예 유형에 속한다. 과세유예 유형을 전일반반통(일반) IRA라고 한다. 두 번째는 과세비유예 유형인 로스 IRA다. 이를 입안한 델라웨어주 전 상원의원 윌리엄 로스William Roth의 이름에서 따온 것이다. 로스 IRA는 IRA 자산 총액 중 약 10분의 1을 차지한다.[1]

고용주가 참여하는 401(k)플랜도 고용주와 고용인이 일정액을 분담해 돈을 납입한다. 401(k)에도 두 가지 변형이 있다. 과세유예형과 과세를 유예해주지 않는 로스형이다. 401(k)는 확정기여형defined contribution, DC, 즉 고용주와 정부가 납입금을 규제하는 형태다. 최근 몇십 년 동안 확정급여형defined benefit, DB보다 확정기여형 플랜이 크게 늘어났다. 확정급여형은 정해진 퇴직급여를 보장한다.

확정급여형 플랜은 과거에는 대기업 어디에나 있었지만 오늘날에는 사라지는 추세다. 단 노조, 주정부 및 지방정부와 군에서 지원하는 형태는 남아 있다. 민간 부문 근로자 절반가량은 확정기여형 플랜만 가입할 수 있다. 13퍼센트는 확정기여형과 확정급여형 둘 다 가입할 수 있고 4퍼센트는 확정급여형만 들 수 있다. 나머지 32퍼센트는 퇴직플랜을 지원하지 않는 기업에서 일한다.[2] 분명 확정기여형—가장 흔한 것은 401(k)—은 과세유예 자금의 대부분을 차지한다. 확정기여형 계좌에 돈을 넣어두면 고용주가 설정한 한도 내에서긴 하지만 그 계좌의 돈을 투자할 수 있다. 반면 IRA에 납입한 자산 투자는 원하는 만큼 할 수 있다. 확정급여형 플랜의 경우 납입을 훨씬 더 많이 할 수 있기 때문에 수령액은 특정 투자 실적이 아니라 산정 공식에 따라 결정된다.

그렇다면 과세유예 계좌는 재무 면에서 어떤 효력을 보일까? 과세유예 계좌에 넣는 납입금은 세액공제가 된다. 돈을 계좌에 넣는 시점에 그 돈에 대한 소득세를 내지 않아도 된다는 뜻이다. 이 계좌의 돈은 투자도 가능하다. 계좌 유형에 따라 잔고를 기초 유가증권인 뮤추얼펀드나 상장지수펀드exchange-traded fund, ETF(이하 ETF)에 넣어둘 수 있다. 아니면 주식, 채권, 부동산신탁 같은 개별 증권이나 금이나 다른 상품, 임대 자산, (한도 내) 옵션, 토지, 심지어 비트코인 같은 암호화폐에 투자할 수도 있다. 투자금이 실적을 올려도 곧바로 세금을 낼 필요는 없다. 이를 가리켜 '비과세자산 증액inside buildup'이라 한다. 배당금, 자본수익, 이자 혹은 다른 투자수익이 계좌로 들어와도 돈이 계좌에 들어 있기만 하면 과세 대상이 되지 않는다는 뜻이다.

그러나 단점은 있다. 과세유예 계좌에서 돈을 인출할 때는 인출 금액에 세금을 내야 한다. 게다가 세금우대도 없다. 예를 들어 현재 기준으로 배당금과 자본수익 세율은 보통 소득세율보다 낮지만 401(k)에 쌓인 배당금과 자본수익을 인출할 때는 근로소득 과세율과 똑같은 세율로 세금을 내야 한다.

과세유예 퇴직계좌에는 또 한 가지 문제가 있다. 당신이 72세나 75세가 되면(2020년 1월에 그 나이가 된다면) 강제최소인출규정에 따라 해당 금액을 인출하기 시작해야 한다는 것이다. 강제최소인출금은 특정 해 당신의 계좌 잔액을 그해 기대수명지수로 나눠 산정한다. 72세에 기대수명지수는 25.6이다. 82세라면 지수는 17.1이다. 72세에 일반 IRA에 100만 달러가 있다면 그해 최소 3만 9062달러를 인출해야 한다. 82세에 100만 달러가 있다면 최소인출금은 5만 8479달러다.

로스 계좌는 무엇이 다를까

과세유예가 되는 계좌와 달리 과세유예가 되지 않는 로스 계좌 납입금은 세액공제 대상이 아니다. 계좌에 돈을 넣는 시기에 바로 그 돈에 과세한다는 뜻이다. 과세유예 계좌와 마찬가지로 로스 계좌에 쌓인 돈도 비과세다. 그러나 과세유예 계좌와 달리 최종 인출금은 과세 대상이 아니다. 돈을 계좌에 넣을 당시 이미 세금을 냈기 때문에 인출할 때는 추가로 세금이 붙지 않는다. 또 로스 계좌는 강제최소인출규정 적용 대상도 아니다(곧 다시 살펴볼 것이다).

과세유예가 되는 IRA와 로스 IRA 둘 다에서 유념할 점이 있다. 당신이 모아두는 돈이 절세 가능한 이유는 은퇴용으로 일정 연령까지 적립되기 때문이라는 것이다. 따라서 과세유예 IRA에서 69.5세가 되기 전에 미리 돈을 인출하면 인출액에 대해 세금을 낼 뿐만 아니라 대체로 페널티가 부과돼 10퍼센트 벌금까지 내야 한다. 로스 계좌는 이미 적립할 때 과세했기 때문에 아무 때나 적립금을 세금이나 페널티 없이 인출할 수 있다. 그러나 59.5세가 되기 전에 로스 계좌의 돈을 인출하는 경우 인출액 전액에 대해 그리고 소득 형태로 정기적으로 받는 경우 그 소득 절반에 대해 세금과 벌금이 모두 부과된다. 인출 용도

가 교육비, 첫 주택 구입비 혹은 출산 및 입양비일 때는 예외다. 59.5세
가 넘으면 로스 계좌의 돈을 페널티 없이 인출할 수 있다. 단, 계좌를
만들어 납입을 시작한 지 5년이 지난 경우에 한해서다.*

곧이어 설명하겠지만 IRA에 납입할 수 있는 금액에는 한도가 있
다. 한도액을 넘겨 납입하는 경우 일반 IRA는 2차 한도액이 있어 그
액수까지는 납입이 가능하다. 하지만 한도가 넘는 액수는 세액공제가
되지 않는다. 그럼에도 불구하고 세금이 공제되지 않은 IRA 납입금
도 비과세자산 증액의 이득으로 과세 없이 쌓인다. 게다가 앞에서 언
급했듯이 이 계좌에서 돈을 인출할 때는 누적된 자산소득에만 세금을
매긴다.

퇴직계좌 적립액의 연금화를 고려하라

당신의 계좌가 과세유예 퇴직계좌든 로스 퇴직계좌든 그 적립금을
연금화할 수 있다. 여기서 연금annuities이란 수급자가 사망할 때까지
지속적으로 받을 수 있는 돈이다. 연금은 개인연금single life(수급자 사망
시까지 지급)과 결합유족연금joint survivor(수급자나 그 배우자의 사망 시까
지 누가 먼저 사망하든 지급)이 있다. 이들 연금에는 보장 기간을 포함할
수 있다. 그리고 누진식 설계도 가능하다. 즉, 수급액을 매년 늘릴 수
있다는 뜻이다. 당신이 연금을 설계하는 방식―어떤 조항을 포함하느

---

* 돈을 인출하는 계좌가 꼭 로스 계좌여야 할 필요는 없다.

냐—에 따라 수급액과 수급 종료 조건이 달라진다. 불행히도 민간 연금에는 물가연동식이 없다. 등급별 연금은 물가연동이 된다고들 하지만 터무니없는 거짓말이다. 물가연동이 된다는 말은 물가가 50퍼센트 오르면 연금 지급액도 50퍼센트 오른다는 것이다. 이 정도면 굉장한 금액이다. 하지만 3퍼센트 '누진'액은 만연한 실제 물가 상승과는 아무 상관없는 증액일 뿐이다.

물가 상승 위험을 제외하면 연금은 장수 위험을 대비하는 데 단연 돋보인다. 간단히 말해 개인(1인)의 기본 계약은 투자를 해놓고 계속 살면 높은 명목수익을 얻고 죽으면 아무것도 얻지 못하는 것이다. 일종의 도박이다. 그러나 죽을 때 돈이 필요하지 않다면—실제로 그렇다—도박이라도 전혀 불리하지 않다. 대부분은 자신의 퇴직계좌를 연금으로 바꾸지 않는다. 다소 의외다. 거래 수수료가 원인은 아니다. 거래수수료는 꽤 합리적이기 때문이다. 퇴직계좌를 연금으로 바꾸지 않는 이유는 자신이 오래 살지 않으리라는 과도한 확신, 물가 상승 우려 그리고 연금을 파는 보험사가 나만큼 오래 살지 못할지도 모른다는 불안인 듯하다. 일단 자신이 일찍 죽으리라는 확신은 재무 관점에서는 희망 섞인 억측에 불과하다. 보험사에서 연금을 지급하지 못할지도 모른다는 우려는 여러 보험사의 여러 연금 상품을 구매해두면 해결 가능하다. 그리고 물가 상승은 곧 논하겠지만 물가가 오르면 실질가치가 하락하는 담보대출 따위의 명목부채를 만들면 대비가 가능하다.

나는 당신에게 연금을 재고하라고 권하고 싶다. 특히 연금 세계의 혜성 같은 상품인 적격장수연금qualified longevity annuities contracts, QLAC을 고려해보라. 과세유예 퇴직계좌의 최대 25퍼센트, 최대 13만 5000달러까지 적격장수연금에 투자할 수 있다. 그 뒤 미래의 특정 날짜부터 연금을 수령할 수 있다. 당신은 장수할 가능성이 크므로 이 연금에서 수령하는 돈은 일반 연금 상품보다 많을 것이다. 만일 70세인데 앞으로 15년 정도는 확실히 더 살 것 같다면 85세(연금을 받기 시작하는 가장 높은 연령)부터 연금을 받기 시작하는 적격장수연금에 가입하면 85세 이후까지 생존할 경우를 대비하는 방책이 될 수 있다. 이 연금이 좋은 점 또 하나는 강제최소인출규정이 없다는 것이다! 적격장수연금의 주된 문제는 물가 상승 위험인데 명목상 연금 지급 시기가 한참 뒤로 유예되기 때문에 상황이 불리해질 수 있다.

IRA와 401(k)의 납입 한도를 알아두라

IRA 퇴직계좌는 일반 IRA든 로스 IRA든 납입 연령 제한은 없지만 납입액은 정부가 제한하고 있다. 401(k)처럼 고용주가 분담금을 내는 퇴직계좌에 납입할 수 있는 금액 역시 제한된다. 2021년 기준 일반 IRA와 로스 IRA의 납입 가능 총액은 6000달러(50세가 넘는 경우 7000달러)와 2021년 근로소득 중 더 적은 액수다. IRA는 이 소득을 '과세납입액 taxable compensation'이라고 부른다.*

로스 IRA 납입액에는 소득 상한선도 있다. 2021년 미혼 기준 변경

---

* 과세납입액에는 주급, 월급, 자영업 소득 그리고 과세 이혼 위자료가 포함된다. 이자, 배당금, (양도소득 등) 자본소득, 임대료 같은 자산 관련 소득은 포함되지 않는다.

후조정총소득 modified adjusted gross income, MAGI 이 14만 달러를 초과하면 로스 IRA에 납입할 수 없다. 12만 5000~14만 달러 사이에서는 한도가 있다. 기혼자의 경우 변경후조정총소득에 적용되는 상한선은 19만 8000~20만 8000달러다.* 한 가지 좋은 점은 IRA 계좌에는 나이에 상관없이 납입할 수 있다는 것 그리고 앞에서 언급했듯 실제로 50세가 넘으면 더 많은 금액을 납입할 수 있다는 것이다.

401(k)의 경우 2021년 기준 납입 한도액은 1만 9500달러(50세 이상은 2만 6000달러)였다. 예를 들어 45세고 고소득 직종에서 일하는 경우 401(k)와 로스 401(k) 계좌 합산으로 납입 가능한 총액은 1만 9500달러다. 여러 회사를 다니는 경우에도 2021년 기준 모든 퇴직계좌 플랜의 총납입액은 1만 9500달러(50세 이상은 2만 6000달러)로 동일하다.

고용주 분담 퇴직계좌가 있어도 IRA에 납입할 수 있을까

소득이 특정 금액을 초과하지 않는다면 일반 IRA에 납입 가능한 액수가 얼마이든 401(k)에도 납입할 수 있다. 물론 그 반대도 마찬가지다. 그러나 소득 한도액은 복잡하다. 국세청 규정을 주의 깊게 읽고 해당 연도에 관한 정보를 꼼꼼히 파악해야 한다.[3] 2021년 고용주가 분담

---

* 여기서 좋은 참고자료는 IRA의 〈2020년 납입 가능한 로스 IRA 납입액〉이다. http://www.irs.gov/retirement-plans/plan-participant-employee/amount-of-roth-ira-contributions-that-you-can-make-for-2020.

액을 내는 퇴직계좌에 가입한 경우 유형에 상관없이 변경후조정총소득이 6만 6000달러 이하라면 일반 IRA 납입금에 완전소득공제가 된다. 기혼자라면 변경후조정총소득 한도액은 부부 둘 다 고용주 분담 퇴직계좌에 가입한 경우 10만 500달러다(배우자 한 사람만 고용주 분담 퇴직계좌에 가입한 경우는 19만 8000달러). 고용주 분담 퇴직계좌가 있는 미혼자라면 변경후조정총소득이 6만 6000~7만 6000달러일 때 납입금 일부에 세액공제를 받을 수 있다. 부부 모두 고용주 분담 퇴직계좌가 있다면 변경후조정총소득이 10만 5000~12만 5000달러인 경우(배우자 한 사람만 고용주 분담 계좌가 있다면 19만 8000~20만 8000달러인 경우) 납입금 일부에 세액공제를 받을 수 있다.

소득이 변경후조정총소득의 한도액을 초과하는 경우에도 일반 IRA에 납입할 수 있지만 *세액공제는 안 된다*. 하지만 염두에 둘 사항이 있다. (공제 및 비공제 형태의) 일반 IRA든 로스 IRA든 각각 한도액은 6000달러(50세를 넘으면 7000달러)다.

요약하면 유형에 상관없이 당신이나 배우자에게 고용주 분담 퇴직계좌가 있는 경우 세액공제가 되는 일반 IRA 납입액은 변경후조정총소득에 따라, 연령에 따라, 납입 연도에 따라 달라진다. 그러나 고용주 분담 퇴직계좌가 없다면 IRA 납입 한도(로스 IRA와 일반 합산)는 일반 IRA 납입 한도와 같다.

로스 IRA 납입 한도는 고용주 분담 퇴직계좌 보유 여부와 상관없다. 로스 IRA, 일반 IRA와 비공제 IRA 납입금 총액이 IRA 납입금 한도를 초과하지 않으면 된다. 로스 IRA 납입 한도는 변경후조정총소득을 기반으로 한다.

배우자 IRA의 납입 한도는

배우자는 직장이 없고 당신만 있는 경우 배우자도 자신의 IRA를 만들 수 있다. 그러나 배우자 계좌에 납입하는 금액은 개별 IRA 납입 한도를 초과할 수 없고 부부 합산 납입금은 직장에 다니는 당신의 소득을 초과할 수 없다. 퇴직계좌가 있다면 배우자 IRA 납입 한도는 당신의 IRA 납입금과 마찬가지로 변경후조정총소득을 바탕으로 정해진다.

고용주 납입 한도는

고용주가 당신의 과세유예 계좌에 돈을 납입하게 하는 편이 당신 혼자 같은 금액을 납입하는 것보다 낫다. 고용주의 납입금은 근소세인 FICA 세금 대상이 아니기 때문이다. 반대로 당신의 납입금은 FICA 세금을 내야 한다.

퇴직계좌에서 돈을 인출해도 FICA 세금은 전혀 부과되지 않는다. 당신이 납입한 인출금이니 합리적인 처사다. 어쨌든 직장에서 돈을 벌 때 근소세를 이미 냈으니 말이다. 고용주 납입금에 해당하는 인출금도 FICA 세금을 전혀 내지 않아도 된다. 이는 좋은 거래다. FICA 세금—당신이 결과적으로 내게 될 세금— 중 고용주 몫은 6.2퍼센트고 이 비율은 사회보장급여 최대 과세액수에 붙는 12.4퍼센트의 절반이다. FICA 세금 중 메디케어 부분 2.7퍼센트의 경우 고용주가 낼 몫의 세금은 당신의 임금액에 상관없이 임금의 1.45퍼센트다.

고용주 분담금 납입 한도는 퇴직계좌 종류에 따라 다르다. 2021년 401(k) 한도는 다음의 두 금액 중 항상 더 적은 쪽이다. 즉, 퇴직계좌 지불액의 25퍼센트나 5만 8000달러(50세 이상이라면 최대 만회 납입금 6500달러를 포함해 6만 4500달러) 중 적은 금액을 고용주가 납입한다. 그러나 이 한도는 당신의 납입금으로 더 줄어든다. 예를 들어 2021년 당신이 401(k) 계좌(세액공제든 로스든 상관없다)에 1만 8000달러를 납입했는데 고용주의 납입 한도가 5만 8000달러라면 고용주는 그 둘의 차액인 4만 달러만 납입할 수 있다. 그리고 이때 당신과 고용주가 고용주 분담 계좌에 납입한 총액은 어떤 경우든 임금의 100퍼센트를 초과해선 안 된다.

SEP 계좌에는 고용인 납입액이 없다. 고용주 최대 납입액은 2021년 기준 고용인 임금의 25퍼센트나 5만 8000달러 중 하나다. 나이가 더 많은 고용인을 위한 만회 납입금은 없다.

로스 계좌 전환하기

앞에서 논의했듯 과세유예 계좌를 활용하면 세금을 유예할 수 있다. 로스 계좌는 안 된다. 납입할 때든 인출할 때든 과세 시기만 달라질 뿐 세금은 내야 한다. 곧 설명할 이유들 때문에 한 유형의 계좌를 다른 유형의 계좌로 전환하는 것이 이득이 될 수 있다. 이때 전환은 대개 과세유예 계좌에서 과세유예가 없는 로스 계좌로 하는 것이다. 이를 '로스 계좌 전환'이라고 한다.

로스 계좌 전환을 하는 경우 과세유예 계좌에서 돈을 인출해 인출한 계좌에 붙는 세금을 내고 남은 금액을 곧바로 로스 계좌에 납입한다. 예를 들어 일반 IRA 계좌에서 5만 달러를 인출하면 5만 달러에 대한 세금을 내야겠지만 동시에 로스 계좌의 현 납입 한도와 상관없이 로스 계좌에 5만 달러를 더 넣을 수 있다.

은퇴연령에 가까워진 사람의 로스 계좌 전환 방법은 매우 간단하다. 당신이 59.5세 이상이라면 일반 IRA에서 돈을 인출해 로스 IRA에 같은 액수 혹은 다른 액수, 즉 인출한 돈의 일부를 세금으로 내고 잔액을 납입할 수 있다. 이를 '비공식 로스 계좌 전환'이라 한다. 그러나 당신이 59.5세 미만이라면 대부분의 경우 과세유예 계좌에서 돈을 인출했을 때 10퍼센트에 해당하는 금액이 벌금으로 부과된다. 재무에 밝은 사람에게 반가운 조치는 아니다.* '공식 로스 계좌 전환'이라는 것도 있다. 59.5세 미만인 사람은 이를 통해 일반 IRA에서 로스 계좌로 정확히 똑같은 금액을 이체할 수 있다.

401(k) 계좌나 유사한 고용주 분담 과세유예 계좌도 로스 계좌 전

---

* 과세유예 계좌에서 돈을 일찍 뺄 때 내야 하는 10퍼센트 벌금을 피할 방법은 많다. 가장 쉬운 것은 5년 이상 매년 같은 돈을 인출하는 것이다. 또 한 가지 방법은 인출액을 큰 단위의 의료비로 쓰거나 해고 후 의료보험에 가입하거나 대학 학비를 지출하거나 첫 집 구매에 쓰거나(최대 1만 달러) 장애 관련 비용이나 군 복무 비용에 쓰는 것이다. 마지막으로 상속받은 IRA에서 인출하는 경우에도 페널티가 없다. 다음 글을 참고하라. 에밀리 브랜든Emily Brandon, 〈조기 인출 페널티를 피하는 열두 가지 방법12 Ways to Avoid the IRA Early Withdrawal Penalty〉, 《U. S. 뉴스 월드 리포트U. S. News & World Report》, 2020년 12월 15일 자, http://money.usnews.com/money/retirement/slideshows/ways-to-avoid-the-ira-early-withdrawal-penalty.

환이 가능하다. 단, 그 계좌에서 전환을 허용해야 한다. 고용주를 떠나는 경우 고용주 분담 과세유예 계좌를 해지하고 일반 IRA로 간 다음 로스 계좌 전환을 하면 된다.

혼하지는 않지만 로스 계좌에서 과세유예 계좌로 전환하는 것도 가능하다. 로스 계좌에서 돈을 인출한 다음 법적 허용 한도까지 돈을 더해 과세유예 계좌에 넣으면 된다. 예를 들어 로스 IRA에 10만 달러가 있는데 올해 일반 IRA에 5000달러를 납입하고 싶다고 하자. 현금 유동성 때문에 로스 계좌를 이용하지 않고는 납입을 할 수 없다고 해보자. 로스 계좌에서 5000달러를 빼고 그 돈에 대해 세액공제를 받을 수 있다.*

퇴직계좌를 이용해 납세 시기 정하기

로스 계좌 전환—과세소득을 지금 더 높이고 나중에는 더 낮추는 것—의 핵심은 무엇일까? 그리고 그 반대—세액공제 계좌에 더 많은 금액을 납입해 현재 과세소득을 줄이고 나중에 늘리는 것—의 핵심은? 바로 평생 낼 세금을 줄이는 것이다. 이는 당신의 과세표준 구간과 관련 있다.

---

* 이는 물론 소득에서 1만 달러를 IRA 계좌로 납입한 다음 현금 유동성 문제 때문에 로스 계좌에서 1만 달러를 인출하는 것과 똑같다. 어디서 나가든 똑같은 돈이니까. 그러나 말이야 어떻게 하든 이 경우 로스 계좌의 돈은 1만 달러 줄어드는 반면 IRA 계좌의 돈은 1만 달러가 늘어난다.

당신이 대부분의 사람과 같다면 당신이 속할 과세표준 구간은 은퇴 후에 낮아진다. 그냥 낮아지는 정도가 아니라 대폭 낮아진다. 더는 직장에서 돈을 벌지 않기 때문이다. 물론 세율 구간이 지금은 낮은 쪽이다가 나중에 더 높아질 수도 있다. 예를 들어 현재는 실업 상태지만 1년 뒤 옛 직장으로 돌아가거나 새 직장을 구할 수도 있기 때문이다. 이 경우 로스 계좌에 돈을 넣어두면 납입에 쓴 소득은 미래의 높은 세율이 아니라 현재의 낮은 세율로 과세된다. 당신의 과세표준 구간이 일시적으로 낮은 쪽에 속하는 경우 세금은 미래가 아니라 지금 당장 내는 편이 이득이다. 이게 바로 로스 계좌에 납입하는 것이 이득인 이유다. 로스 계좌로 납입금을 옮기는 것도 마찬가지 효과를 낸다.

지금까지 나는 당신의 과세소득이 늘어날 때마다 내야 하는 연방이나 주의 소득세를 말하면서 '과세표준'이라는 용어를 썼다. 그러나 은퇴자의 경우 이들의 늘어난 소득에서 발생하는 세금은 사회보장급여에 대한 연방소득세 그리고 메디케어 B 파트 보험료 증액분 평가액의 영향을 크게 받는다. 이 세금은 과거 2년 동안 당신의 변경후조정총소득을 바탕으로 산정한다.

미국 정부의 사회보장급여 과세는 아주 복잡하지만 특히 부자들에게는 매우 중요하다. 2020년 당신의 사회보장급여를 포함한 변경후조정총소득이 미혼인 경우 2만 5000달러, 기혼인 경우 3만 2000달러가 넘으면 당신이 받는 사회보장급여의 최대 절반에 연방소득세를 내야 한다. 그리고 변경후조정총소득이 미혼인 경우 3만 4000달러, 기혼인 경우 4만 4000달러가 넘으면 최대 85퍼센트의 소득에 과세된다. 고소득 가정은 수급금의 31퍼센트를 세금으로 내야 한다. 다시 말하지만 이 기준은 물가 상승률과 연동되지 않는다. 결과적으로 미국의 모든 은퇴자는 자신의 사회보장급여의 85퍼센트에 대한 세금을 내야 하는 셈이다.

고소득 메디케어 B 파트 소득비례월조정액income-related monthly adjustment amount, IRMAA 할증 보험료는 노인에게 매기는 비슷한 유형의 세금이다. 2021년 기준 B 파트 보험료는 1782달러였다. 2021년에는 2019년 미혼자의 변경후조정총소득이 8만 8000~11만 달러(기혼자는 17만 6000~22만 2000달러)인 경우 메디케어에 붙는 연간 할증 보험료가 (1인당) 712.8달러였다.* 총소득 구간이 한 구간 더 높은 고정소득자의 경우 할증료가 연간 1069.2달러로 늘어난다. 그 외에도 더 높은 구간이 셋이나 더 있다! 그리고 이 구간들의 금액 역시 물가 상승률과 연동되지 않는다.

만일 연방소득세 과세표준 하위 구간에 속한다면 과세 퇴직계좌의 돈을 인출해 세금을 아낄 수 있다는 생각이 오히려 위험할 수도 있다. 2년 뒤 사회보장급여 세금을 내야 할 수도 있고 오히려 그 세액이 높아질 수도 있으며 게다가 메디케어 B 파트 보험료까지 할증될 수도 있기 때문이다. 따라서 로스 계좌 전환은 사회보장급여를 아직 타지 않고 메디케어에 아직 등록돼 있지 않은 은퇴자에게는 합리적일 수 있지만 사회보장급여와 메디케어 둘 중 하나나 둘 다에 가입한 은퇴자

---

* 소득비례월조정액은 2년 후 부과된다. 2년 전 소득이 소득비례월조정액을 결정한다는 뜻이다. 로스 IRA가 아니라 일반 IRA 인출금이 변경후조정총소득에 합산된다는 데 유념할 것.

에게는 로스 계좌 전환, 특히 큰 금액의 로스 계좌 전환은 효과가 거의 없거나 아예 없을 수도 있다.

과세로부터 자산소득 보호하기

퇴직계좌의 비과세자산으로 수입을 얻는 것의 이점은 무엇일까? 납세를 미룸으로써 정부에 낼 돈을 소득으로 버는 것이다.

당신이 곧 정부에 세금 1만 달러를 내야 하는데 정부가 이렇게 말한다. "고맙지만 이번에는 제가 후한 인심을 쓰기로 했습니다. 국민께서는 1만 달러를 그대로 갖고 계시면서 투자하세요. 30년 뒤에 벌게 된 돈이 얼마든 그 총액에 대해 세금을 내면 됩니다."

정부는 좋은 거래를 제안했다. 1만 달러 대출에다 과세표준이 낮은 구간에서 세금을 낼 때까지 기다릴 기회를 준 셈이다.

세 가지를 가정하겠다. 첫째, 당신이 올해 IRA에 1만 달러를 납입한다고 쳐보자. 둘째, 당신이 지금이나 앞으로 계속 30퍼센트 과세표준 구간에 속한다고 생각해보자. 셋째, 당신이 그 자금을 이윤 3퍼센트의 주는 안전자산에 투자할 수 있다고 가정하자. 30년 동안 비과세로 투자한다면 종국에 2만 94달러를 벌게 된다. 3퍼센트 수익에 대해 30퍼센트 세금을 계속 내야 한다면 최종적으로 남는 돈은 1만 6813달러다. 현 상황 기준으로 장기금리 1.5퍼센트 상품에 투자하는 경우 비과세와 과세의 차이는 더 작아진다. 비과세로 수익을 얻으면 1만 4509달러, 세금을 내면 1만 2984달러가 남는다. 비록 차이가 작아지긴 했지만 비과

146

세자산 증액은 금리가 낮아도 매우 가치 있다.

비과세자산 증액을 다른 말로 표현하면 자산소득을 과세로부터 보호하는 조치라고 할 수 있다. 이 이야기를 하다 보면 결국 로스 IRA 계좌가 지닌 교묘한 세제 이점을 말하게 된다. 모든 사람이 이 사실을 잘 알 것 같지는 않다. 로스 IRA 계좌에 납입하면 소득을 벌 당시 이미 표준 소득세를 낸 금액을 납입하는 셈이 되므로 따로 세금을 내지 않는다는 점을 떠올려보라. 하지만 이는 시간이 갈수록 퇴직계좌가 아닌 계좌의 돈이 줄어든다는 뜻이기도 하다. 다시 말해 비은퇴자산과 은퇴자산을 더한 총자산을 퇴직계좌가 대표함으로써 자산을 보호할 수 있다는 뜻이다.[*]

돈 좀 벌어볼까

퇴직계좌를 이용하면 평생 지출 증가액이 얼마나 늘어날까? 제리라는 청년을 통해 답해보겠다.

제리는 25세로 연소득 5만 달러를 벌고 있다. 이제 사회 초년생인 제리는 자산이라고 할 만한 게 전혀 없다. 뉴저지주에 거주하고 있고 자영업자이며 일반 IRA 계좌를 만들어 매년 3000달러를 납입하기 시

---

[*] 이는 납입금의 일반 경로다. 당신은 납입금을 과세유예 계좌나 로스 계좌 둘 중 하나에 넣는다. 과세유예 계좌에 들어간 납입금을 인출할 때는 세금을 매긴다는 것을 안다면 미래의 추가 세금을 충당하기 위해 과세유예 계좌에 더 많은 돈을 납입할 수 있다.

작했다. 연봉의 6퍼센트다. 제리의 연봉과 IRA 납입금이 물가 상승률과 연동된다고 가정하자. 또 제리는 IRA 납입금에 1.5퍼센트 이익을 얻고 물가 상승률도 1.5퍼센트라고 가정하자. 마지막으로 제리가 강제최소인출규정이 적용되기 시작하는 72세부터 퇴직계좌에서 인출을 시작한다고 해보자.

제리가 연소득 6퍼센트를 67세에 은퇴할 때까지 IRA에 넣고 72세 전에는 전혀 인출하지 않는다면 평생 이득은 얼마나 될까? 현재가치로 무려 3만 9403달러다. 거의 1년 세후 소득 정도 되는 꽤 큰돈이다. 이렇게 생각해보라. 한 시간 정도를 할애해 IRA를 개설하고 은행 계좌에서 자동으로 납입금이 나가도록 만들어두면 제리는 평생 동일한 생활수준을 유지하면서 1년 일찍 은퇴할 수 있다.

제리가 일반 IRA 대신 로스 계좌에 연소득 6퍼센트를 납입하면 평생 지출 증가분은 1만 1440달러로 훨씬 더 적어진다. 그럴 수밖에 없다. 제리가 속하는 과세표준 구간은 그가 늙었을 때보다 젊을 때 훨씬 더 높다. 로스 계좌에 납입하면 계좌에 넣어놓은 돈을 앞에서 말한 비과세자산 증액에 의해 보호할 수 있다. 그러나 납입금 자체에 과세가 되므로 그 세율이 낮아지지는 않는다.

일반 IRA든 로스 IRA든 이를 이용해 보는 평생 이득은 401(k) 납입액 분담을 해주는 고용주 밑에서 일해 얻는 이득 앞에서는 빛이 바랜다. 401(k) 계좌에 들어갈 소득의 12퍼센트 중 6퍼센트를 고용주가 납입해주면 이득은 15만 231달러가 된다. 가처분소득 4년 치 이상이다. 이 수치가 그리 인상적이지 않다고 생각할 수도 있겠다. 제리의 새 직장에서 납입금을 6퍼센트 올리면 당연히 67세까지 42년 동안 계좌에 훨씬 더 많은 돈을 납입해 많은 돈이 적립될 테니 말이다. 그러나 대부분의 고용주에게서와 마찬가지로 고용주의 납입금은 제리의 납입금을 기반으로 산정한다. 제리가 고용주 분담 퇴직계좌가 허용되는 기업에 먼저 들어간 다음 독립해서 따로 그걸 이용하기로 결정한다고 생각해보라. 이 경우 퇴직계좌를 활용해 얻는 이득은 고용주 분담금으로 인해 훨씬 더 커진다. 물론 여기서 핵심은 거저 주는 돈을 줍지 않을 이유가 없다는 것이다. 요약하면 다음과 같다.

퇴직계좌 납입금은 적어도 고용주 분담금을 확보하는 데 필요한 만큼이어야 한다.

3×제리

3×제리를 생각해보자. 연소득은 15만 달러로 401(k)에 소득의 6퍼센트를 납입하고 있다. 그가 평생 쓸 수 있는 돈은 5만 8421달러가 늘어난다. 꽤 큰돈이지만 당신이 예상한 만큼 크지는 않다. 이유는 3×제리가 늙었을 때 속할 과세표준 구간이 크게 감소하지 않기 때문이다. 3×제리가 젊을 때와 늙었을 때의 과세표준 차이는 1×제리의 과세표준 차이보다 훨씬 작다. 1×제리의 과세표준 하락은 거의 80퍼센트나 된다. 하지만 3×제리의 경우 과세표준 하락은 40퍼센트 정도다. 50만×제리를 생각하면 과세표준 하락은 아예 없다. 이렇게 소득이 높은 사람은 과세표준이 평생 최고 구간이기 때문이다. 따라서 거부

가 퇴직계좌를 이용해 얻는 유일한 이득은 비과세자산 증액뿐이다.

3×제리가 일반 401(k) 대신 로스 401(k)에 납입한다면 그의 이득은 6만 6746달러다. 1×제리는 로스 계좌에 납입할 때보다 401(k)에 납입할 때 동일 납입금당 이득이 더 많은 데 반해 3×제리는 그 반대인 이유는 무엇일까? 3×제리는 1×제리보다 소득에 비례해 더 많은 금액을 납입해야 하기 때문이다. 사회보장급여 공식은 누진성을 띠기 때문에 3×제리는 1×제리와 동일한 정도로 퇴직급여를 받지 못한다. 다른 조건이 동일한 경우 납입액이 많다는 것은 자산이 많다는 뜻이고 자산소득 과세액도 높다는 뜻이므로 결국 늙어서도 더 높은 과세표준에 속한다는 뜻이다. 그러므로 노년에 자산소득을 과세로부터 보호하는 것은 소득이 높은 3×제리에게 더 중요하며 로스 계좌가 특히 잘하는 일이 바로 이것이다.

고용주 분담이 되는 상황에서 납입할 때의 이득을 따지자면 평생 지출액 증가분은 28만 8078달러다. 세후 소득 2년 치가 넘는 액수다. 그렇다. 3×제리가 401(k) 계좌에 납입해 얻는 절대적 이득은 1×제리의 거의 두 배지만 소득은 세 배다. 이는 3×제리의 은퇴 후 과세표준이 훨씬 높다는 뜻이다. 따라서 1×제리에게는 고용주의 401(k)에 가입하는 것이 상대적으로 훨씬 좋은 거래다. 다시 말하자면 이렇다. 저소득 근로자는 고소득 근로자에 비해 과세유예 고용주 분담 퇴직계좌에 납입하는 편이 상대적으로 더 이득이다. 이 책에서 당신이 읽게 되는 많은 다른 요령과 마찬가지로 이 또한 통념과는 정반대다.

미래 세금이 급등한다면

3×제리 이야기를 계속해보겠다. 그가 옛 직장으로 돌아가 401(k) 계좌에 납입한다고 가정해보자. 그리고 72세가 돼 퇴직계좌에서 인출을 시작한 바로 그때 세금이 영구적으로 25퍼센트 올랐다고 가정해보자. 그의 이득은 이제 2만 9612달러뿐이다. 세금이 오르지 않았을 때의 절반가량밖에 되지 않는다. 그럴 수밖에 없다. 과세유예 계좌를 쓰는 경우 과세표준 구간의 이점은 퇴직계좌 인출금의 과세를 낮추는 것이기 때문이다. 그러나 은퇴할 때 세율이 25퍼센트라면 그렇지도 않다.

반면 세금이 급등해도 로스 계좌 납입에서 오는 이득은 사실상 높아진다. 로스 계좌에 납입할 경우 세금이 25퍼센트 증가해도 이득이 7만 8577달러에 달한다. 로스 계좌의 세금 이득이 훨씬 큰 이유는 무엇일까? 미래의 세금 급등은 3×제리가 401(k) 계좌에 납입을 하든 말든 어차피 일어날 일이다. 그리고 이를 예상한다면 그는 납입금을 늘려야 한다. 기본 방침을 납입을 하지 않는 것으로 정하면 제리가 나이들수록, 특히 은퇴했을 때 자산 축적이 늘고 재산세도 늘어난다. 다시말해 평생 쓸 지출액이 줄어든다는 뜻이다. 따라서 소득세로부터 자산을 보호한다는 면에서는 로스 계좌가 압승이다. 로스 계좌에 납입할 때 평생 지출액 증가분이 더 큰 이유는 로스 계좌에서 평생 쓰는 돈이 로스 계좌 없이 평생 쓰는 돈보다 많기 때문이다. 이런 이유로 로스계좌는 미래에 세금이 폭등한다 해도 당신이 생각하는 것보다는 훨씬이득이다.

로스 계좌 전환은 언제 해야 할까

다음으로 진이라는 가상인물을 내세워 로스 계좌 전환을 수치화해 살펴보자. 진은 61세로 연소득은 10만 달러고 62세가 되면 은퇴할 계획이다. 일반 IRA 계좌에는 250만 달러가 있고 일반자산은 50만 달러다. 진의 계획은 65세부터 사회보장급여 수급과 퇴직계좌 인출을 슬슬 시작하는 것이다.

아직 직장에서 일하고 있는 진이 올해 50만 달러로 로스 계좌 전환을 한다고 생각해보자. 이는 정말 나쁜 선택이다. 로스 계좌 전환을 하면 세금이 현재로 옮겨지는데 진은 일을 하고 있기 때문에 과세표준이 높은 쪽에 속하게 돼 세금을 많이 내야 한다. 로스 계좌 전환을 올해 하면 평생 세금이 1만 6335달러만큼 늘어난다. 진이 올해 벌 세후 소득의 4분의 1에 해당하는 금액이다. 평생 지출 역량 면에서 이 돈이면 진은 마지막 해 3분기까지만 일하고 은퇴할 수도 있다. 생활수준을 떨어뜨리지 않고도 은퇴 기간을 3개월 더 늘릴 수 있는 것이다.

진이 취할 수 있는 똑똑한 조치는 로스 계좌 전환을 은퇴 시점까지 미루는 것이다. 진의 과세표준은 62세, 63세, 64세로 가면서 낮아진다. 과세표준은 이후 진이 퇴직계좌의 돈을 인출하고 사회보장급여를 받을 때 높아진다. 진이 62세부터 3년 동안 매년 10만 달러를 옮겨 낮은 과세표준의 이점을 누릴 경우 평생 세금을 4만 2038달러 줄일 수 있다.

로스 계좌 전환은 시기를 잘 선택하는 것이 중요하다. 시기와 전환 액수를 세심하게 계획해 제대로만 전환하면 그에 따른 재무 가치가 증가한다.

일반 IRA에서 인출을 시작하는 시기를 조금씩 달리 해도 비슷한 효과를 거둘 수 있다. 진이 로스 계좌 전환을 하거나 다른 어떤 은퇴 관련 조치도 원하지 않는 경우 일반 IRA 인출을 시작할 최적의 나이는 65세가 아니라 62세다. 그러면 평생 낼 세금을 1만 1251달러 줄이는 효과가 난다. 이번에도 62~64세 구간의 낮은 과세표준을 이용하는 방법을 쓴 것이다. 앞에서 이야기한 연간(1년에 한 번씩 하는) 로스 계좌 전환을 할 때 얻는 이득의 4분의 1 수준이지만 그럼에도 여전히 많은 금액이기는 하다. 만일 소득이 더 낮아지는 이 기간에 돈이 더 필요하다면 로스 계좌 전환을 해야 할 이유가 없다. 예를 들어 진은 62~64세에 일반 IRA에서 매년 10만 달러를 인출하고 그동안에는 로스 계좌에 납입을 전혀 하지 않은 다음 65세부터 남은 돈을 차차 인출하기 시작하면 된다.

로스 계좌 전환과 인출 시기 잡기

퇴직계좌에서 인출을 시작할 때는 로스 계좌와 전통 계좌 중 어디에서 먼저 돈을 인출하는 편이 나을까? 그리고 로스 계좌 전환은 언제 고려해야 할까? 이 질문에 답하는 목적은 세 가지다. 첫째, 시간이 가도 과세표준 구간을 평활화하는 것. 둘째, 비과세로 자산을 축적하는 것(비과세자산 증액). 셋째, 생활수준을 평활화하는 것.

불행히도 이 목표 중 어느 하나를 충족하려고 노력하면 다른 목표를 충족하기는 더 어려워질 수 있다. 당신은 세 목표 사이 최적의 균형점을 찾고 싶을 것이다. (지금 내가 이 글을 쓰는 시기처럼) 금리가 낮을 때는 과세표준 평활화라는 첫 번째 목표가 비과세 자산 축적이라는 두 번째 목표보다 더 중요하다. 그러나 언제나 가장 중요한 것은 생활수준 평활화라는 세 번째 목표다. (살아서 보게 될지도 확실치 않은) 미래에 파티를 하면서 돈을 흥청망청 쓰겠다고 현재의 생활수준을 확 낮추는 것은 세금을 아끼는 것과 미래의 생활수준을 개선하는 것만큼 가치가 크지 않다.

조지의 예를 들어보자. 조지는 65세다. 작년에 은퇴하기 전 중위소득을 벌어들였다. 일반 IRA에 180만 달러, 일반자산 10만 달러가 있다. 조지는 70세까지 기다렸다가 연간 3만 달러 사회보장급여를 찾을 작정이다. 그리고 강제최소인출규정에 걸리는 82세까지 기다렸다가 차츰 IRA의 돈을 찾으려고 한다.

조지의 기본 계획에는 심각한 현금 유동성 문제가 있다. 65~70세에 조지가 매년 쓸 수 있는 금액은 1만 8670달러다. 70~72세에는 매년 3만 7997달러를 쓸 수 있다. 그리고 72세가 넘으면 갑자기 가용소득이 7만 8997달러로 뛴다. 조지가 미래에 받을 사회보장급여나 IRA 인출금으로 대출을 받을 수 있다면 생활수준 평활화가 가능하겠지만 그럴 수는 없다. 그래서 조지는 70세 이전에는 가진 자산으로 살 수 밖에 없고 몇 년 후 사회보장급여를 보태고 그런 다음 IRA 인출금을 보태서 살 수 있다.

조지의 기본 계획에서 나오는 평생 지출액은 255만 1418달러다. 그러나 단기적으로 생활이 쪼들릴 것이라고 생각한 조지는 대부분의 사람이 하는 선택을 따른다. 사회보장계좌의 퇴직급여를 계획보다 일찍 신청하는 것이다. 그러면 조지는 72세까지 3만 8529달러를, 그 이후에는 7만 2600달러를 쓸 수 있다. 그러나 이는 생활수준 평활화와는 거리가 멀며 사회보장급여를 일찍 개시하는 바람에 평생 지출 가능한 금액이 9만 6760달러로 상당히 줄어들어버린다.

만일 조지가 사회보장급여를 70세부터 개시하기로 한 계획을 변경하지 않고 66세부터 IRA 인출금으로 평활화를 시작한다면 어떨까? 그러면 평생 낼 세금도 줄어들고 원래 기본 계획보다 평생 지출액을 7만 2191달러 늘릴 수 있다. 사회보장급여를 즉시 쓰는 것보다는 무려 16만 8951달러가 늘어난다. 어마어마한 차이다. 불행히도 이 세 번째 계획은 소비평활화 전략으로서 더 낫긴 하지만 여전히 완벽하지는 않다. 조지에게 가능한 가장 평활화된 지출 궤적은 70세 전에는 5만 5241달러였다가 그 이후 7만 2926달러로 뛴다.

네 번째 대안으로 조지는 66~70세 사이 매년 IRA 계좌에서 8만 달러를 인출하고 그 이후 잔액을 균등하게 인출하기로 한다. 그러면 조지의 평생 지출액은 기본 계획보다 7만 3629달러만큼 높아질 뿐 아니라 연간 지출액도 영구히 7만 599달러로 균등해진다. 이제 조지는 최상의 두 세계를 모두 누릴 수 있다. 평생 소득이 증가하는 세계 그리고 늙어가도 지출 병목현상으로 곤란할 일 없는 세계다.

다음 질문은 조지가 로스 계좌 전환으로 훨씬 더 나은 계획을 세울 수 있는지 여부다. 조지가 70세까지 1년에 3만 달러씩 로스 계좌 전환을 한다고 해보자. 그의 평생 지출은 기본 계획보다 무려 7만 9455달러 더 높아진다. 네 번째 계획보다 고작 6000달러가량 늘어난 셈이지만 정신 차리자. 한 푼이라도 많으면 좋지 않은가. 하지만 그러려면 조지는 70세가 되기 전까지의 지출액을 좀 줄여야 한다. 이유는 명확하다. 로스 계좌 전환을 하려면 하지 않을 때보다 세금을 빨리 내야 하기 때문이다. 그러면 현금 유동성이 압박받는다.

수치를 좀 더 수정해 조지가 향후 4년 동안 매년 5만 달러를 로스 계좌로 이체하고 전환하지 않은 상태로 IRA에서 매년 6만 달러씩 인출하면 어떻게 될지 알아보자.

이 계획대로라면 기본 계획대로 했을 때보다 평생 지출액이 8만 2827달러 늘어난다. 그러나 여기서도 현금 제약이 생긴다. 70세 전에는 세금을 더 내야 하기 때문이다. 70세 이전에 조지의 연간 지출액은 4만 6596달러였다가 그 이후에는 7만 2457달러로 뛴다.

이 계획으로 조지는 과세표준 평활화에서 오는 거의 모든 이득을 과세 대상인 퇴직계좌에서 인출을 하기만 해도 누릴 수 있다. 그러면 현금 제약을 완화할 수도 있기 때문에 소비평활화 정도도 향상된다. 여기에 로스 계좌로 전환까지 한다면 평생 세금이 더 줄어들긴 하겠지만 잠재적으로 심한 현금 유동성 압박과 그로 인한 소비 불가를 대가로 치러야 한다.

그렇지만 진의 사례에서 본 것처럼 로스 계좌 전환 문제가 현금 제약을 일으키거나 악화하는 상황은 가계에 상당한 일반자산이 있는 경우에는 생기지 않는다. 예를 들어 조지의 일반자산이 10만 달러가 아닌 100만 달러라면 65~70세 사이 아무런 현금 제약도 받지 않는다. 또 그 기간 동안 IRA 인출을 전혀 하지 않으면 과세표준도 매우 낮은 구간에 속하게 된다. 이 경우 로스 계좌 전환을 해도 조지는 소비평활화

비용을 전혀 치르지 않아도 되고 잘만 하면 미래 재산세를 피하는 데도 큰 도움을 받을 수 있다.

일반자산을 생각할 때의 핵심은 원금이 아니라 원금에 붙은 소득만 과세 대상이라는 것이다. 그러나 일반자산 원금―조지의 경우 10만 달러―은 대체로 로스 계좌 전환으로 현금 압박을 받느냐 아니냐를 결정한다. 요약하면 로스 계좌 전환은 퇴직계좌 자산에 비해 일반자산 규모가 상당히 큰 가구에 가장 유리하다. 다시 한 번 말하지만 그 이유는 이런 계좌 전환이 수반하는 여분의 세금을 충당할 만한 충분한 현금이 수중에 있기 때문이다. 일반자산을 잘 보유하고 있다는 것은 부자라는 것과 같은 말이다.

그러나 당신이 부자든 아니든 퇴직계좌와 평생의 사회보장급여에 비해 꽤 큰 일반자산을 갖고 은퇴 시점을 맞이한다면 로스 계좌 전환은 좋은 전략일 수 있다. 물론 다시 한 번 강조할 게 있다. 과세 대상 소득을 서로 다른 해에 옮기면 사회보장급여 세금과 메디케어 B 파트 보험료에 2년 후 어떤 영향이 있는지를 미리 살펴둬야 한다.

사회보장과 401(k) 중 어느 쪽을 먼저 활용할까

초기에는 잡초 틈에 끼어 있어 당신의 시선을 사로잡지 못했을 수도 있는, 주목해야 할 머니 플랜이 있었다. 바로 사회보장급여 수급을 유예하기 위해 퇴직계좌의 돈을 일찍 인출하는 데서 오는 잠재적 이득이다. 나는 2년간 부업으로 개인 재무 관련 칼럼을 연합 매체에 쓰던 와중에 이 문제에 부딪쳤다.

어느 날 편집자 스콧이 내게 이제 회사를 그만두고 은퇴하겠다고 말했다. 당시 65세였던 스콧은 건강 상태는 흠잡을 데 없이 좋았지만 하루하루 회사 일로 녹초가 돼가는 듯 보였다. 그는 나와 일하는 것 때문은 아니라고 했지만 내 아내는 그 말을 별로 믿지 않는 눈치였다. 어쨌거나 자발적 은퇴는 재무적 자살이라는 내 일반적 견해에 따라 나는 으레 그랬듯 스콧을 직장 컴퓨터 앞에 붙잡아두려고 최선을 다했다. 운이 다했는지 소용은 없었다. 결국 작별을 고하던 중 스콧이 사회보장급여를 바로 수령하고 401(k)에 있는 돈은 투자를 할 계획이라고 말했다.

"잠깐, 스콧. 그건 큰 실수 같아요. 자료를 내게 보내봐요. 한번 살펴볼 테니." 내가 말했다.

확실히 스콧은 당시 8만 5000달러에 달하는 돈을 날려버릴 참이었다. 그러나 그에게 이 점을 이해시키기가 쉽지 않았다. 스콧은 직장 생활을 하는 내내 개인 재무 칼럼니스트들의 글을 편집했다. 그러나 나보다 먼저 칼럼을 쓴 사람 중에 경제학자는 없었다. 우리 경제학자들이 전문으로 하는 일은 위험을 평가하는 것이다.

스콧은 주식시장에서 한몫 크게 벌기 위해 401(k) 계좌의 인출금 수령을 미루고 싶어 했다. 그러나 뒤에서 설명하겠지만 주식시장은 극도로 위험하다. 일단 위험을 제대로 평가하면 이 투자수익은 사회보장급여를 일찍 타지 않는 데 투자해 버는 돈을 훨씬 밑돈다. (사회보장급여를 일찍 타다가 다시 투자해 70세에 더 높은 돈을 타기 시작하는 것을 생각해보라.)

위험조정은 더할 나위 없이 간단하다. 현재까지는 가장 안전한 증권인 물가연동국채의 수익만 살펴보면 된다. 주식과 물가연동국채에는 마음대로 투자할 수 있기 때문에 물가연동국채 수익은 사람들이 주식의 위험을 피하기 위해 무엇을 지불할 의지가 있는지를 보여준다. 따라서 물가연동국채 수익은 위험이 조정된 주식 수익이며 (끈기만 있다면) 사회보장급여에 '투자함으로써' 똑같이 안전한 실질수익을 얻는 것에 비견될 수 있다.

이 장에서 다른 건 하나도 기억하지 못하더라도 사회보장급여를 수급하기 전에 퇴직계좌에서 먼저 돈을 인출했을 때 그 가치가 얼마나 큰지만 배울 수 있다면 저자로서 정말 만족할 것 같다.

가치재계좌 활용하기

이번에는 가치재계좌 이야기를 해보자. 가치재계좌 중 내가 가장 좋아하는 것은 의료저축계좌다. 이 계좌에 넣어두는 돈은 연방소득세나 FICA 세금 혹은 대부분의 주소득세가 면제된다. 그뿐 아니라 (보험 본인부담금, 공제액, 의료비, 안과 진료비, 치과 진료비나 비처방 약국 약값까지) 의료 관련 비용에 이 계좌에 축적된 자산을 쓰면 인출금도 비과세다. 의료보험이 되지 않는 성형수술 같은 시술에 의료저축계좌에 있는 돈을 쓰면 인출액은 IRA 인출액과 같은 취급을 받아 과세도 되고 59.5세 이전에 인출할 경우 페널티도 물어야 한다. 따라서 의료저축계좌는 최소한 당신의 IRA 납입 한도를 효과적으로 늘릴 수 있는 좋은 수단이다.

의료저축계좌에 납입하기 위해 직장에 다닐 필요는 없다. 하지만 공제액, 즉 자기부담금이 높지만 보험료는 낮은 건강보험에 등록돼 있어야 한다. 이름하여 고액공제건강보험high-deductible health plan, HDHP이라는 보험이다. 일을 하고 있든 아니든 고액공제건강보험에 가입돼 있고 직장 고용주가 의료저축계좌에 가입하지 않았다면 직접 의료저축계좌를 개설할 수 있다. 그러나 의료저축계좌를 만들었는데 근로소득이 있다면 그 납입금의 FICA 세금은 면제되지 않는다. 그래도 연방소득세 그리고 대체로는 주소득세도 면제받을 수 있다.

메디케어 등록과 의료저축계좌 납입금 공제도 서로 연관이 있다. 입원 치료와 관련된 메디케어 A에라도 등록돼 있다면 계속해서 의료저축계좌에 납입할 수 있지만 납입액에 세금을 내야 한다. 애석하게도 65세 이상이라 어떤 종류든 사회보장급여를 받기 시작했다면 자동으로 메디케어 A에 등록된다.

2021년 의료저축계좌 납입 한도는 개인당 3600달러, 가족당 7200달러이며 55세 이상은 만회금으로 여기서 1000달러 더 납입할 수 있다. 이 한도를 생각하면 의료저축계좌를 만드는 게 괜찮은 머니 플랜일까? 뉴저지주에 사는 친구 제리 이야기로 돌아가보자. 25세, 미혼에 연봉 5만 달러를 버는 친구 말이다. 의료저축계좌 한도는 임금의 7.2퍼센트다. 제리는 대략 30퍼센트 과세표준 구간에 위치한다. 따라서 연간 소득세, FICA 그리고 주소득세를 고려하면 직장에 다니는 내내 의료저축계좌에 돈을 납입하는 것은 임금의 2.13퍼센트, 즉 연간 1065달러의 가치가 있다. 이 값을 제리가 앞으로 직장에 다닐 42년과 곱하면 고용주가 분담하는 의료저축계좌에 가입함으로써 생기는 평생 추가 소득은 4만 4730달러가 된다. 세후 소득 약 1.3년 치에 해당하는 금액이다. 다시 말해 회사의 의료저축계좌에 가입하면 제리는 똑같은 생활수준을 유지하면서도 1.3년 더 일찍 은퇴할 수 있다. 돈을 버는 또 한 가지 기막힌 방법을 발견한 셈이다.

의료저축계좌를 만들 수 있는 보험에 들지 않았을 경우 회사가 분담하는 유동저축계좌flexible savings account, FSA에 들면 의료비, 부양가족 관련비, 고용주가 분담하지 않는 의료비와 여러 다른 소소한 비용을 충당할 수 있다. 의료유동저축계좌Medical FSA가 가장 일반적이다. 이 계좌에 가입하면 치과 치료부터 정관수술까지 다양한 의료 관련 비용을 충당할 수 있다. 유동저축계좌도 의료저축계좌와 마찬가지로 세금 우대를 받지만 액수가 더 적고 경비 절감 기간에도 제약이 더 많다. 이런 제약은 결과적으로 비과세자산 증액 가능성을 줄인다.

다른 주요 가치재계좌로는 529플랜이 있다. 부모나 조부모가 자녀의 교육 관련 비용을 충당할 수 있는 계좌로 등록금, 회비, 책값, 필요한 물품과 장비(노트북컴퓨터를 생각해보라!) 값에 쓸 수 있다. 승인받은 미국 내 대학이나 직업학교, 일부 외국 대학의 등록금까지 이 계좌를 이용해 낼 수 있다. 529플랜 납입금은 연방세 면제는 받지 못하지만 몇몇 주세는 면제받는다. 역시 비과세자산 증액이 있고 관련 지출에 쓴 인출금에는 세금이 붙지 않는다. 따라서 529플랜은 세금 목적으로 보면 로스 IRA와 매우 비슷하다.

529플랜에는 두 종류가 있다. 10개 주에서 제공하는 등록금 선불제 플랜과 저축 플랜이다. 등록금 선불제 플랜은 계좌 수혜자(본인, 배우자 혹은 자녀)의 미래 등록금이 큰 폭으로 인상될 경우를 대비한 플랜이지만 대학 선택지가 정해져 있어 다른 대학을 선택하지 못할 수 있다.

퇴직계좌와 가치재계좌를 활용하면 과세소득을 낮은 과세표준에 속하는 시기로 옮기고(과세표준평활화) 세금을 유예하고(비과세자산 증액) 의료비와 교육비 지출을 목표로 세금 보조를 받아 평생 낼 세금을 낮출 수 있다. 세부 사항은 아래를 참고하라.

- 퇴직계좌에는 IRA 혹은 로스 IRA 같은 개인 계좌나 회사가 분담하는 기업연금 401(k)가 있다. 주로 과세유예형과 과세유예 없는 확정기여형 로스 플랜이 있다.
- 과세유예 계좌 납입금은 소득세가 공제되지만 FICA 과세는 유예되지 않는다. 기업 분담금은 소득세와 FICA 세금 모두 공제된다. 계좌 자산은 비과세지만 인출금은 연방소득세 대상이며 일부 주소득세 대상이 될 수 있다. 그러나 FICA 세금은 해당되지 않는다. 로스 IRA 납입금은 세금이 공제되지 않는다. 계좌 자산은 비과세고 인출금은 일부 예외는 있지만 과세 대상

이 아니다.

- IRA 연간 납입금은 근로소득을 초과할 수 없다. 로스 IRA는 변경후조정총소득이 높으면 제약이 커지거나 납입이 금지된다. 당신이나 배우자가 고용주 분담 퇴직계좌에 납입하는 경우 일반 IRA에도 소득 관련 추가 한도가 있다.

- 로스 계좌 전환을 하면 로스 IRA에 자산 잔액을 늘릴 수 있다. 로스 계좌 전환이란 IRA 인출금을 로스 IRA 납입금으로 넣는 것이다. 인출금에는 소득세를 내야 한다. 고용주 또한 과세유예 계좌에서 로스 계좌로 전환을 허용할 수 있다.

- 고용주 분담 퇴직계좌를 통틀어 납입 가능한 금액에 한도가 있다. 고용주가 당신 계좌에 납입할 수 있는 총금액과 고용인이 당신 계좌에 납입할 수 있는 총금액도 마찬가지다.

- 생애주기를 아우르는 과세표준평활화, 비과세자산 증액 그리고 로스 계좌 전환은 평생 내야 할 세금을 줄이는 데 꽤 유용한 도구가 될 수 있다. 특히 시간에 따른 과세표준 변동이 클수록 그렇다. 그러나 이 경우 사회보장급여 세금과 메디케어 B플랜 비용이 더 높아질 수 있음을 유념하라.

- 의료저축계좌와 유동저축계좌, 529플랜을 비롯한 가치재계좌 또한 평생 낼 세금을 줄여줄 수 있다.

- 퇴직계좌 자산을 일찍 인출하기 시작해 사회보장급여 수급을 미루는 것이 그 반대보다 훨씬 더 큰 횡재일 수 있다.

다섯 번째 머니 플랜

내 집 마련에 관한 결정
:무리해서 집을 사지 말라

'하우스푸어'란 주택에는 지나치게 많은 돈을 쏟아붓는 반면 그 외 다른 비용에 지출할 돈은 너무 적은 사람을 가리키는 표현이다. 그런데 이 말은 소유한 주택가치 대비 그 혜택을 제대로 누리지 못하는 사람을 뜻하기도 한다. 5장의 목적은 당신을 '하우스리치'로 만들어주는 것이다. 즉, 당신이 현실적으로 감당할 수 있는 가격으로 정말 원하는 집을 구입하도록 돕는 것이다. 주택의 실제 가격 계산, 주택시장 정의, 자가가 임차보다 더 나은지 여부 판단, 담보대출이 재무와 세금 면에서 손해인 이유, 퇴직계좌를 이용해 담보대출금을 갚는 것이 장기적으로 이익인 이유, 주택 보유에 숨은 절세, 주택 보유가 장수 위험을 줄여주는 방식, (어머니와의 동거 포함) 공동주거의 장점, 주택 규모 축소의 이득, 역모기지라는 값비싼 시스템을 사용하는 일이 없도록 주택에 묶인 지분trapped equity을 푸는 최상의 방법을 비롯해 다양한 주택 관련 문제를 전부 다룰 예정이다.

우선 출발점으로 내가 하우스푸어를 탈출해 하우스리치가 된 사연을 이야기해주겠다. 해피엔딩이긴 하지만 당신도 곧 알게 될 것처럼 특별히 자랑할 만한 이야기는 아니다. 지금 나는 이 책을 아주 작고 낡은 집 안에 앉아 쓰고 있다. 최근 아내와 함께 구입한 집이다. 새로 산 집은 로드아일랜드주 프로비던스라는 도시에 있다. 내 직장 보스턴대학교에서 한 시간 정도 떨어진 곳으로 통근하기 적당하다. 이 집을 사기 위해 보스턴에 있던 침실 두 개짜리 아파트를 팔았다. 새로 산 집이 낡았다고 한 말은 농담이 아니다. 우리 집은 실제로 1720년에 지은 건물이기 때문이다. 낮은 천장, 금 간 나무 들보, 벽난로 네 곳의 연기가 빠져나가는 굴뚝이 하나뿐인 구조를 보면 집이 얼마나 오래됐는지 족히 가늠할 수 있다.

사실 나는 이사하고 싶지 않았다. 보스턴은 한가롭고 지루한 프로비던스보다 훨씬 더 흥미진진한 도시이기 때문이다. 보스턴의 옛 집에서는 10분이면 학교에 있는 내 연구실까지 갈 수 있었다. 게다가 난 우리 집이 있던 건물이 퍽 마음에 들었다. 1880년에 갈색 사암으로 건축한 건물은 천장이 높았고 사랑스러운 거리가 훤히 내다보이는 큼직한 창문이 달려 있어 바깥 풍경을 보기도 좋았다. 나는 프로비던스에 있는 박물관과 별로 다를 것도 없는 낡은 집으로 이사를 가는 짓은 큰 실수라고 확신했다.

아내와의 언쟁이 시작됐다. "보스턴이 그리울 거야." "프로비던스에 정이 들걸." "통근 거리가 너무 멀다고." "일은 대부분 집에서 하잖아." "천장 높은 게 좋아 난." "낮은 천장에 적응하게 돼." "보스턴에는 세계적 수준의 오케스트라가 있단 말이야." "통 가지도 않잖아."

언쟁은 아내가 주택 비용 차이를 계산하고 나서야 끝이 났다. 믿을 수 없을 정도였다. 새로 이사 갈 (아주 오래된) 집은 보스턴에서 우리가 살던 아파트값의 절반이었는데 넓이는 60퍼센트나 더 넓었다. 면적당 집값을 계산하면 보스턴 아파트값의 3분의 1 수준이었다! 게다가 프로비던스 집에는 지하실과 작은 마당까지 갖춰져 있었다.

아내와의 게임—그것도 경제 게임—에서 지다니 부아가 치밀었다. 주택시장이 얼마나 엉망진창이면 프로비던스에 있는 비슷한 질의 주택값이 보스턴보다 그토록 턱없이 싼지 짐작이 가지 않았다. 그렇다. 다른 많은 사람도 나처럼 보스턴에서 살고 싶어 한다. 그러나 나는 보상격차가 이 정도로 크리라고는 예상치 못했다. 결론적으로 나는 두 도시 간 주택 가격 차이를 한 번도 살펴본 적 없었던 것이다.

또다시 마블헤드에 동이 텄고 우리는 집을 사고팔아 결국 프로비던스로 이사했다. 일단 새집으로 가고 나니 나는 아내가 한 말에 하나도 틀린 것이 없음을 알게 됐다. 천장이 낮은 건 큰 문제가 아니었다. 집이 오래됐다는 것은 오히려 우리에게 의미심장한 소명을 안겨줬다. 규모는 작지만 미국이 간직한 유산의 일부를 보존하는 것 말이다. 이웃은 더할 나위 없이 친절했다(보스턴에 살 때는 8년 동안 변변한 이웃을 만난 적 없었던 데 비하면 큰 변화였다). 게다가 프로비던스는 그렇다, 정말 평화로운 도시였다. 일단 새 도시에서 양질의 삶에 적응하고 나니 돌연 이 집의 면적당 집값이 과거 집값의 3분의 1보다 훨씬 더 저렴하게 다가왔다.

친지들에게 두 도시의 어마어마한 주택 가격 차이에 관해 이야기했다. "아, 이걸 알아내다니 우리 참 똑똑했던 것 같지 않아?" 공공연히 자랑한 셈이다. 그러다 나는 사실상 그토록 오랜 세월 보스턴에 살면서 엄청난 재무 실책을 저질렀다고 자랑한 셈이 됐음을 깨달았다. 그렇다. 주택 비용을 지나치게 지불하지 않게 돼 물론 좋긴 했다. 하지만 우리 부부는 그런 짓을 장장 8년 동안이나 되풀이하고 있었던 것이다! 경제학자인 내가 '돈을 버는 가장 쉬운 방법은 돈을 잃지 않는 것'이라는 내 금언을 잊은 꼴이었다. 뭐가 됐든 과도하게 지불하는 것은 돈을 잃는 것이나 마찬가지다.

하우스리치가 되는 첫 번째 비밀은 따라서 다음과 같다.

집값으로 과도한 돈을 쓰지 말라.

이걸 비밀이라고 부르다니 좀 민망하다. 당신도 이 정도는 다 알 테니 말이다. 집에 과도한 돈을 들이지 말아야 한다는 것쯤은 누구나 아는 사실이다. 하지만 과도한 돈을 쓴다는 것은 가격 비교를 제대로 하지 못했다는 의미다. 우리 부부의 실수도 바로 이것이었다. 우리는 주택시장을 살피지 않았다. 눈을 감고 쇼핑한 것이나 다름없었다. 하우스리치가 되는 비밀 중에서도 서로 완전히 다른 주택 두 채를 올바르게 비교하는 방법을 알아내는 것이 특히 중요하다. 두 집의 크기와 질이 똑같다고 해도 비교가 쉽지 않다. 예를 들어 집 한 채는 임차한 집이고 다른 하나는 구매해 거주할 집이라면 비용을 어떻게 비교할까? 앞으로 설명하겠다.

우리에게도 그렇지만 주택은 당신의 예산에서 가장 큰 몫을 차지하는 품목일 확률이 높다. 우리의 경우 프로비던스로 이사 가기 전에는 가처분소득의 25퍼센트를 집에 쓰고 있었다. 지금 집에 쓰는 비용은 그 절반이다. 이사 한 번으로 우리에게 남은 *인생*의 생활수준이 12.5퍼센트가량 높아진 셈이다. 애통하면서도 만족스러운 이 고백은 하우스리치가 되기 위한 두 번째 비밀을 잉태하고 있다.

나의 주택시장을 주시하라.

나의 주택시장이란 무엇인가

주택시장을 주시한다는 것은 우리가 살게 될지 모를 모든 집의 주택 비용을 점검해본다는 뜻이다. 구매할 집이든 임차할 집이든 상관없다. 하지만 나의 주택시장이란 무엇인가? 과거보다 주택시장의 범위는 분명 넓어졌다. 원거리통신이 가능해진 시대에 꼭 직장이 있는 지역에 살 필요는 없기 때문이다.

이 문장을 쓴 다음 나는 잠시 짬을 내 홍콩에 사는 편집자와 칼럼에 관해 논의했다. 지구 반 바퀴 떨어진 곳에 있는 사람과 실시간으로 이야기를 나누다 보니 문득 홍콩에 있는 사람이 나고 프로비던스에 있는 사람이 편집자일 수도 있겠다는 생각이 든다. 일에 관한 한 누가 어디 살든 차이는 조금도 없을 것이다. 실제로 내가 원거리통신을 이용해 강의와 연구와 미팅을 할 수 있다면 신속한 인터넷 연결망이 있는 한 세계 어느 곳에서나 살 수 있다.

그렇다면 홍콩도 내 주택시장의 일부란 뜻인가? 뭐, 그렇다. 그러나 현실에서 그렇게까지 되진 않는다. 시차가 열두 시간이나 나는 곳으로 이사를 간다면 수많은 친지에게 지나치게 많은 작별 인사를 건네야 하니까. 요즘 나의 주택시장을 결정하는 데 가장 중요한 요소는 친지들이 사는 곳일 수 있다. 그런 이유로 우리 부부는 친구들과 자녀들에게 프로비던스를 고려해보라고 널리 광고해왔다. 우리는 그들이 프로비던스로 이사를 오면 좋겠다. 그러면 그들은 또 한 번 코미디언 조지 번스George Burns의 명언을 들이대겠지. "행복이란 많은 다정하고 살뜰한 친족이 나와 다른 도시에 사는 것이다."

내 말의 요점은 최상의 집을 찾는 일이 정규직 직장을 찾는 일과 꼭 같아야 한다는 것은 아니라는 점이다. 하지만 당신은 내가 프로비던스에 살게 될 때까지 주택시장에서 보낸 시간보다는 더 많은 시간을 쏟아라. 한 달에 최소 몇 시간 정도는 당신의 주택시장에 나온 주택 가격을 살피라는 소리다.

내 집 고르기

집을 고르는 일은 힘들다. 주택, 아파트, 임대용 공동주택은 가격, 넓이, 평면도, 매력, 입지, 냉난방 시스템, 빌트인 가전제품, 수도·가스·전기세, 소음, 접근성, 주차, 세금, 보험, (홍수, 화재, 지진, 바람 등) 재난요인, 안전, 보수 등 여러 면에서 다르기 때문이다.

문제를 더욱 꼬는 것은 완벽한 집의 많은 측면이 주관적이라는 점이다. 당신이 찾게 될 특정 집이 얼마나 매력적인지 정확히 측정해주는 객관적 계산기는 전무하다. 그리고 때로는 남들이 바람직하지 않다고 느끼는 것이 당신에게는 완벽하게 느껴질 수 있다. 1장에서 낸시가 장의사라는 직업을 선택하기로 계획하면서 알게 된 것처럼 완벽한 집을 찾는 일 역시 보상격차가 결부된 일이다. 나는 프로비던스의 값싼 집이 만들어내는 보상격차가 보스턴과의 작별을 벌충해주리라는 데 회의적이었다. 하지만 일단 프로비던스에 관해 더 많은 것을 알고 나니 입지*뿐 아니라* 가격도 순전한 장점이라는 사실이 명확해졌다. 보상격차의 아름다움은 그런 데 있다. 보상격차는 장점으로 드러날 수도 있고 단점으로 드러날 수도 있다.

그렇다면 주택을 비교하고 보상격차를 고려하는 방법은 무엇일까? 당신이 주택 A와 주택 B를 고려하고 있다고 생각해보자. B의 가격은 A보다 5만 3000달러 더 비싸다. 이제 자문해보라. 당신이 주택 A를 소유하고 있다면 B와 바꾸기 위해 얼마를 더 낼 의향이 있는지 스스로에게 묻는 것이다. 대답이 5만 3000달러 미만이라면 주택 A를 팔지 말고 보유해야 한다.

세 채의 주택 A와 B와 C가 선택지라면? 이번에는 A에서 B로 옮기기 위해 얼마를 낼 의향이 있는지(혹은 더 받을 의향이 있는지) 결정하라. A에서 C로 옮길 때의 비용도 생각해야 한다. 이것이 당신의 보상격차다. 이때 보상격차는 세 집 중 어느 집이든 구입하는 데 실제로 드는 비용이 아니라 오히려 당신이 주택 A에 비해 B나 C에 얼마나 *살고 싶은지*에 따라 달라진다. 결정을 내리고 나면 이번에는 주택 B와 C의 가격에서 이 보상격차를 빼라. (보상격차가 음수일 경우에는 빼도 오히려 더 큰 숫자가 나올 것이다.) 그러면 세 집 각각의 총비용이 나온다. 여기에는 질과 관련된 보상격차도 포함된다. 이제 모든 요소를 고려할 때 어떤 집이 가장 싼지 비교해볼 수 있다.

예를 들어 주택 A보다 B가 8만 달러 더 비싸지만 당신이 A보다 B를 좋아하는 보상격차는 4만 달러 정도다. 그러면 총계산에서는 주택 B에 A보다 4만 달러 더 비용이 들어가므로 A를 선택하게 된다. 이제 A의 비용이 C보다 8만 달러 더 든다고 생각해보자. 그런데 당신은 A가 C보다 더 마음에 들고 그 보상격차는 10만 달러만큼이다. 이때는 A의 소비자가 C보다 훨씬 높아도 오히려 C가 A보다 2만 달러 더 비싼 집이 된다. 따라서 또 A를 선택한다. 세 번째 사례. 보상격차를 고려한 후 B가 A보다 3만 5000달러 더 싸고 C가 A보다 6만 달러 더 싸다고 생각해보자. 이 경우에는 C가 올바른 선택이다.

경제학자는 온갖 물건의 '가격'은 알아도 '가치'에 관해서는 아무것도 모른다는 옛 격언이 있다. 나는 이 말을 좀 다르게 그리고 더 확대해 다음과 같이 표현하겠다. *보상격차를 고려하기 전에 먼저 모든 것의 시장가격을 알아놓은 다음 자신의 마음을 들여다보라.* 분명 모든 것에 가격표가 딸려오진 않는다. 보상격차를 생각할 때는 자신만의 가치 기반을 만들어두고 이를 바탕으로 가격을 생각해야 한다. 단, 주택가 조정에 들어가기 전 먼저 쉽게 가격을 매길 수 있는 모든 요소를 고려해야 한다. 예를 들어 주택 B에서 직장까지 출근하는 통근 비용이 직장에 다니는 기간 내내 1만 3000달러가 넘는다면 이 비용도 주택가에 포함해야 한다.

요점은 이렇다. 주택 A와 B와 C의 가격에 앞으로 당신이 직접 지불해야 할 모든 것을 포함하라. 지금 살고 있는 집이 A라면 그 집을 처음

174

에 구입한다고 가정해보라. 추가할 비용 목록에는 통근 교통비, 재산세, 보험료, 수리비, 유지비, 보안 시스템 비용, 정원 관리 비용, 수도나 전기 공과금, 주나 지역에 내는 각종 세금, 다른 금전적 손실(대출금과는 다르다. 곧이어 논하겠다) 등이 포함된다. 일단 주택 A와 B와 C의 가격에 여분의 비용을 있는 대로 다 더한 다음 주택 A가 아니라 B와 C에 살기 위해 더 낼 용의가 있는 금액—B와 C의 보상격차—을 B와 C에서 빼라. 그런 다음 세 집의 총가격을 비교해보라.

소유할까 임차할까

집을 소유하는 게 나을까, 임차, 즉 세 들어 사는 게 나을까? 단순한 문제는 결코 아니지만 임차와 자가 비용을 비교할 수 있는 두 가지 방법이 있다. 하나는 당신이 소유한 집을 셋집이라고 가정한 다음 결과적으로 집주인(결국 당신)에게 집세를 얼마나 내는지 생각해보는 것이다. 이를 '귀속지대imputed rent'*라고 한다. 이 집세를 똑같은 품질의 셋집 비용과 비교해본다. 경제학자들은 매년 전국의 모든 입주 주택이 주거 서비스 형태로 얼마나 많은 연간 GDP(국내총생산)를 산출 또는 제공하고 있는지 알아볼 때 귀속지대를 산정한다. 혹은 투자 수단으로 집을 보유한다고 했을 세입자에게 받을 집세를 더해보는 식으로 간접 산정하기도 한다. 이때 고려할 요소는 재산세, 집주인의 주택보

---

* 토지 소유자가 자기 토지를 이용하는 경우 자신에게 귀속되는 지대—옮긴이

험, 유지보수비, 세후 금리 탕감 등으로 예상되는 실질 가격 상승분을 뺀 값이다.[*]

아니면 정반대로 생각해보라. 당신이 세 들어 사는 집을 구매할 주택으로 생각해보는 것이다. 나는 이 방법이 더 좋다고 생각한다. 귀속지대는 이해하기 좀 난해할 수도 있기 때문이다. 현재 당신이 세 들어 사는 아파트를 영원히 임차한다고 가정하고 가치를 매겨보라. 이 가장된 영구자산을 당신이 구매할 집과 비교해볼 수 있다.

쉬운 사례부터 시작해보자. 당신이 남은 생애 동안 C라는 주택을 임차한다고 가정하는 것이다. 영구 임차는 집을 사는 것과 같다. 이때 가격은 당신이 내는 집세에 전기, 가스, 수도 요금을 보탠 것이다. 주택 A와 B의 가격을 조정할 때도 이 값은 포함된다.[**]

위의 논의에서 이어지는 중요한 최종 요점은 집을 사거나 임차할 때 혹은 시간 차를 두고 집을 사거나 임차할 때 총비용의 현재가치를 비교하는 문제다. 집을 팔고 다른 집을 사거나 임차할 계획이라면 살던 집을 판매한 돈의 현재가치는 미래 주택 비용을 계산할 때 빼야 하고 앞으로 살 주택이나 임차료 및 부대 비용의 현재가치는 더해야 한다. 그러면 사실상 서로 다른 주택 전략을 비교하는 것과 같다.

---

[*] 이 공식은 당신이 소유한 주택을 산정된 귀속지대로 임대하거나 집을 판 돈을 투자해 동일한 세후 수익을 얻는 데 관심이 없음을 전제로 한 것이다.

[**] 하지만 한 집을 임차해 4년 동안 살고 그 후에는 다른 곳을 또 임차할 계획이라면? 두 집 모두의 예상 임차료를 합산해 현재가치를 산정하라. 집을 임차한 다음 구매할 계획이라면? 이때 단기임차료의 현재가치에 미래에 구매할 주택의 현재가치 그리고 그 주택에 지불해야 할 다른 비용을 합산한다.

당신이 말년에 계속 보유할 집을 통해 취할 수 있는 최종 전략은 무엇일까? 당신이 예상하는 먼 미래의 마지막 주택—실제로는 유산—의 현재가치보다 매입을 고려 중인 주택의 총가격이 낮아야 할까? 그래야 한다. 그러면 집을 물려줌으로써 이득을 얻고 이 주택 전략에 소요되는 비용을 줄일 수 있다.

담보대출금은 주택 기본 비용이 아니다

경제학자라는 사람이 도대체 어떻게 주택 담보대출금이 주택 비용의 근본적인 부분이 아니라고 말할 수 있느냐고? 예를 하나 들어보겠다. 먼저 당신에게 세금을 한 푼도 낼 필요 없는 100만 달러가 은행에 있다고 치자. 다음으로 당신이 저축 금리와 같은 금리로 대출을 받을 수 있다고 하자. 주택 담보대출 금리가 자산으로 얻는 이자와 정확히 같다는 말이다. 마지막으로 당신이 50만 달러짜리 집을 매입한다고 가정해보자.

이때 집을 구매할 수 있는 방법은 많다. 가장 직접적인 방법은 현금으로 집을 사는 것이다. 50만 달러를 주고 집을 사면 당신에게는 새로 산 집과 은행 계좌의 50만 달러가 남는다. 당신의 순자산—실질(물리적)자산에 금융자산을 더한 액수에서 채무(빚)를 뺀 금액—은 100만 달러다. 50만 달러짜리 집과 저축 계좌에 있는 50만 달러 그리고 채무는 0이다.

또 하나의 방법은 대출이다. 이를테면 40만 달러를 빌려 집값을 낸다고 생각해보자. 주택융자를 40만 달러 받는 것이다. 이제 당신에게는 50만 달러짜리 집, 금융자산 90만 달러(10만 달러는 주택매입 시 계약금으로 썼다) 그리고 금융 채무(대출금) 40만 달러가 있다. 자산을 모두 더한 뒤 대출금을 빼면…… 그렇다! 순자산은 역시 100만 달러다. 20만 달러든 얼마든 액수를 바꿔 대출해도 변하는 건 전혀 없다. 당신은 여전히 100만 달러를 갖고 있게 된다.

완전히 다른 규모의 대출을 받고 똑같은 집을 소유해 살고 똑같은 순자산이 있는데 주택 대출금이 주택 매입비와 상관있을까? 정답은 전혀 상관없다는 것이다. 이 또한 비밀로 기록해두자.

대출금은 주택 보유 비용에 들어가지 않는다.

'담보대출'이란 대출의 많은 이름 중 하나에 불과하다. 학자금 대출, 신용카드 대출, 자동차 대출, 직장인 대출, 사업대출, 주택개조 대출, 홈에쿼티론home-equity loan* 등 대출 종류는 많다. 우리가 주택 담보 대출을 주택 보유권과 연관 짓는 딱 하나의 이유는 대출금을 갚지 못하면 집을 잃을 수 있다는 점 때문이다.

은행이나 다른 금융기관은 대출을 해줄 때 당신이 대출금을 갚을 것이라고 확실히 보장해주길 원한다. 이 보장책을 담보라고 한다. 예를 들어 자동차 대출을 받는 경우 은행이나 대출 기관은 자동차 유치

---

* 주택 구입가를 토대로 1차 담보대출이 이뤄진 후 이를 제외한 나머지 주택가치를 다시 담보로 해 받는 2차 대출—옮긴이

권을 설정해 갖는다. 다시 말해 은행이 당신의 자동차 소유권에 자기네 이름을 달고 자기들 허락 없이는 당신 차를 팔지 못하게 하는 것이다. 당신 차가 은행의 담보인 셈이다. 담보collateral라는 단어는 중세 라틴어에서 온 것으로 co는 '~가 붙은', lateral은 '한쪽'이라는 뜻이다. 즉, 담보란 '한쪽(은행 편)의 조건'이 따라붙는 빚이라는 뜻이다. 당신이 자동차 대출금을 갚지 못하면 은행은 당신 소유의 테슬라 자동차를 몰고 가버릴 것이다.

담보대출은 종류만큼이나 그 방식도 무수하다. 학자금 대출은 대출자가 벌 미래 소득을 담보로 삼는다. 대출금을 당장 받는 대신 대출자의 임금을 압류하는 것이다. 심지어 사회보장급여를 타면 그 돈까지 추적해 압류한다(충격이겠지만 사실이다). 그리고 대출자가 사는 집도 대출금 담보가 된다. 집을 담보로 중소기업 대출도 받을 수 있다. 그러나 집을 사는 비용에 미래의 사업대출금이 포함된다는 말은 아무도 해주지 않는다.

대개는 대출금의 담보가 집이기 때문에 은행에 갚을 대출금을 주택 비용으로 간주한다. 하지만 당신은 돈을 빌린 것뿐이고 그 돈으로 당신이 하는 일이 어떤 집을 소유하거나 그 집에 거주하는 것과 필연적으로 연결돼 있진 않다. 대출금은 특정 집에 수반되는 비용과도 아무 상관이 없다.

이를 이해하는 또 다른 방법은 당신과 당신의 복제 인간이 똑같은 집을 갖고 있는데 당신이 대출을 더 많이 받는 바람에 다달이 갚아야 하는 대출금이 더 많다고 가정하는 것이다. 그러면 당신과 복제 인간의 재무에는 어떤 차이가 생길까?

아무런 차이도 없다. 앞서 말했듯 당신은 복제 인간과 똑같은 집에 살 것이고 정확히 똑같은 자산을 갖고 있다. 당신이나 복제 인간이나 가진 돈의 액수는 같지만 복제 인간은 돈의 절반은 오른쪽 주머니, 나머지 절반은 왼쪽 주머니에 갖고 있는 반면 당신은 돈을 모조리 왼쪽 주머니에 넣어둔 것이나 마찬가지라는 말이다.

그렇다 해도 이런 가설을 현실 세계에 적용할 때는 감안해야 할 주의 사항이 하나 있다. 바로 담보대출의 금리가 안전상품 투자 금리보다 높다는 것이다. 이 책을 쓰는 시점의 30년 상환 대출 금리는 3.2퍼센트다. 30년 만기 미 재무부 채권 금리는 1.5퍼센트다. 1.7퍼센트 차이가 난다.°

3.2퍼센트 이자를 주고 돈을 빌려서 1.5퍼센트 이자를 받고 빌려주는 사람은 없다. 돈을 잃는 지름길이기 때문이다. 그럼에도 사람들이 높은 금리로 담보대출을 받는 이유는 수중에 집을 살 현금이 없어서다. 이런 게 현금 제약이다. 집을 소유하기 위해 연간 금융 수수료—연간 금리 차액 1.7퍼센트—를 내고 미지불 대출금 잔액까지 지불하는 것 역시 추가 비용이다. 이 비용은 그 집을 오갈 때 필요한 추가 통근비와 같다. 당신이 사게 될 각 집의 이런 추가 비용의 현재가치—대출금 자체는 추가분이 아니다—를 합산해야 각 집을 보유하는 데 드는 정확한 총비용을 파악할 수 있다.

° 두 금리 모두 안전하다는 점에서는 엄격히 말해 비슷하다. 다시 말해 '보장된 이자'를 준다는 의미에서 안전하다. 당신은 채무불이행을 하지 않는 한 대출금을 갚아야 한다. 정부 역시 채무불이행을 하지 않는 한 30년 채권에 대한 이자를 지급해야 한다.

이 비밀을 한마디로 요약하면 다음과 같다.

> 주택 비용에 합산해야 하는 금액은 대출금 자체가 아니라 대출 금리 차액이다.

담보대출은 친구가 아니다

대출 금리 차액 때문에 담보대출은 재무상 손해다. 물론 신용카드 대출, 학자금 대출 혹은 고금리 소액 대출payday loans처럼 이자율이 훨씬 높은 대출과는 비교도 되지 않지만 그래도 역시 가능하면 피해야 하는 대출이 주택 담보대출이다. 다른 모든 소비자 대출과 마찬가지로 담보대출이 손해인 이유는 안전 대출 금리가 저축으로 안전하게 받을 수 있는 금리보다 훨씬 높기 때문이다. 이런 이유로 금리가 가장 높은 대출부터 시작해 집에 관한 대출금은 모조리 갚아버리는 것이 최상의 투자다. 그러면 온전한 안전성은 물론 시가보다 높은 확실한 수익이 확보된다.

한번 생각해보자. 수중에 10만 달러가 있는데 1.5퍼센트 이자를 주는 채권에 투자한다면 1년에 1500달러 수익을 얻을 수 있다. 하지만 금리가 3.2퍼센트인 10만 달러 대출을 당장 갚는다면 이자 3200달러를 아낄 수 있다. 채권보다 대출금 청산에 투자함으로써 *아무 위험 없이* 1700달러를 버는 셈이다.

대출금은 재무상 손해일 뿐 아니라 세금에도 손해를 끼친다. 2017년 감세·일자리법Tax Cut and Jobs Act, TCJA이 통과되기 전 대출금은 대개 세금에는 유리하다고 간주됐다. 대출금 이자 세액공제가 이득이었기 때문이었다. 그런데 감세·일자리법은 2021년 표준공제기준액을 기혼자에게는 2만 5100달러, 미혼자에게는 1만 2550달러까지 약 두 배로 올렸고 공제 자격은 75만 달러 미만에 한정하는 것으로 산정 방법을 바꿨다. 이런 조정 때문에 대출 이자 세액공제로 이득을 보는 사람의 숫자가 대폭 줄어 극소수가 됐다. 대출 이자 세액공제를 포함해 공제 명세서를 작성할 때 총액이 늘 표준공제액에 못 미치는 사람이 대부분이 된 셈이다. 따라서 집을 사려고 대출을 받아도 대다수 가정은 감세 이득을 전혀 보지 못한다.

좋다. 대출 이자의 감세 이득이 기본적으로는 사라졌다. 하지만 그게 왜 대출이 세금 면에서 손해라는 걸까?

대출 금리 차액은 잠시 잊고 대출 금리와 같은 금리를 받고 투자를 할 수 있다고 가정해보자. 그리고 집을 사기 위한 현금 50만 달러가 있다고 생각해보자. 현금 50만 달러는 있지만 30만 달러는 대출을 하고 20만 달러만 현금으로 쓸 작정이다. 그러면 투자할 돈 30만 달러가 남는다. 50만 달러로 집을 사는 것과 비교하면 이때의 세금이 더 높아진다. 30만 달러를 투자해 벌어들이는 이득, 즉 대출 금리에 해당하는 이득은 과세 대상이고 30만 달러를 대출하고 내는 이자는 당신이 표준공제 대상이라면 실제로는 세액공제가 되지 않아 세금 이득을 볼 수 없다. 투자 이득과 대출 금리가 같아도 이런데 현실에 존재하는 대출 금리 차액까지 감안하면 상황은 더욱 악화된다.

대출과 관련된 이 같은 문제 때문에 하우스리치가 되는 또 하나의 비밀이 결론으로 도출된다.

주택 담보대출은 가능한 한 피하라.

퇴직급여계좌를 현금화해 대출을 갚으라

대출이 재정이나 세금 면에서 손실이라면 대출을 줄이거나 없애고 재무상황을 개선할 방법이 있을까? 있다.

메릴랜드주에 거주하는 샘과 대니얼 커플을 만나보자. 샘은 61세, 대니얼은 55세다. 샘은 연봉 15만 달러 직장에서 방금 해고당했지만 1년 후면 다시 고용되리라 예상하고 있다. 대니얼은 연방정부에서 일하면서 연봉 5만 달러를 벌고 있다. 두 사람 모두 사회보장급여를 수급하기 시작하는 67세에 은퇴할 생각이다.

두 사람은 일반 IRA에 170만 달러가 있다. 샘은 로스 IRA에 40만 달러 그리고 당좌예금 계좌에 10만 달러가 있다. 60만 달러짜리 주택도 보유하고 있다. 주택 관련 대출도 있다. 이자율 3.65퍼센트의 30년 상환 대출금 40만 달러를 갚고 있다. 30년 만기 미 재무부 국채 투자 금리 1.5퍼센트보다 훨씬 높다.

샘은 5년쯤 전 로스 계좌를 만들었기 때문에 비과세로 돈을 인출할 수 있다. 두 사람이 샘의 로스 계좌 전액을 인출해 대출금을 갚는 경우 이들의 평생 지출액은 9만 6000달러 가까이 늘어난다. 두 사람의 연간 세후 소득을 합친 금액의 약 3분의 2나 된다!

이런 엄청난 이득의 원인은 금리 차다. 두 사람은 첫해에만 30년 만기 재무부 국채에 투자해 로스 계좌로 6000달러를 더 벌어들였을 것이다. 그러나 대출 이자를 갚고 있었다면 이자 총액은 1만 4600달러가 됐을 것이다. 국채 수익과 이자 사이의 8600달러라는 금리 차액은 현실에서는 더 줄어든다. 남은 대출액도 줄어들고 물가 상승률 때문에 대출액의 실질가치도 떨어지기 때문이다. 그렇다 해도 어림잡아 9만 6000달러라는 지출 가능한 소득이 평생 동안 더 생긴다는 사실은 부인할 수 없다. 대출금을 갚거나 최소한 시간이 지나 얼마간이라도 미리 대출을 갚아서 생기는 이득을 평가해볼 수 있다. 8600달러라는 차액과 대출금이 남아 있는 세월 동안의 (물가 상승률을 반영한) 실질 금액을 더하면 된다.

이런 거래를 할 때 위험이 전혀 없다는 점에 주목해야 한다. 안전한 (그리고 확실한) 자산 중 하나인 로스 계좌의 돈으로 또 다른 안전한(그리고 확실한) 대출금을 갚았기 때문이다. 그럼에도 샘과 대니얼은 이 점을 감안하면서도 로스 계좌에 40만 달러를 뒀다가 그 돈을 주식시장에 투자하는 편이 더 나은 건 아닌지 궁금할 수 있다. 역사적으로 주식시장은 물가 상승률보다 6.5퍼센트 더 높은 수익을 냈으니 말이다. 그 정도면 샘과 대니얼이 현재 투자하고 있는 30년 만기 국채의 실제로는 0에 가까운 실질수익보다는 굉장히 높은 편이다.

그러나 샘과 대니얼은 이 문제에 신중해야 한다. 앞에서 이미 장황하다 싶게 논했듯 그리고 9장에서도 다시 논할 것처럼 주식시장은 극도로 위험하다. 역사적으로 아주 오랫동안—30년 혹은 그 이상의 기간—주식에 투자하면 꽤 많은 수익을 냈다. 그러나 주식시장은 폭락할 수 있고 실제로도 계속 떨어지고 있다. 그리고 당신의 돈이 바닥나기 전에 상황이 호전된다고 장담할 수 있는 사람은 아무도 없다. 위험 프리미엄—주식에 대한 평균 실질수익과 단기국채 수익 간 차이*—이 지금 이 책을 쓰는 시점에 대략 6퍼센트라는 점은 주식시장이 극도로 위험하다는 사실의 방증이다. 결과적으로 일단 이 위험을 조정하고 나면 주식시장의 실질수익률은 0으로 30년 만기 국채 수익률과 같다고 할 수 있다.

샘과 대니얼이 위험을 감수하고 더 많은 돈을 주식에 투자하고 싶을 수 있다. 대출 상환과 주식투자 두 마리 토끼를 다 잡을 방법이 있다. 두 사람이 로스 계좌를 털어 대출금을 다 갚는다 해도 일반 IRA에서 큰 금액을 떼어 주식시장에 투자할 수 있기 때문이다. 그러면 두 사람은 9만 6000달러 소득이 더 생기는 한편 추가로 주식시장 수익도 챙길 확률이 생긴다.

하지만 샘과 대니얼이 로스 IRA와 일반 IRA에 있는 돈 전액을 주식시장에 투자하면 어떻게 될까? 로스 계좌를 사용해 대출금을 갚으면 주식 보유 총액은 반드시 줄어든다. 그러나 샘과 대니얼이 알아야 할 점은 대출금을 갚지 않은 상황에서는 결국 빌린 돈으로 주식시장에 투자하고 있는 꼴이 된다는 것이다. 로스 계좌와 대출이 없는 상황과 비교해 대출이 있고 로스 계좌의 돈을 인출해 주식시장에 투자하

---

* 개인이 위험하지 않은 채권 대신 주식 같은 위험자산을 보유하도록 유도하기 위해 위험자산의 기대수익이 채권 수익을 초과해야 하는 최소한의 금액. 위험 회피에 유용하다—옮긴이

는 상황은 주식에 투자하기 위해 40만 달러를 빌리는 것과 별반 다르지 않다. 이런 레버리지를 이용하는 상황, 다시 말해 빚을 투자하는 상황은 자기 돈을 주식시장에 투자하는 것보다 훨씬 위험하다. 주식시장이 폭락하면 순자산은 훨씬 높은 비율로 떨어진다. 왜? 자산가치는 떨어졌는데 부채는 그대로 남아 있기 때문이다.

샘과 대니얼이 로스 IRA 대신 일반 IRA를 사용해 대출금을 갚으면 결과는 달라질까? 이 경우 인출액에 세금을 내야 한다. 일반 IRA에서 인출한 금액에 세금을 내면 두 사람의 현금흐름이 영향을 받는다. 이 문제를 피하기 위해 60만 달러를 인출할 수도 있다. 세금을 낼 돈까지 인출하는 것이다. 그러나 이 경우 이들의 평생 지출액은 9만 달러 남짓 늘어나는 데 그친다. 샘의 로스 계좌를 현금화해 대출금을 갚을 때보다 약간 적은 금액이다.

왜 그럴까? 일반 IRA에서 뽑은 돈에 세금을 내야 한다는 점을 고려하면 소득이 훨씬 더 줄어드는 게 맞지 않을까? 그렇지 않다. 두 사람의 일반 IRA 자산은 일정 시점에서 인출하면 과세 대상이 된다. 그리고 4장에서 논했듯 과세표준이 낮을 때 인출하는 것이 최선이다. 과세표준평활화를 하면 좋다는 뜻이다. 그리고 기억하는가? 샘은 해고를 당했다.

요컨대 어떤 계좌를 사용하든 비밀은 다음과 같다.

퇴직계좌 자산을 현금화해 대출금을 갚는 것이 큰돈을 버는 필승 전략이다.

자가가 셋집보다 나은 이유

주택을 소유하는 것의 세제 혜택이 하나 있는데 이를 아는 사람은 거의 없다. 대출과는 전혀 상관이 없다. 주택 보유로 얻는 세제 이득은 교묘한 구석이 있다. 그래서 대부분 이 비밀을 인식하지 못할 것이다.

주택 보유는 조세 피난처다.

주택 보유가 조세 피난처가 된다는 점을 더 명확히 설명하기 위해 트루디와 트루디의 복제 인간을 예로 들어보자. 각 트루디는 신체도 감정도 재무상태도 똑같고 정신까지 거의 똑같은 쌍둥이다. 둘은 서로의 집 건너편에 똑같은 집을 소유하고 있다. 각자의 집이 있지만 각 트루디는 서로의 집을 임차하고 임차료를 내고 있다.

왜 이런 가설을 세웠을까? 각 트루디가 똑같은 집에 살고 똑같은 임차료를 내고 임대료를 받는다면 왜 신경을 써야 한단 말인가? 그 이유는 트루디 두 사람이 서로의 집을 임대할 때 두 사람 각자가 받는 임대소득이 과세 대상이기 때문이다. 그러나 이들이 자기 집에 산다면 그러면서 결과적으로는 다른 트루디가 아니라 자신에게 임차료를 내는 꼴이라면 그 소득(기억할 텐데 귀속지대)은 비과세다. 정부는 귀속지대를 과세 대상에서 빼줌으로써 임대나 임차보다는 주택 보유에 과세 혜택을 제공한다. 경제학자들은 이런 세금 우대를 주택 보유 보조금이라 부른다.

이 보조금은 얼마나 많을까? 트루디 두 사람이 30세라고 가정하고

63세에 은퇴할 때까지 매년 7만 5000달러를 소득으로 얻고 각자 자신의 IRA에 그 4퍼센트를 적립한다고 가정해보자. 또 이들이 서로에게 30만 달러짜리 자기 집에 대해 물가 상승률을 감안해 매년 임차료 1만 6920달러를 받는다고 가정해보자.*

예측한 대로 트루디 두 사람이 집을 임대하지 않고 자기 집에 살면 평생 낼 세금이 거의 4만 8000달러나 줄어든다. 이들의 평생 재량지출액이 그만큼 늘어날 수 있다는 뜻이다. 트루디 두 사람이 평생 쓸 수 있는 재량지출액이 1.6퍼센트 늘어난다고 해서 경천동지할 정도의 돈을 버는 것은 아니다. 그렇지만 이 정도도 증가는 증가다.

두 트루디가 매년 5만 달러를 소득으로 벌고 20만 달러짜리 집을 소유하고 있는데 서로의 집을 시장가격으로 임대한다면 어떨까? 서로를 내쫓고 자기 집에서 다시 살 때 생기는 이득은 30만 달러짜리 집보다 훨씬 적다. 이들이 속하는 과세표준이 더 낮기 때문이다. 평생 줄어드는 세금은 1만 1000달러, 둘의 평생 재량지출액의 0.7퍼센트 정도다. 여전히 너무 적다고 무시할 만한 액수는 아니다.

트루디 두 사람이 60만 달러짜리 집을 갖고 있고 연간 소득이 15만 달러라면? 이때 얻는 이득은 10만 8000달러다. 그야말로 어마어마한 액수다. 대략 1년 치 세후 소득 정도니 각자 평생 재량지출액이 3.3퍼센트나 증가하는 결과가 나온다!

트루디 두 사람은 주택 보유에 감세 이득이 있다는 점을 어떻게 깨

---

* 이 돈은 (달러 기준으로) 트루디 두 사람이 집을 소유하든 임대하든 평생 집에 쓰게 될 돈의 연간 액수다.

달을까? 천행인지 둘은 지독한 법정 다툼 중이다. 서로의 신원을 도용했다는 이유에서다. 뒤따르는 아수라장 같은 싸움에서 두 트루디는 상대에게 임차료 지불을 중단해버린다. 결국 서로의 집에서 쫓겨나고 결과적으로 자기 집에 살게 된 둘은 세금을 덜 내게 된다.

내 집 마련에 이런 감세 혜택이 따르는 반면 임대에는 혜택이 없다면 사람들은 왜 임대를 할까? 다시 말해 왜 모든 사람이 집주인에게 임차하는 만큼의 공간을 사지 않을까? 그 대답은 거래 비용, 이사 비용, (계약금을 낼) 현금 제약 때문이다. 대학생들은 4년 뒤 대학을 졸업하면 도로 팔 아파트를 사들여 비싼 부동산 중개료를 두 번이나 내는 일을 하려고 하지 않는다. 사람들은 새 직장을 얻어 언제까지 다닐지도 모르는데 새로 이주해 간 도시에 집을 사진 않는다. 저소득계층에 속하는 사람들은 담보대출 자격을 얻기 위한 계약금조차 없을 수도 있다. 게다가 연방정부나 지역정부는 대개 임대주택 개발에 보조금을 지급해 소유보다 더 저렴하게 임대를 해준다. 저소득계층을 지원하기 위해서다. 이 과정에서 소유보다 임대가 더 싸지는 이유는 개발업자가 감세 혜택을 누리게 해줄 임차인을 끌어들이기 위해 임차료를 낮추기 때문이다.

여기서 핵심 메시지는 임차 대신 현금으로 주택을 구매하겠단 마음으로 주택 쇼핑에 나서라는 것이다. 주택 구매에 돈을 더 들일수록 연방정부나 주정부의 재산세를 피할 수 있다. 특히 소득이 중위에서 고소득 과세표준에 속할 경우 그렇다. 그러므로 주택매입과 임차 비용을 비교할 때 필요한 다른 조정과 함께, 집을 살 때는 연방소득세 및 주소득세를 줄이는 방안을 꼭 포함해야 한다.

189

주택을 소유하면 장수 위험을 줄일 수 있다

주택 보유에는 위험이 따른다. 홍수부터 화재, 바람, 지진까지 갖가지 피해를 입을 수 있기 때문이다. 그러나 이런 위험은 대개 집 소유주의 주택보험으로 감당할 수 있다. 게다가 다른 각도에서 보면 주택 보유는 현실적으로 우리가 당면한 가장 큰 위험 중 하나를 줄이는 매우 좋은 방법이다. 바로 주택 가격이 상승할 가능성이 큰 세상에서 너무 오래 살 위험 말이다. 예를 들어 당신이 70세인데 손주 집 근처에서 꿈에 그리던 집을 찾았다면 여생 동안 그 집에 세를 들어 사는 경우 고정소득이 늘어날 가망도 없는 나이에 집세만 더 내는 위험에 직면할 수 있다. 반면 자기 소유의 집이 있다면 집값은 올라가거나 떨어질 수 있지만 당신은 집세를 낼 위험에서 벗어난다. 자기 집은 사거나 팔 필요가 없는데 누가 주택시장 상황을 신경 쓰겠는가? 당신의 주택 소비는 죽는 날까지 보장된다. 이것이 진정한 연금처럼 보이는가? 실제로 그렇다. 주택은 물가 상승률 걱정 없는 실질소득, 즉 주거 서비스—당신이 세상에 안녕을 고하는 날까지 끝나지 않는 서비스—형태로 당신이 제공받는 실질소득이다.

집을 보유해야 하는 또 다른 이유는 말년의 의료비가 늘어날 위험에 대비하는 안전 대책이 될 수 있기 때문이다. 표준 의료보험이 보장해주지 않는 거액의 의료비는 바로 장기 돌봄 비용이다. 자기 집에서 도움을 받아 생활하는 생활지원assisted-living 형태로 생활하든 아예 요양원에 들어가 살든 방식은 중요하지 않다. 난제는 이런 생활비를 충당하기 위해 당신이 소유한 집의 가치를 어떻게 뽑아내는지다.

생활지원이나 요양원 돌봄의 경우 중류층과 중상류층이라면 집을 팔아 그 돈으로 양질의 돌봄 비용을 충당하는 것이 표준 관행이다. 그러나 시설이 좋은 노인 요양원의 가격이 얼마나 비싼지 생각하면 그런 곳에 오래 머물수록 가진 자금은 급속히 떨어질 것이다. 하지만 장기요양 시설은 그 위험에 대비해 대개 두 번째 해결책을 마련해두고 있다. 이런 시설에서는 당신에게 집을 판 돈으로 개인 비용을 부담하면서 지내는 거주자로 돈이 떨어질 때까지 그곳에 살아도 된다고 제안할 것이다. 그 대가로 시설은 당신이 돈이 다 떨어지고 메디케이드Medicaid* 대상자가 될 경우 계속 그곳에 살 수 있게 해준다. 비용은 메디케이드에 청구하면 그만이다. 요컨대 당신의 집—실제로는 주택 형태의 연금—은 근사한 노년의 집으로 들어가는 입회비인 셈이다.

여기서 하우스리치가 되는 또 하나의 비법이 도출된다.

> 주택 보유는 장수 위험에 대비하는 보험이자 질 좋은 장기요양 시설로 가는 입장권이다.

집에 묶인 지분을 양질의 메디케어 요양 시설에 가는 대비책으로 사용하라는 이 제안은 비싼 장기요양 시설을 필요로 할 것 같은 사람을 위한 표준 권고와는 반대다. 이 표준 권고는 당신의 자산을 5년 먼저 손주들에게 상속함으로써 메디케어가 자산을 빼앗아 요양비 지급을 충당하지 못하게 막으라는 것이다. 그러나 이런 조치는 당신 자녀

---

* 미국의 국민 의료보험제도로 65세 미만의 저소득층과 장애인을 위한 것—옮긴이

나 다른 돌봄 제공자와의 관계에 크게 의지하는, 쉽지 않은 결정이다. 양친과 비슷한 문제를 겪어본 나로서는 메디케이드를 받아주는 요양원에서 여생을 산다 하더라도 더 나은 시설을 찾을 수 있는 시장도 얼마든지 있고 당신이 소유한 집에 묶인 지분을 잘 활용할 가능성도 얼마든지 열려 있다고 장담할 수 있다.

하우스푸어로 살지 않을 또 다른 방법

지금까지 나는 어디에 살지 그리고 집값을 어떻게 낼지 정하는 데 초점을 맞춰 논의를 진행했다. 그러나 하우스리치가 되는 방법은 또 있다. 이를테면 공동주거를 통해 주택 비용을 분담하는 것, 집을 임대하는 것, 집 규모를 줄여 관련 비용을 줄이는 것 그리고 묶인 지분을 푸는 것 등이다.

어머니와 함께 살라

어머니 헤스터는 65세, 아들 피터는 30세다. 둘 다 미혼으로 혼자 살고 있고 생계를 꾸리느라 힘이 든다. 둘 사이에 딱히 애정이 있는 건 아니지만 혼자 사는 것보다 같이 사는 비용이 훨씬 저렴하다는 점은 둘 다 안다. 게다가 헤스터는 요리가 가능하고 피터는 이런저런 힘쓰는 집안일을 할 수 있다. 오랜 고민 끝에 헤스터와 피터는 함께 살게 된다. 일단 같이 살자 둘의 생활수준은 즉시 그리고 크게 향상된다. 공동주거의 경제성 때문이다. 집뿐 아니라 전기세, 조명, 냉난방, 식기세

척기, 세탁기, 드라이어, 다리미, 헤어드라이어, 비디오게임, 피아노, 크리스마스트리, 음향 시스템, 공구 상자, 미술 작품, 컴퓨터, 텔레비전, 프린터, 야외 그릴 장비, 가구, 음식 쓰레기 등 많은 것을 절약할 수 있다. 대량 구매를 통해 장을 보는 비용도 절약할 수 있다.

만일 헤스터와 피터가 재무상태나 신체 면에서 똑같은 복제 인간이라면, 그래서 실제로 혼자 살 때만큼 저렴한 생활수준을 영위한다면 공동주거는 이들의 생활수준을 두 배로 높여준다! 그러나 둘은 각자 방도 옷도 기타 개인 물품도 따로 필요하기 때문에 동거로 인한 이득은 복제 인간일 때보다는 적다. 그럼에도 불구하고 그 이득은 여전히 상당하다. 내 추정치로는 함께 사는 두 사람이 지출하는 비용이 따로 사는 1.6명의 비용만큼 저렴해진다.* 이는 다른 사람과 동거하면 각 사람의 생활수준이 25퍼센트 정도 높아짐을 시사한다. 순수한 돈의 관점이다. 사생활 침범이라는 단점이나 동료애나 우정이라는 장점은 일단 차치한 계산이라는 뜻이다.

미국의 젊은 세대—18~29세—사이에서는 부모와의 동거가 돈을 버는 방법이라는 인식이 점점 더 커지고 있다. 실제로 청년 대다수가 현재 부모와 함께 살고 있다.[1] 1960년대에 비하면 엄청난 변화다. 당시에 어머니나 아버지 혹은 양친과 함께 사는 청년 세대는 29퍼센트에 불과했다.[2] 주거 양상의 이 같은 변화를 달리 표현하면 현재 나이

•   이런 추정치는 경제협력개발기구OECD의 소득 분배 및 빈곤 프로젝트 관련 연구에서 나온 것이다. OECD, 〈등가규모란 무엇인가?What Are Equvalence Scales?〉를 참고하라. http://www.oecd.org/els/soc/OECD-Note-EquivalanceScales.pdf.

많은 미국인 다섯 명 중 한 명은 현재 자녀 그리고 손주와 함께 살고 있다는 것이다.[3] 집을 식구들과 함께 쓴다고 해서 그만큼 생활비 지출이 분담되지는 않는다. 그러나 부모님이나 조부모님이 정말 당신의 가족애를 원한다면 당신은 임차료 정도의 돈을 부담하고 부모님이나 조부모님은 당신이 같이 사는 대가를 지불하는 식으로 공동주거 비용을 서로 조율하면 된다. 이 경우 최종적으로 당신이 내는 돈은 식비 정도면 충분할 수도 있다.

두 사람이 한 사람보다 더 싼 비용으로 생활할 수 있다면 세 사람이 두 사람보다, 네 사람이 세 사람보다 생활비가 더 저렴할까? 물론이다. 같은 장소에, 더 크지 않은 장소에, 더 많이 함께 살수록 1인당 유선텔레비전 비용과 다른 비용이 줄어든다.

그러나 더 많은 사람이 당신의 공동체에 들어올수록 '무임승차' 문제로 전쟁이 벌어질 수 있다. (넷플릭스 시청을 합의하는 건 둘째 치고라도) 공동체 생활에서 자기 몫의 일을 하지 않아 생기는 문제 말이다. 같이 사는 모든 구성원의 태도는 '누군가 다른 사람이 화장실 청소를 하고 설거지를 하겠지' 하는 식으로 바뀐다. 교훈은 함께 살 룸메이트를 신중하게 선택하라는 것이다. 그러나 역시 알아야 할 점은 연애 관계든 가족 관계든 타인과 함께 사는 재무 측면의 이득이 어마어마할 수 있다는 점이다.

이제 비밀을 요약해보자.

> 탐탁지 않아도 어머니와의 공동주거는 당신의 생활수준을 안전하게 높일 수 있는 매우 강력한 방법이다.

집을 임대하라

주택 관련 비용을 낮추는 또 한 가지 방법은 간헐적으로 집을 임대하는 것이다. 에어비앤비나 그와 유사한 온라인 기업 덕에 이런 임대가 아주 쉬워졌다. 내 사촌은 로스앤젤레스 해변 근처에 살고 있다. 집 값과 보험료와 재산세가 치솟으면서 주택을 보유해 생기는 귀속지대가 너무 비싸졌다. 이때 선택할 수 있는 방법 하나는 집을 팔고 교외에서 더 싼 집을 찾는 것이다. 아니면 차고를 개조해 부엌과 욕실이 한방에 딸린 1실형 주거 시설을 만들어 에어비앤비에서 임대하는 것이다. 사촌은 후자를 택했고 5년 동안 자신의 집과 그 방까지 대폭 업그레이드할 만큼 충분한 소득을 올렸다. 내 사촌이 사는 로스앤젤레스 근방의 에어비앤비 임대료는 아주 비싸기 때문에 사촌은 1년 내내 방을 임대하면서 룸메이트 한 명을 두는 것과 같은 금전적 이득을 얻을 수 있었다. 그러나 룸메이트와 사는 생활과 달리 사생활이 더 많이 보장되면서 휴가 중에는 낯선 룸메이트를 원하지 않는 대가족에게 임대할 수 있다는 장점까지 있다.

우리 친구 롭과 애비는 이런 방갈로로 개조할 차고는 없지만 보스턴에 소유한 아파트를 좋은 값에 임대할 수 있다는 사실을 알게 됐다. 게다가 자신들의 일은 꼭 집이 아니라 멀리 떨어진 곳에서도 할 수 있다는 것을 깨달았다. 얼핏 보기에는 다소 뜬금없지만 돌연 두 사람은 자기 아파트를 6개월 동안 임대하기로 결정한 다음 다섯 살짜리 아이의 짐까지 싸서 피지섬으로 가는 비행기에 올랐다. 이들은 6개월 동안 12개국을 돌아다닌 다음 집으로 돌아왔다. 여행비는 보스턴 아파트 임대료만으로도 거의 충당할 수 있었다.

내 사촌 그리고 친구 롭과 애비의 이야기에서 흥미로운 점은 이들이 자기 집을 임대하고 그 돈으로 뭔가 할 수 있었다는 점이 아니라 귀속지대―이들이 자기 집에 산다는 이유로 스스로에게 지불해야 하는 임대료―가 너무 높아서 시간이 갈수록 그 돈으로 주요 개조 비용이나 세계 여행비 같은 상당한 비용을 충당할 수 있었다는 점이다.

이 사례에서 도출할 수 있는 비밀은 다음과 같다.

> 실제 임차료나 귀속지대가 지나치게 높을 경우 혹은 적어도 당신이 집주인(당신 자신)에게 낼 의사가 있는 금액보다 높을 경우 남에게 일시적으로 전대轉貸하거나 임대하는 선택지가 현실적으로 유용하다.

그건 그렇고 주택에 관해 논의한 내용은 자가용에도 똑같이 해당된다. 내 친구 로저는 자기 차로 돈을 벌기 위해 에어비앤비와 비슷한 서비스를 활용한다. 주택 임대를 친구와 함께 하기도 한다. 친구 집과 자기 집을 서로 다른 날 에어비앤비에서 임대하고 임차인이 와 있을 때는 서로의 집에서 같이 지내는 식이다. 로저가 다음에 또 뭘 임대할지 모를 일이다. 아마 기르는 개가 아닐까.

규모를 줄이라

자기 집에서 남과 같이 살거나 집을 임대하는 일이 현실적으로 여의치 않다면 더 저렴하면서도 당신의 욕망을 좌절시키지 않는 집으로 규모를 줄이는 것을 고려해보라. 미국인은 큰 집에서 산다. 사실 최근에 지어진 집 열 채 중 아홉 채는 방이 세 개 이상이다. 아이를 기를 때는 방이 많아도 좋다. 합리적이다. 그렇지만 자식이 둥지를 떠났다면? 집에 돈을 과도하게 쓰는 지름길은 방이 많은 집에 사는 것이다. 물론 큰 집을 계속 보유하는 행위는 붙박이 안전망과 같다. 앞에서 논했듯 나이가 들어 장기요양 시설에 갈 때 쓸 수 있는 가치 저장고 같은 자산이기 때문이다. 그러나 매년 지나치게 많은 돈을 귀속지대—재산세, 주택보험, 유지보수비, 다 갚지 못한 이자—로 내고 있다면 그만큼의 돈을 매년 낭비하는 것이다. 미래에 발생할 재무 위험을 완화하겠다고 지금 굳이 필요하지도 않은 데 돈을 낭비할 필요는 없다.

장기요양 수요를 충족할 다른 방법도 있다. 첫 번째 방법은 장기요양보험 상품을 구입하는 것이다. 두 번째 방법은 부동산을 포함한 재무자산을 부동산투자신탁real estate investment trusts, REIT 형태로 보유하는 것이다.

셋째로 전문 기술을 요하는 간호까지는 굳이 필요하지 않은 경우 자녀들이 노후에 자신을 돌보도록 조율하는 방법이 있다. 예를 들면 당신의 집 규모를 줄여 생긴 돈을 자녀가 집을 살 때 계약금으로 쓸 수 있도록 증여하는 것이다. 그 대가로 장차 당신이 자녀의 도움을 필요로 하거나 생각보다 오래 살 경우 자녀들이 돌봐주면 좋겠다는 의견을 분명하게 피력하면 된다. 이는 결과적으로 가족으로 보험을 드는 암묵적 합의나 마찬가지다. 자녀에게 미리 증여를 해도 되고 유언장에 자녀 이름을 기입할 수도 있다. 당신이 예상보다 일찍 사망해 상당액의 생활비나 의료비 지출이 초래되지 않는 경우라면 이는 자식들에게 금전적 행운이 된다. 당신이 예상보다 늦게 죽거나 큰 비용을 지출

한다면 자녀들이 돈이든 직접적 돌봄이든 제공해줄 테니 당신에게 행운인 셈이다.[*]

　일단 장기요양계획을 결정하고 나면 집 규모를 어느 정도 축소해야 생활수준 향상 관점에서 당신에게 이득이 되는지 본격적으로 따져볼 수 있다. 집 규모 축소에 관한 내용을 제대로 살펴보기 위해 페기 그린과 마이클 그린 부부의 예를 살펴보자. 두 사람은 401(k)에 저축한 200만 달러, 페기는 매달 2500달러, 마이클은 1500달러의 사회보장급여 수급액 그리고 약 372제곱미터의 침실 네 개짜리 집을 보유하고 있다. 집 가격은 100만 달러다. 부부의 집은 아이들에게 물려줄 생각이고 담보대출은 전혀 없다.

　연간 재산세, 보험료, 유지비는 각각 7500달러, 3500달러, 3000달러다. 세전 금리와 물가 상승률은 앞의 사례와 같이 1.5퍼센트다. 부부는 캘리포니아주 새크라멘토에 살고 있기 때문에 캘리포니아주의 소득세와 연방소득세를 내야 한다.

　이제 질문 하나. 이 부부가 방 두 개에 비용도 절반만 드는 50만 달러짜리 작은 집으로 이사할 경우 이들의 평생 재량지출액은 얼마나 늘어날까? 왜곡을 없애기 위해 부부가 이사한 50만 달러짜리 집과 남은 50만 달러를 자식에게 물려줘 결과적으로 100만 달러를 채운다고

---

[*] 내가 초창기에 쓴 공저 논문 중 하나는 2인 가족이나 3인 가족만 되더라도 그 구성원이 장수 위험과 관련된 보험 상품을 구매하는 데서 얻을 수 있는 이득의 대부분을 제공해줄 수 있다는 점을 입증했다. 논문 제목은 〈불완전 연금 시장 기능을 하는 가족The Family as an Incomplete Annuities Market〉으로 공저자는 아비아 스피박Avia Spivak이다. 다음 사이트를 참고하라. https://kotlikoff.net/wp-content/uploads/2019/04/The-Family-as-an-Incomplete-Annuities-Market-March-7-2007.pdf.

가정해보자. 액수는 같고 형태만 집과 현금으로 나눴다는 뜻이다.

 이런 가정을 하고 볼 때 부부가 집을 50퍼센트 축소하면 부부의 여생 재량지출액은 15만 4990달러 증가한다. 부부가 100세까지 장수한다고 가정하면 재량지출액이 그때까지 매년 5.8퍼센트 늘어나는 셈이다. 환산하면 매년 4428달러를 더 쓸 수 있다. 놀랄 만큼 큰 액수다. 3년 치 사회보장급여액을 넘어선다. 이는 나와 아내가 집을 구한 방식, 즉 훨씬 더 싼 주택을 찾았던 것과는 다르다. 그렇다고 집에 묶인 지분 50만 달러를 뽑아낸 것과도 다르다. 이 부부는 자녀에게 100만 달러를 상속할 계획이기 때문이다. 이 정도 액수가 가능한 이유는 '절반의 힘', 순전히 생활공간 크기를 절반으로 줄인 덕분이다. 진실을 말하자면 부부는 방 네 개짜리 집의 공간을 절반조차 쓰지 않고 있다. 자녀가 부모 집으로 오는 것이 아니라 부부가 네바다주에 사는 자녀 집을 방문하며 방 네 개 중 세 개에는 발걸음도 하지 않는다. 식사는 주방에서 한다. 식당 공간은 자녀가 독립한 뒤로 쓴 적이 없다. 아마 영원히 쓸 일이 없을 것이다.

 이 부부는 집 규모를 절반으로 줄임으로써 귀속지대를 절반으로 줄인 셈이다. 귀속지대에 미지급 세후 금리가 포함된다는 점을 떠올려보라. 그러나 명목이율이 너무 낮아 재무부 장기안전채권에 투자해 나오는 실질수익—물가 상승률을 감안한 후의 수익—은 지금 이 시점에는 0에 가깝다. 다시 말해 안전한 재무부 표준 장기채권의 세후 실질수익을 낼 방법은 현재 하나도 없다는 뜻이다. 이런 상황까지 감안하면 집을 줄여 감소하는 귀속지대—즉, 페기와 마이클이 커다란 자기 집에 앉아 내는 비용—의 비율은 더욱 커진다. 보통 때 예를 들어 3퍼센트 명목수익(안전투자가 물가 상승률을 감안해 1.5퍼센트 수익을 낸다는 뜻)이면 페기와 마이클의 귀속지대는 더 높을 것이다. 사실 모든 변수가 같다면, 그래서 명목금리가 3퍼센트라면 집 규모를 줄였을 때의 생활수준 향상 비율은 두 배로 늘어나 10.6퍼센트가 된다. 절대적 수치 면에서 볼 때 그린 부부는 *비과세*로 5.3년 치 사회보장급여에 해당하는 돈을 벌어들이는 셈이다.

절반의 힘은 그린 부부의 모든 숫자가 절반이어도 유지될까? 그렇다. 5.5퍼센트 생활수준 향상은 거의 변하지 않는다. 페기와 마이클 부부의 세 배 부자 버전은 어떨까? 페기와 마이클 모두 최대 사회보장 퇴직급여를 3011달러씩 받고 다른 수치도 전부 세 배 더 높다면? 이 경우 비율 증가분은 6.1퍼센트다. 따라서 집의 규모를 절반으로 축소하는 경우 소득 규모의 증가 비율도 같다.

집 규모 축소의 비밀을 정리하면 아래와 같다.

> 둥지가 비어 있다면 규모 축소는 큰 이득이다. 특히 금리가 높은 시기일수록 더욱 그렇다.

소득세율이 낮거나 소득세가 아예 없는 주로 이사하라

워싱턴 D.C.를 포함해 미국에서 소득세를 걷는 주는 44개다. 소득세를 걷지 않는 주는 알래스카, 플로리다, 네바다, 뉴햄프셔, 사우스다코타, 테네시, 텍사스, 워싱턴, 와이오밍 등이 있다. 당신이 매사추세츠주와 뉴햄프셔주 경계에 살고 있다면 이론상으로는 길만 건너도 돈을 5퍼센트 절약할 수 있다. 매사추세츠주에서는 소득세를 내야 하기 때문이다. 물론 사안은 이보다 더 복잡하다. 뉴햄프셔주의 토지 가치가 주의 절세 면에서 볼 때 더 높아 집값이 비쌀 수 있기 때문이다. 게다가 학군 등 다른 부대조건 탓에 세금이 있어도 매사추세츠주가 더 나을 수도 있다. 하지만 누가 알겠는가? 당신은 자식이 없어 마땅 없는 5층 버스에 살아도 행복할지 모른다. 그러므로 길 건너로 이사만 가도 소소한 행운을 차지하는 지름길을 택한 것일 수 있다.

어떤 주의 어떤 집에서 사는 것이 가장 좋을지 결정할 때 비중 있게 고려할 수 있는 또 한 가지는 상속세다. 워싱턴 D.C.뿐 아니라 열한 개 주가 유산세estate tax*를 물린다. 코네티컷, 하와이, 메인, 매사추세츠, 미네소타, 뉴욕, 오리건, 로드아일랜드, 버몬트, 워싱턴이다. 아이오와, 켄터키, 네브래스카, 뉴저지, 펜실베이니아 등 다섯 개 주는 상속세 inheritance tax**를 물린다. 메릴랜드주에서는 둘 다 내야 한다.

만일 자손에게 물려줄 재산이 상당액이라면 황금 같은 세월을 유산세가 있는 주에서 보내지 않도록 주의해야 한다. 연방유산세는 1170만 달러를 초과하는 재산에 매긴다. 그러나 주마다 문턱이 다르다. 문턱이 훨씬 낮은 주도 있다. 이를테면 매사추세츠주에서는 100만 달러 초과분의 재산에 유산세를 물어야 한다. 그리고 매사추세츠주의 유산세율은 0.8퍼센트부터 무려 16퍼센트까지 이른다. 하와이와 워싱턴의 경우 최고 세율이 20퍼센트에 달한다.

당신의 레이더망에 상속세가 혹여 있다면 그리고 당신이 상속을

• 상속인이나 피상속인에 상관없이 사망자의 재산 총액에 매기는 세금—옮긴이
•• 사망자인 피상속인이 물려준 재산을 물려받은 상속인이 내는 세금—옮긴이

받을 먼 친척이라면, 또 친척이 아니어도 재산을 물려받을 상속인이라면 집은 네브래스카주 밖에 정할 것. 네브래스카주의 상속세는 자그마치 18퍼센트니까!

집에 묶인 지분을 풀어주라

앞서 말했듯 은퇴 준비를 제대로 하지 못한 베이비붐 세대는 주택에 묶인 가치를 현금으로 바꿔 써야 할 수 있다. 주택에 묶인 가치의 문제점은 유동성이 없다는 것이다. 보통 사망 후 집을 팔 때까지는 돈이 생기지 않기 때문이다. 그러나 당신은 사망 후가 아니라 지금 당장 돈이 필요하다. 소비평활화의 목표도 당장 쓸 돈을 조달하는 것이다.

집 규모를 줄이면 물론 확실히 도움이 된다. 그린 부부를 다시 한 번 떠올려보라. 하지만 이번에는 이 부부가 집 규모를 축소해 얻은 돈을 장차 자녀에게 상속해주기 위해 보유하지 않고 자신들이 쓸 계획이라고 가정해보자. 그럴 경우 부부의 생활수준은 25.8퍼센트 더 높아진다. 평생 지출액을 절댓값으로 환산하면 총 59만 2261달러에 달한다. 이는 세전 사회보장급여 14년 치 전부를 합친 금액에 해당한다. 그린 부부가 그 절반만 현금화했다고 가정해도 비율 증가분은 25.4퍼센트, 절대 증가분은 34만 8177달러다. 여전히 어마어마한 액수의 현금이다. 이들의 재산이 가정의 세 배라면 비율 증가분은 훨씬 높아져 무려 39.8퍼센트에, 절대 증가분은 198만 4374달러나 된다. (부자일수록 비율 증가분은 더 커진다. 사회보장급여액의 최대 수준을 고려하면 묶인 지분이 총액에서 더 큰 몫을 차지하기 때문이다).

그러나 이사하기도 싫고 장기요양 대비책으로 집 가치를 유지할 필요도 없고 집을 물려줄 자식이나 다른 상속인도 없다면 어떨까? 집에 묶인 지분을 풀어 최소한 일부라도 쓸 수 있으려면 어떻게 해야 할까? 주택 담보대출을 받아 집에 갇힌 일부 가치를 풀어 현금화할 수 있다. 종래의 담보대출을 받거나 아니면 더 큰 담보대출로 갈아탈 수도 있다. 빚을 상환하기 전에 죽을 희망이 있다면 말이다. 담보대출을 받으면 단기에 더 많은 돈을 쓸 수 있을 것 같지만 실상은 그렇게 간단하지 않다. 돈을 빌리고 쓴 다음 빚을 다 상환하기 전에 우연히 죽기라도 한다면 상환 전에 돈을 더 많이 쓴 꼴이 되고 은행은 집을 판 금액으로 상환을 받는다. 이것이 표준 관행이다. 은행은 담보대출을 해주면서 당신의 집에 유치권을 행사한다. 집이 팔리면 받는 돈을 은행이 가장 먼저 챙겨 간다는 뜻이다.

하지만 대출금을 다 갚은 다음 사망한다면 어떨까? 구체적으로 예를 들어 당신이 미혼이고 60세며 자식도 다른 상속인도 없는데 20년 상환 대출을 했다고 생각해보자. 이 경우 당신이 80세까지 산다면 담보대출금을 안전하게 투자해 벌었을 금액보다 더 많은 돈을 은행에 갚으면서 20년을 보낸 꼴이 된다. 한 일이라고는 20년 동안 돈을 까먹은 일밖에 없는 셈이다. 물론 대출금을 받자마자 그 돈으로 파티를 벌일 수도 있다. 하지만 그 대가로 장차 당신은 소비를 줄이는 형식으로 돈을 갚아나가야 한다. 주식투자를 위해 돈을 대출할 수도 있다. 그러나 비싼 약정으로 대출해 위험한 곳에 투자하는 건 말 그대로 위험한 짓이다. 주가가 떨어지면 담보대출금은 갚아야 하는데 수익이 없으니 미래 소비를 훨씬 더 줄일 수밖에 없을 가능성이 크다. 어떤 방식을 택하든 소비평활화 전략과 상충되므로 결국 돈을 쓸 수 있었던 대가로 큰돈을 갚아나가는 처지가 된다. 게다가 80세가 돼도 보유한 주택가 치는 60세 때와 동일할 가능성이 있다. 또 한 가지 소소하지만 짚어야 할 점은 만일 계속 직장인이 아니라면 정상 대출을 받지 못할 가능성 도 있다. 상당액의 주택가치 연계융자home equity line of credit*도 받지 못할 수 있다. 역모기지라는 대출 상품이 개입하는 지점이 바로 여기다.

역모기지란

역모기지란 주택에 묶인 지분 가치를 풀어 현금화할 수 있도록 특 수 설계한 대출 상품이다. 역모기지 원리는 다소 복잡하다. 복잡한 금 융 상품을 설계할 때는 대개 특수한 목적이 있다. 당신을 당신 돈과 집 을 포함한 다른 가치재에서 분리하는 것이다. 또 한편으로 역모기지 는 연방주택관리청Federal Housing Administration의 심한 규제를 받는다. 실 질적으로 모든 역모기지는 연방주택관리청 주택자산전환모기지home equity conversion mortgage, HECM(이하 HECM으로 표기)**다. 당연히 이런 생 각이 든다. 미국 정부가 개입한다면 국민에게 안전하지 않을까?

불행히도 이런 생각은 지나치게 안이한 편견이다. 정부가 개입하

---

* 주택의 순자산가치와 동일한 금액이나 약간 상회하는 금액을 신용한도로 열어주고 필 요할 때마다 대출해 쓰는 상품—옮긴이

** 주택도시개발부Housing and Urban Development 산하 연방주택관리청이 역모기지 취급 기 관의 손실을 보전해주고 이용자에게 종신까지 지급 보증을 해주는 공적 성격의 대출 —옮긴이

면 안전하다는 통념이 맞는다 해도 역모기지 관련 통념은 마법의 머니 플랜을 알려주는 이 책의 기준에서 봐도 지나치다. 사회보장제도로 벌이는 세 가지 사기를 기억하는가? 유족(배우자)을 속여 이들이 평생 받을 수 있는 수십만 달러의 급여를 빼앗는 사기, 70세가 내일모레인 은퇴자에게 전화를 걸어 뇌물을 주고 더 낮은 연간 급여액을 채택하도록 유도하는 사기 그리고 우리가 급여를 더 받을 자격이 있다는 걸 알게 됐는데도 6개월 치를 제외한 나머지 급여를 소급해주지 않는 사기다. 그중에서도 세 번째 사기가 가장 악랄하다. 고용주와 고용인이 함께 근로소득세 12.4퍼센트를 여러 해 동안 물게 하고도 그렇게 적립한 급여에 관해 제대로 고지해주지 않아 결국 타야 할 급여를 타지 못하게 하는 짓이기 때문이다!

정치가의 또 다른 말에 불과한 미국 정부, 정치가, 재무 조정을 담당하는 인간은 은행과 다른 금융 기업으로부터 캠페인과 로비라는 버터 바른 빵을 받아먹는다. 하원금융서비스위원회House Committee on Financial Services에 (과거와 현재) 기부한 주요 인물을 한번 살펴보라. 메시지는 명확하다. 미국의 금융 규제와 조정은 월가에서 매매하는 상품에 불과하다.

나는 미국 정부를 지나치게 잘 알기 때문에 역모기지와 관련해 연구자로서 내가 해야 할 숙제를 다 해놨다. 여기에 그 핵심이 있다.

종래 대출 상품과 역모기지는 집에 묶인 돈을 사용해 대출금을 갚을 수 있게 해준다. 그러나 역모기지 대출금은 꽤 클 뿐만 아니라 대출을 갚는 사람이 상당한 위험까지 떠안아야 한다.

역모기지와 일반 담보대출을 비교해보라

역모기지는 일반 담보대출과 같지만 주요한 차이가 여섯 가지 있다. 첫째, 역모기지를 받을 수 있는 자격이 62세가 넘어야 생긴다. 둘째, 대출 한도가 일반 담보대출과 다르다.* 셋째, 역모기지는 일반 담보대출보다 금리가 높다. 넷째, 역모기지는 일반 담보대출보다 수수료도 더 높다. 다섯째, 역모기지는 집이 팔릴 때까지 상환을 유예해준다. 즉, 공동주택이든 단독주택이든 집이 팔려 집을 비우면 상환이 이뤄진다. 마지막으로 여섯째, 보유비—재산세, 주택보험, 유지비—를 내고 있는 한 살고 있는 집에서 쫓겨나지 않는다. 집의 가치가 떨어지든 말든 상관없다.

일반 담보대출에 비해 첫 네 가지 차이—연령 제한, 더 적은 대출금액, 높은 금리와 수수료—는 역모기지를 질 나쁜 대출로 만드는 요인이다. 다섯 번째 차이—상환 연기—는 결과적으로 시간이 길어질수록 대출액을 키우는 결과를 낳는다. 대신 당장 쓸 수 있는 현금은 늘어나는 효과가 있다. 다달이 대출금을 갚지 않아도 되기 때문이다.

여섯 번째 차이를 보자. 집 가치가 떨어져도 집에서 쫓겨나지 않는다는 것으로, 금리까지 보태면 대출 누적액이 하락한 집값보다 더 커질 수도 있다는 뜻이다. 이 경우 그 집에서 오래 살아야 하기 때문에

---

* HECM에서 대출할 수 있는 최대 금액은 x와 y의 산물이다. 즉, x는 62세의 경우 집값의 52.4퍼센트, 85세의 경우 63.8퍼센트까지 범위와 제한이 있는 대출금 비율이고 y는 주택값과 HECM 대출 한도액 상한선 중 더 적은 값이다. 이 상한선은 2021년 82만 2375달러다. 기존에 대출이 있다면 대출금이 집값의 절반을 초과하면 안 된다. 기존 대출금이 집값의 절반이 안 되는 경우 HECM 대출금은 기존 대출금을 갚는 데 써야 하기 때문에 결국 직접 받을 수 있는 금액이 줄어든다.

이사는 할 수 없다. 역모기지 수수료와 금리가 높을수록 이런 이점도 더 빨리 생긴다.

당신의 집값이 역모기지 아래로 떨어지면 결과적으로 당신은 시장가격 미만으로 임차를 하는 셈이 된다. 집세는 보유 비용만 내면 되고 시장(에서 통용되는) 임차료—집주인이 받았을 수도 있는 실질금리 포함 금액—는 내지 않아도 되는 것이다. 그러나 그 금리가 (현재 그렇듯) 0이라면 어떻게 될까? 당신이 집에 살면서 역모기지 대출금 아래로 집값이 내려갈 만큼 오래 산다면 실제로는 임차로 인한 이득이 전혀 없는 셈이 된다.

반복해 말하지만 역모기지는 당신 집에 그대로 살면서도 보유한 주택의 가치에서 뽑아 쓰는 현금 덕에 지출 규모를 늘려줄 수 있다. 이런 측면에서 묶인 지분 문제는 해결되는 듯 보인다. 그러나 당신의 주택 순자산 중 전부는 아니어도 큰 부분에 비해 실제로 쓸 수 있는 돈을 아주 적게 준다는 점에서 역모기지는 수지타산이 맞지 않는 거래다. 크게 애를 쓸 만한 가치가 있는 전략은 아니라는 뜻이다.

역모기지를 바라보는 내 우려를 실감 나게 전하기 위해 두 가지 우화를 들려주겠다. 이 우화에 나오는 역모기지 규모는 의도적으로 크게 키웠다. 당신이 더듬이를 잔뜩 치켜올려 주의를 기울이도록 하기 위함이다. 여기서는 역모기지 이야기를 하되 실제 역모기지 거래에서 쓰이는 것과는 다른 용어를 쓰기로 한다. 역모기지 거래의 본질을 이해하는 데 도움이 되기 때문이다. 두 우화 모두 주인공은 미혼에 자식

• 당신의 주택 가격이 물가 상승률과 보조를 맞춘다고 가정하고 추정한 것이다.

이 없는 62세 은퇴자 루 그리고 하버드대학 경영학 석사 과정을 최근에 마친 수다.

어느 날 루가 자기 집 잔디를 깎고 있는데 이웃집 수가 다가와서 말한다. "안녕하세요, 루 선생님. 100만 달러나 나가는 근사한 집을 갖고 계시네요. 있잖아요, 선생님, 제가 좀 찾아보니까 집에 대출이 없더군요. 축하드려요. 은퇴하셨다는 소식도 들었어요. 다시 한 번 축하드려요. 하지만 선생님, 전 선생님이 걱정돼요. 옷과 자동차 그리고 허리둘레를 보자니 돈에 쪼들리시는 것 같아요. 제가 좋은 대학에서 교육을 받았으니 드리는 말씀인데요, 어떻게 선생님을 도와드릴 수 있을지 알아냈어요. 이 서류에 서명하시면 지금 당장 50만 달러를 현금으로 드릴 수 있어요. 물론 선생님이 보유하신 주택가치는 그 두 배죠. 하지만 멋진 사실은요, 선생님은 선생님의 집—아니, 이젠 *선생님과 저의 집*이죠—에 원하시는 만큼 가능할 때까지 그대로 사실 수 있다는 거예요. 선생님이 이사를 나가시거나 돌아가셔서 집을 떠나실 때까지 전 그 집으로 가지 않을 겁니다. 그동안 선생님께서 하실 일은 재산세를 내고 보험에 가입하고 유지 관리를 하는 것뿐입니다. 집 보유 비용을 내지 못하시는 경우에는 집을 나가셔야 하지만요."

와! 루는 생각한다. 역시 하버드에서 경영학을 전공한 수재답군. 루는 곧바로 서류에 서명한다. 그러나 그날 밤 잠자리에서 루는 이리저리 뒤척인다. 예상보다 이사를 더 빨리 나갈까 봐 걱정이 된 것이다. 아닌 게 아니라 새벽 다섯 시 루에게 뇌졸중이 닥쳤다. 다행히 의식을 잃기 전 응급 버튼을 눌렀다. 구급차가 루를 데리고 응급실로 가서 여생을 살 요양원에 그를 데려다 놓는다. 수는 사이렌 소리에 잠이 깨 루가 구급차에 타는 모습을 지켜본다. 그는 걱정 말라며 구급대원을 안심시킨다. 그리고 루가 떠난 집, 이제 '자기' 집이 된 집의 문을 잠근다.

루는 이제 50만 달러를 잃었다. 더 좋은 요양원에 들어갈 수 있는 돈, 개인 요양보호사를 쓸 수 있는 돈을 잃은 것이다. 그리고 이 이야기를 루가 뇌졸중으로 죽는다고 수정하면 그의 상속인에게 돌아갈 재산이 50만 달러만큼 줄어든다. 수는 루를 극도로 비싼 역모기지 체제로 꾀어 끌어들인 셈이다.

루가 내기에서 '이겼다'면? 아까와는 다른 평행우주. 수는 몰랐겠지만 루는 호락호락 아무에게나 고기를 사주지 않는다. 심지어 자기 밥상에조차 고기를 놓지 않는다. 사람은 자기가 먹는 대로 된다고 했던가. 그는 채식주의자다. 차림새도 추레하다. 그런지룩_{grunge look}을 좋아하기 때문에 상관없다. 지금껏 몰고 다니는 다 낡아빠진 자동차 비틀은 그의 자랑이자 기쁨이다. 앞에서처럼 수와 집으로 거래한 루는 이후 38년 동안 자신이 늘 하던 일을 하면서 산다. 열심히 운동을 하고 양배추와 두부와 콩류와 템페_{tempeh}와 견과류를 아침 점심 저녁으로 먹는다. 100번째 생일에 루는 차이브 풀과 생귀리를 먹다가 목에 걸려 응급 버튼을 누르고 쓰러져 사망한다. 늙도록 여러 교회를 전전하던 수는 이제 사이렌 소리를 듣고 구급차로 달려가 외친다. "아멘!"

더 해피엔딩으로 보이는 두 번째 우화에서 루는 거래 후 38년 동안 수와 거래하지 않았을 때에 비해 50만 달러를 더 쓰면서도 자신이 원하던 대로 자기 집 부엌 테이블 근처에서 사망한다. 수는 어떻게 됐느냐고? 38년을 기다리고 나서야 '자기' 집에 살게 됐다.

루는 자신이 내기에서 이겼다고 주장할 것이다. 그러나 내 견해는 다르다. 여전히 루는 자기 집에 묶인 지분 가치 중 절반만 쓴 꼴이기 때문이다.* 그리고 그의 상속인인 그의 조카는 결국 50만 달러 손해를 봤다.

실제로 역모기지에서는 루와 수 사이의 거래를 기술할 때 다른 언어를 쓴다. 역모기지 전문 용어로 루는 50만 달러를 대출한 것이다. 그러나 그가 자발적으로든 비자발적으로든 자기 자산인 집을 비우는 순간 집은 팔려 미지불 대출금 잔액을 갚는 데 쓰인다(50만 달러를 포함해 미지불 수수료와 부대비용이다. 모두 역모기지 대출금과 대출 보험 금리를 합산해 누적된다), 만일 집의 매도가가 역모기지 잔액보다 높으면 루나 그의 집에 남은 돈이 돌아갈 것이고 결국 갚은 대출금은 우화에서 비유한 대로 수에게 간다. 만일 집의 매매가가 역모기지 잔액에 못 미치면 집을 판 돈은 전액 역모기지 대출 기관, 즉 우화 속의 수에게 돌아간다.

역모기지에 관해 지적하고 싶은 비밀을 요약하면 다음과 같다.

> 이사를 가거나 너무 일찍 사망하면 역모기지로 돈을 대출해준 사람들은 집에 묶인 자산의 상당 몫을 챙겨간다.

물론 당신이 이사를 가도록 강제하는 것은 아무것도 없다. 그러나 당신이 이사를 원하는데 역모기지 대출을 갚느라 가지 못한다면 당신

은 역모기지에 묶여 더는 하고 싶지 않은 일을 할 수밖에 없는 처지에 놓인다. 현재 집에 사는 일이 고역이 된다.

이렇듯 곤란한 이사 문제―"이사를 가야 하는데 역모기지 대출금을 갚고 나면 한 푼도 남지 않을 거야." 그리고 "이사를 가야 하는데 역모기지 대출 상환액이 너무 높아 갈 수가 없어."―가 역모기지 문제에서 가장 우려스러운 부분이다. 하지만 공적 성격의 역모기지 제도인 주택매입형 HECM이라는 유형의 역모기지가 있다는 것을 알게 된 후에는 걱정을 좀 덜었다.

주택매입형 HECM이란

당신이 역모기지 대출을 받고 15년이 지난 뒤 자녀 곁에서 살기 위해 이사를 가야 한다고 가정해보자. 역모기지 대출 상환 때문에 원래 살던 수준과 비슷한 집을 사기에는 자금이 너무 부족하다. 이 경우 주택매입형 HECM으로 새집을 살 때 도움을 받을 수 있다.

그리고 일반 역모기지와 마찬가지로 이 유형의 역모기지도 전혀 상환을 요구하지 않는다. 역모기지 대출 비율이 60퍼센트라면 새집을 살 때 60퍼센트의 돈을 받을 수 있다. 남은 40퍼센트와 추가 비용만 당신이 내면 된다. 요약하자면 이렇다.

> 주택매입형 HECM은 이사를 가야 하는 경우 역모기지 대출금 상환 타격을 완화해준다.

명확하게 하기 위해 한 가지 짚고 넘어가자. 역모기지 대출은 하나만으로도 충분히 비싸다. 그런데 이제 또 하나의 역모기지 대출을 이야기하고 있다.

게다가 두 번째 역모기지 대출이 이득이 되리라는 보장은 없다. 남은 생애 동안 이사를 더 다녀야 할 수도 있다. 그리고 이사를 가야 하는데 집값이 대출금보다 떨어지면 남은 돈이 없어 적정 수준의 요양원에 입소하거나 주택매입형 HECM 대출의 계약금으로 쓸 돈이 없어질 수도 있다.

HECM 역모기지 대출을 받는 사람은 대부분 꼭 새집을 구매하기 위해서가 아니라 대출금을 갚기 위해 대출을 받는다. 이들은 매월 대출금을 상환해야 한다는 압박 때문에 현금 사정이 나빠지는 일을 피하려고 HECM 역모기지 대출을 선호한다. 그렇다고 HECM 역모기지가 더 싼 것도 아니다. 그럼에도 역모기지 대출금으로 기존 부채를 갚는다면 소비를 늘리기 위해 대출하는 것보다 현명한 조치인 것은 맞는다.

역모기지 대출금을 받는 몇 가지 방법

HECM 역모기지에는 전액을 대출받든 일부를 대출받든 여섯 가지 선택지가 있다. 역모기지 대출금과 미상환 금액에 부과되는 금리는 고정일 수도 있고 변동일 수도 있다. 변동금리는 금리가 오를 수도 있다는 것을 의미하기 때문에 자칫하면 차입자의 금전 상황에 해가 될 수 있다.

여섯 가지 선택지 중 고정금리에 관한 유일한 선택지는 역모기지로 받을 수 있는 대출금 전액을 일시금으로 즉시 받는 것이다. 고정금리는 다른 선택지의 변동금리보다 더 높긴 하지만 더 안전하다.* 두 번째 선택지는 사망 시까지 고정 월액을 받는 것이다. 결과적으로 연금 성격의 돈이 된다. 돈을 받는 사람이 조기 사망할 가능성 때문에 지급액이 더 높다. 물론 연금은 장수 위험에 대비하는 보험 성격의 전략이다. 세 번째 선택지는 고정된 지급액을 일정 개월 정해놓고 받는 것이다. 남은 세 가지 선택지는 수시인출형line of credit** 대출을 받는 것으로 여기에는 (a) 수시인출식 지급no payments, (b) 연금식 지급, (c) 고정 지급 등 세 가지 형태가 있다. 수시인출형으로 대출할 금액은 차입자 재량에 따른다.

기혼자라면

당신이 기혼자인데 역모기지 대출을 고려하고 있다면 부부 둘 다 주택 보유 증서에 이름이 기입돼 있는지 확인하라. 내 조언은 배우자 둘 다 62세가 넘을 때까지 기다렸다가 거래하라는 것이다. 이 경우 HECM 역모기지는 나이가 더 적은 배우자 연령을 기반으로 하기 때문이다. 만일 배우자가 62세 미만이라면 일련의 조건들이 계약서에 깨알같이 적혀 있는데 만일 자격이 되는 배우자—62세가 넘은 배우

• 물론 대출금 전액을 들고 인근 카지노로 직행하면 다른 선택지보다 훨씬 위험하다. 또 하나, 역모기지 대출을 받은 사람은 대개 사기꾼의 표적이 된다는 점에 유념할 것. 사기꾼은 그들에게 투자하고 싶은 공짜 현금이 있다는 사실을 안다.

•• 일정 한도의 대출을 필요할 때마다 받을 수 있는 제도. 일반 대출은 대출을 받는 순간 대출한 이가 돈을 언제 쓰든 상관없이 바로 이자를 갚기 시작해야 하는 반면 수시인출형은 아무 때나 돈을 대출해 쓰기 시작할 때 이자를 갚으면 된다. 신용등급이 높을수록 받기 유리하다―옮긴이

자—가 사망하는 경우 남은 배우자가 길에 나앉지 않도록 확실히 해 두기 위해 그 조건을 충족해야 해서다.' 다시 말해 내가 경고하고 싶은 내용은 다음과 같다.

> 배우자가 62세 미만인데 역모기지를 고려하고 있다면 대출 서 명을 하기 전 최고의 변호사에게 자문을 구해 당신이 사망할 경 우 배우자 처우가 어떻게 되는지 검토해보라.

대출금을 일시금으로 받으면

역모기지 대출금을 일시불로 받아 그 돈을 물가연동국채나 기타 물가연동형 자산에 투자하면 세 가지 측면에서 안전하다. 첫째, 대출 받은 돈을 보호할 수 있다. 둘째, 역모기지 대출금의 경우 투자금의 실 질가치를 물가 상승으로 깎아먹는 일을 막을 수 있다. 셋째, 역모기지 대출금을 일시금으로 받아 고정 명목금리를 갚아야 하기 때문에 이사 하느라 대출한 돈을 갚을 때 돈의 실질가치가 떨어진다. 물가 상승이 돈을 갚는 입장에서는 이득인 셈이다.

물가 상승 위험을 줄여주는 일시 지급 방식과 달리 다른 다섯 가지 대출금 지급 방식에는 변동금리가 적용된다. 변동금리는 분명 물가 상승과 연동돼 오른다. 아닌 게 아니라 집값은 오르지 않고 금리만 오 르는 경우 이 다섯 가지 방법을 쓰면 물가 상승 위험에 노출될 수 있 다. 물론 당신이 지금 사는 집에 충분히 오래 살아 역모기지 대출금의 가치를 떨어뜨릴 정도가 되면 실질상환금에 대한 물가 상승 영향은 문제가 되지 않는다. 여기까지의 내용을 바탕으로 하우스리치가 되는 비결을 정리하자면 이렇다.

> HECM 역모기지 대출금을 일시금으로 받으면 변동금리로 인한 금리 인상 위험을 완화할 수 있고 물가 상승 위험에서도 비교적 안전할 수 있다.

주택가치를 보존하려면

교묘하지만 가치 있는 형태의 보험을 제공하는 역모기지 상품이 있다. 바로 HECM 수시인출형 line of credit, LOC(이하 LOC)이라는 것이다. LOC 금리는 변동금리여서 이자가 늘어난다. 역모기지 대출금과 비용이 늘어날 때 금리도 똑같은 비율로 늘어난다는 뜻이다.

근사한 건 이 지점이다. 당신이 HECM LOC 대출을 받았는데 처음에는 돈을 전혀 지급받지 않는다고 생각해보자. 최소한 처음에는 그렇다는 말이다. LOC 대출금이 48만 달러라고 가정하자. 그리고 예를 들어 향후 20년 동안 당신의 집값이 명목상 80만 달러로 고정(물론 실질적으로는 해마다 떨어진다는 뜻)돼 있지만 LOC는 100만 달러까지 올라간다고 생각해보자. 20년 후 당신은 LOC를 역모기지로 전환할 수 있다. 다시 말해 당신의 집값은 여전히 80만 달러지만 100만 달러 전액을 일시금으로 지급받을 수 있는 것이다. 이 경우 당신의 역모기지 대출금이 보유한 집의 가치보다 커지는 셈이다. 역모기지 대출금을 일시금으로 받은 다음 날 이사를 간다면 당신은 100만 달러를 갖고 나가는 셈이고 대출자는 80만 달러짜리 집을 갖게 된다. 결론은 이렇다.

HECM LOC 대출은 주택의 실질가치가 하락하는 데 대비하는 보험이다.

HECM LOC 관련 비용은 상당하다. 아내와 내가 살고 있는 75만 달러짜리 집의 HECM LOC 비용은 대략 1만 5000달러다. 우리 집의 실질가치 하락에 대비하는 보험료로 내기에는 지나치게 높다. 그러나 집값이 물가 상승률을 따라잡지 못할 가능성이 큰 걱정이라면 한번 고려해볼 만한 선택지다.

수수료를 줄이려면
HECM 역모기지나 HECM LOC의 비용이 높은 것은 당연하다. 둘 다 크고 작은 수수료가 잔뜩 붙는다. 상담, 감정, 개시, 서비스, 초기 담보대출 보험, 연간 대출보험annual mortgage insurance, 물권보험title insurance, 조사survey, 신용 평가 보고서credit report, 에스크로escrow*, 서류 작성, 해충 검사pest inspection, 서류 송달courier, 홍수 지역 여부 증명flood certification 등의 비용이다. 다 합치면 역모기지 수수료가 대출액의 거의 7퍼센트에 달할 정도다. 이는 일반 담보대출을 받을 때 내는 수수료보다 높은 금액이다. 나쁜 소식이 아닐 수 없다. 그나마 조금 위안이 돼주는 사실은 이런저런 역모기지 대출들이 수수료를 각각 다르게 설정한다는 점이다. 따라서 여러 역모기지 상품을 비교하면서 수수료가 가장 낮은 상품을 찾아야 한다.

---

* 제3자 보증제도—옮긴이

역모기지의 잠재 이익과 위험은 무엇일까

생활수준에 미치는 역모기지의 잠재 가치를 살피기 위해 다음과 같은 가정을 해보자. 당신은 62세 기혼자다. 은퇴를 했고 매사추세츠주에서 배우자와 살고 있다. 소유하고 있는 주택의 가치는 45만 달러고 대출은 없다. 사회보장급여로 매달 각자 2000달러를 받고 있다. 다른 자산은 일반 IRA에 있는 50만 달러뿐이다. 재산세, 유지비, 주택보험 등 주택 비용과 (메디케어 B 파트 보험료를 비롯해) 매년 내는 1만 달러 세금 외에 들어가는 고정비용은 없다.

자식도 없고 집을 물려주고 싶은 상속인도 없다고 치자. 그렇다면 틀림없이 당신에게는 집에 묶인 지분 45만 달러가 있다. 그 돈으로 역모기지 대출 23만 5800달러를 일시금으로 받는다고 생각해보자. 그리고 배우자와 둘이 100세까지 산다고 가정해보자. 역모기지 대출은 당신의 평생 지출액을 23만 9000달러, 즉 14퍼센트 높여준다. 이 정도면 꽤 높인 셈이다.

이는 최상의 시나리오기도 하다. 바로 이 부분이 핵심이다. 당신이 100세가 될 때쯤이면 당신의 집값은 거의 대출 원금보다도 가치가 낮아졌을 것이다. 따라서 집에 묶여 있는 자산가치 중 52.4퍼센트만 뽑아 썼음에도 불구하고 물가 상승을 감안하면 당신은 꽤 큰돈을 쓴 셈이 된다. 역모기지 상품으로 받기에는 지나치게 높은 가격이라는 게 내 생각이다. 그래서 최상의 시나리오라는 것이다.

반면 역모기지의 잠재 위험은 이렇다. 만일 당신이 역모기지 대출을 받았는데 85세에 갑자기 이사를 가야 하는 상황이 생긴다면 어떨까? 집값은 여전히 45만 달러다. 역모기지 대출금을 수수료와 실질금리까지 포함해 갚은 후 남은 돈은 약 10만 달러다. 본질적으로 당신은 주택 순자산가치 45만 달러 중 35만 달러를 쓴 셈이다. 이 시점에서 주택매입형 HECM 대출을 받아 약 27만 5000달러짜리 집으로 들어 갈 수 있다. 따라서 당신이 살 새집의 질은 거의 40퍼센트 정도 떨어질 것이다.

게다가 만약 10년이 지나고 또 이사를 가야 한다면 그때는 원래 집 값 45만 달러 중 7만 5000달러만 남는다. 또 한 번, 마지막이 될 주택 매입형 HECM 대출을 받으면 이번에는 원래 집값에서 60퍼센트나 떨어진 18만 달러짜리 집에 들어가야 한다. 그리고 이 시나리오는 당신 집과 다른 집의 명목가치가 고정돼 있다고 가정했을 때 적용된다. 그러나 당신 집값은 그대로인데 다른 집값은 오른다면 당신 집의 가치는 실제로는 아예 폭락할 수도 있다. 요점은 다음과 같다.

이사를 가야 하는데 집값이 HECM 역모기지 금리에 적용되는 물가상승률을 따라잡지 못하면 부수비용을 계속 내지 못해 대출자에게 집을 넘겨야 한다. (수의 이야기를 생각해보라.)

일단 팔고 다시 빌리라

집에 갇힌 자산가치를 푸는 가장 쉬운 방법은 집을 팔고 다시 그 집에 세 들어 사는 매각후임차 Leaseback다. 자녀나 가까운 다른 친척에게 집을 판 뒤 다시 임차하는 것이 가장 좋다. 좋은 값으로 팔고 대신 물가 상승률보다 임차료를 빨리 올리지 않는 조건을 제시해 합의를 보면 된다. 아니면 조항을 더 구체적으로 정해 부분 임차료가 재산세 증가분이나 전국 임차료에 맞춰 조정되게끔 해도 좋다. 주택 매매 대금을 물가연동국채에 장기투자하는 경우 집값으로 받은 돈은 물가 상승 위험도 대비할 수 있고 임차료를 낼 때 일부 쓸 수도 있다.

매각후임차 전략은 법적으로 공식화할 수 있다. 매각후임차 거래는 은행을 포함해 누구와도 가능하다. 연방주택관리청이 왜 이런 직접적 해결책을 지원하지 않았는지 도무지 이해가 가지 않는다. 아마 일요일 밤 열한 시에 생긴 배관 누수를 감당하기 싫었거나 임대인과 임차인 간 분쟁에 휘말리기 싫었던 모양이다. 서로에게 애정이 있는 부모와 자녀 사이에 이런 거래를 하면 이 점에서 좋다. 서로 배려하는 태도가 임차료를 내지 않고 동네를 떠나버리는 짓 등 하면 안 될 행동을 억누르기 때문이다.

매각후임차라는 해결책은 역모기지와 어떻게 다를까? 첫째, 매각후임차는 집에 갇힌 자산가치를 모조리 풀어주는 효과가 있다. 수수료도 전혀 없다. 게다가 원하는 만큼 자기 집에 살 수 있다. 그리고 이사를 간다고 해도 불리한 상황에 처할 위험이 없다.

집에 갇힌 자산가치를 푸는 또 한 가지 방법은 연속보호은퇴주거단지continuing care retirement community에 입주하는 것이다. 이 경우 집을 팔아 목돈을 주거단지에 내고 여생 동안 집, 식사, 오락, 교통수단과 의료 및 간호 서비스를 받는 대가로 다달이 일정액을 지불한다. 이런 공동체는 거주민 수가 많아서 각 은퇴자가 서비스를 따로 구매하는 것보다 더 좋은 조건의 서비스를 제공한다. 서비스가 연금 형태로 제공되기 때문이다. 오래 사는 사람은 일찍 사망하는 사람들이 선불로 낸 돈의 혜택을 누리는 셈이다.

당신의 집은 당신에게는 성과 같다. 그러나 유럽에 있는 2만 5000여 채 성 대부분과 마찬가지로 대저택에 산다고 돈이 나오진 않는다. 내 집에서 돈을 받아 쓰는 방법은 이렇다.

- 나처럼 집에 과도한 돈을 들이면서 세월을 낭비하지 말라. 주택시장을 정해놓고 정기적으로 챙겨 보라.
- 자신의 보상격차를 고려해 주택매입비와 임차비를 비교하라.
- 주택 담보대출은 기본 주택 비용이 아니라 금전적 손해이자 세금 덩어리다. 대출금은 가급적 빨리 갚아버리라. 은퇴 자산을 현금화해 대출금을 갚는 것이 목돈을 버는 길이다.
- 집을 보유하면 세금에서 벗어날 수 있다. 대출과는 무관하다.
- 주택 관련 비용을 분담하면 생활수준을 눈에 띄게 높일 수 있다. 공동주거, 에어비앤비 시스템을 통한 간헐적 임대, 임대나 전대차 같은 주택 공유가 그 방법이다.

- 집에 갇힌 자산가치는 좋은 장기요양 시설로 가는 잠재적 가입비나 마찬가지다. 집의 규모를 줄이면 갇혀 있던 자산가치 중 많은 부분을 풀어 생활수준을 비약적으로 향상할 수 있다.

- 역모기지는 주택에 갇힌 자산가치를 푸는 방안치고는 너무 비싸다. 역모기지로 인해 이사와 집값 관련 위험에 노출될 수 있다. 이사를 가야 한다면 주택매입형 HECM이 새집을 매입하는 데 도움이 된다. 그러나 매번 이사를 할 때마다 HECM 대출을 새로 받으면 높은 수수료를 물어야 하기 때문에 대출 금리까지 높아지는 결과를 낳는다. 비용이 꽤 비싸긴 하지만 수시인출형 HECM은 보유 주택의 실질가치가 하락하는 데 보험 역할을 해줄 수 있는 독특한 대출 상품이다.

- 집을 팔고 다시 세 들어 사는 매각후임차는 집에 묶인 자산가치를 모조리 뽑아 쓰는 직접적 전략이다. 이 거래의 이상적인 매입자는 자녀다. 소유한 주택자산을 이용해 연속보호은퇴주거단지로 들어가는 비용을 충당하는 방법도 고려해볼 만한 선택지다.

결혼에 관한 결정
:돈 보고 결혼하라

나는 행복한 세월을 보냈다. 사랑해서 결혼했는데 돈도 따라왔기 때문이다.

－로즈 케네디Rose Kennedy[1]

돈을 보고 결혼하라니 철면피 아닌가 하는 생각이 들 것이다. 그러나 돈을 보고 결혼하는 관행은 가장 유서 깊은 재무 관습이다. 기원전 1750년경 쓰인 바빌로니아의 함무라비법전은 신붓값과 지참금에 관한 법률을 통해 결혼이라는 제도가 오늘날에도 그렇듯 오랜 세월 대부분 돈 문제였음을 명료하게 짚어놓았다.

신붓값이란 아내를 사기 위해 뭔가—아마 소나 땅뙈기나 금화 등—를 지불하는 것을 의미한다. 이 물품은 신부의 친정 소유가 된다. 바빌로니아인들은 경매로 신부를 팔기도 했다. 사실 경매로 신부 몸값을 입찰하지 않고 신부를 매매하는 것 자체가 불법이었다.[2] 그러나 경매는 대개 일반 경매와 정반대로 진행됐다. 입찰하는 사람이 돈을 내기는커녕 오히려 받은 것이다. 신부 가족이 신랑(혹은 신랑 가족)에게 거래를 마치기 위해 지참금을 내야 했다는 뜻이다. 모든 조건이 같을 경우 신부의 수요보다 공급이 딸리면 신붓값은 신랑이 댔다.

천만다행으로 함무라비법전이 통용되던 사회 이후 오랜 세월이 지난 지금 대부분의 사회에서는 말 그대로 경매장에 신붓감을 세워놓고 뜯어보는 관행이 더는 규범으로 통용되지 않는다. 수백 년 동안 많은 결혼이 비공식적으로는 양가 부모 사이에서 대개 결혼 브로커, 즉 중매쟁이의 도움으로 이뤄졌다. 결혼이라는 관습을 구미에 더 맞는 것으로 보이게 하기 위해 어떤 광택제나 윤활유를 덧씌운다 해도 한 가지만큼은 명확하다. 미래의 신랑 신부는 상품이 돼 대개는 부모의 재산과 다를 바 없는 취급을 받아왔다는 것.

시대는 변한다. 대부분의 현대사회에서 결혼 승낙 여부와 결혼 상대 최종 결정권은 당사자인 젊은이들이 갖게 됐다. 실제로 청년들은 신랑이나 신부를 제단 앞에 세워두고 결혼식장에서 달아날 수도 있을 만큼 결혼에서 자유를 행사한다. 그러나 짝을 고르고 거절할 권한이 생겼다고 해서 결혼 시장이 사라진 것은 아니다. 구매자와 판매자가 바뀌었을 뿐이다. 부모가 입찰가를 가장 높이 부른 상대에게 자녀를 내주지는 않지만 미래 배우자들이 점점 더 기술로 무장한 연애 시장에서 자신을 팔고 상대를 사고 있다. 틴더Tinder, 매치Match, 범블 Bumble, 힌지Hinge, 오케이큐피드OkCupid, 이하모니eharmony, 엘리트싱글스EliteSingles, 실버싱글스 SilverSingles, 주스크 Zoosk, 아워타임OurTime 등은 클릭 한 번으로 연애를 촉진하는 수많은 데이트 사이트 사례다.

(멤버십 요금 정도를 빼면) 실시간으로 돈이 왔다 갔다 하지는 않지만 이런 데이트 사이트는 당신을 가상의 경매대에 올려놓고 당신은 이 경매대에서 자신의 가치—나이, 교육 수준, 인성, 배경, 소득, 인종, 종교, 외모, 취향, 혐오 대상, 재능, 아이 등—를 전시하고 정보를 전달한다. 경매대에 오른 사람은 자신을 이루는 특징을 결혼 시장이라는 물물교환 시장으로 가져와 전시한다. 결혼 시장의 물물교환은 살찐 닭 두 마리와 육즙 그득한 소시지 20개를 바꾸는 일상적 거래는 아니다. 오히려 결혼 시장에 진입하는 사람들은 자신의 장단점을 타인의 장단점과 합치겠다고 제안한다. 일이 다 잘 풀리기만 한다면 커피 한 잔을 마시는 데이트가 순식간에 이뤄지고 그다음에는 점심 식사 몇 번, 그다음에는 저녁, 그다음에는 소풍, 그다음에는 잠자리, 주말여행, 더 많은 잠자리, 그다음에는 부모나 아이들과의 만남, 그다음에는 동거. 의식하기도 전에 당신은 행복하게 결혼하거나 죽음이 두 사람을 갈라놓을 때까지 동거한다…… 아니면 적어도 잠깐 동안은.

이번 장에서 내가 할 일은 당신에게 인생의 연인을 만나는 가장 좋은 방법을 말해주는 것이 아니다. 나는 결코 연애와 결혼 전문가가 아니다. 내 목표는 당신과 당신의 결혼 혹은 동거 대상으로 삼고 싶은 사람이 테이블로 가져오는 진짜 경제 자원을 파악해 좋은 물물교환을 하도록 돕는 것이다.

경제적 자원은 양의 자원일 수도 있고 음의 자원일 수도 있다. 양의 자원에는 일반자산, 퇴직계좌, 집과 기타 부동산, 자동차, 현재와 미래의 근로소득, 현재와 미래의 연금, 현재와 미래의 사회보장급여 등이 포함된다. 음의 자원에는 (대출이든 신용카드 잔액이든 학자금 대출이든)

대출, 이혼이나 별거 위자료, 양육비, 자녀 대학 등록금 지원, 부모 부양비, 부동산 유지비, 미지급 세금 등 끝이 없다.

돈이 결혼이나 동거의 유일한 혹은 심지어 결정적 요인이라는 소리는 아니다. 우리 대부분에게 사랑은 돈을 초월한다. 그러나 인간은 많은 사람과 사랑에 빠지는 능력이 있다. 그리고 자신에게 더 높은 생활수준을 제공해줄 수 있는 누군가에게 반하고 싶어 한다고 해서 부끄러워할 필요는 없다.

달리 말해 이런 것이다. 게일과 케이트가 모든 면에서 똑같은데 다만 게일이 케이트보다 돈을 두 배 많이 번다면 동전을 던져서 누구와 살지 결정하지 말라. 그냥 게일에게 가라. 이런 결정을 내리는 사람이 당신이 처음은 아니다. 이미 수많은 사람이 태곳적부터 게일에게로 향했다. 이제 내가 당신을 대신해 결정을 내려줬으니 더 부유한 파트너에게 기대 생활수준 향상을 꿈꾸는 일의 장점을 더 깊이 파보자.

복제 인간과 결혼한다면

결혼이란 누군가와 같이 사는 것, 그럼으로써 그 공동주거에서 경제 이득을 얻는 것을 뜻한다. 공동주거의 힘은 앞 장에서도 이미 논의했다. 또 결혼은 같이 사는 상대의 재무상황을 공유한다는 뜻이기도 하다. 따라서 결혼을 하면 이 중요한 비용을 충당해야 한다. 만일 당신이 자신의 복제 인간과 결혼한다면 결혼할지 말지 결정하기가 훨씬 쉬울 것이다. 나랑 똑같은 사람과 결혼해 산다니 적잖이 기괴하다는 느낌이 들 것이다. 그러나 자기 짝에 관해 알아야 할 것을 확실히 알 수 있다는 장점은 있다. 불확실한 장점과 불확실한 단점의 균형을 맞춰 평가할 필요도 없을 것이다.

복제 인간과의 결혼을 고려해보자. 창문 처리를 어떻게 할지 같은 인생의 큰 선택을 둘러싼 차이를 비롯해 여러 요인을 복잡하게 저울질할 필요 없이 결혼의 경제가치를 명료하게 파악하기 위한 조치다. 단순하게 비교하기 위해 주택 문제에서는 공동생활의 경제성이 완벽하다고 가정할 것이다. 두 사람이 한 주택에 살기 때문이다. 5장에서 논한 합리적 추론도 같다. 둘이 함께 살면 1.6명이 사는 비용으로 생활비가 저렴해진다는 것. 주택 서비스를 포함해 모든 상품과 서비스 소비가 1.6명 비용으로 가능하다고 가정하면 똑같은 사람이 같이 사는 경우 공동생활만으로도 생활수준이 25퍼센트 향상된다. 이 비율은 앞으로 논의를 계속 진행하면서 유용하게 쓰일 것이다.

순 세금net tax도 미리 말해둘 만하다. 이른바 결혼세marriage tax라는 것 때문이다. 결혼세란 결혼한 부부에게 매기는 순 세금이 각자 결혼하기 전 냈던 세금의 두 배 이상일 수 있음을 말한다. 논의의 편의성을 위해 미국 모든 성인이 미혼이고 자신과 결혼한다고 가정하면 순 결혼세는 평균 4퍼센트 이상일 것이다. 다시 말해 전국의 복제 인간 결혼은 평균적으로 모두가 미혼으로 살 때에 비해 모두의 생활수준을 4퍼센트 이상 하락시킨다는 뜻이다.*

• 이 수치는 나를 비롯해 여러 경제학자가 연방준비위원회Federal Reserve가 실행한 전국 가구조사 데이터를 사용해 계산한 것이다.

크진 않지만 하찮지도 않은 순 결혼세에도 불구하고 과거 미국인은 대부분 결혼했고 지금도 하고 있고 앞으로도 할 것이다. 65세 이상 미국인 중 결혼을 한 번도 하지 않은 사람의 비율은 4.4퍼센트에 불과하다. 45~65세에서는 이 비율이 7.5퍼센트로 높아진다. 앞으로 결혼 비율이 점점 더 줄어들 것이라는 암시다. 그렇다 하더라도 미국의 결혼 문화는 결혼이 드물고 '동거'가 표준 관행인 아이슬란드와는 여전히 거리가 멀다.

당신이 나처럼 세금에 까탈을 떠는 쪽이라면 아마 머리를 긁적이며 의아해할지도 모르겠다. "경제학자라는 이 사람은 기혼자의 현 연방소득세 과세표준 첫 다섯 구간에 속하는 사람의 과세 수준이 미혼자의 두 배라는 것, 따라서 거의 모든 기혼자가 낼 세금이 미혼자의 두 배 정도라는 빤한 사실을 모르는 건가?" 맞다. 하지만 그건 세율이 낮은 첫 다섯 구간 이야기고 세율이 높은 마지막 두 구간에 부과되는 세금은 실제로 기혼자에게 훨씬 더 높으며 이 구간에 속하는 기혼 가정이 분명 존재한다. 게다가 연방소득세에는 기혼자에게 불리한 다른 특징도 있다. 예를 들어 최저한세 Alternative Minimum Tax 는 기혼이냐 미혼이냐에 따라 세율이 다르다. 또 하나, 현재 법령에서 2028년 세법은 2017년 감세·일자리법 이전으로 돌아갈 예정이다. 그러면 훨씬 더 높은 결혼세를 내야 한다.[•]

• 기혼인 경우 부부가 따로 세금 신고를 하는 선택지가 있다. 그러나 이 경우 세금상 불이익은 상당하다. 세금 부담이 복제 인간 파트너가 공동신고를 하는 경우보다 훨씬 높기 때문이다.

주별 소득세와 소득관련월조정액 세금에도 복제 인간과의 결혼에 불리한 조항이 있다. 소득관련월조정액은 소득에 대한 과중한 추가 요금 비슷한 것으로 기혼자의 메디케어 B 파트 보험료에 붙는다. 소득관련월조정액은 당신의 2년 전 변경후조정총소득을 기반으로 산정된다. 기이해 보이겠지만 그게 현실이다. 소득관련월조정액이 고소득 기혼자를 다루는 방식 또한 결혼을 했다는 이유로 고소득 가구에 과세한다는 면에서 기이하지만 역시 현실이다.*

미국 세제의 기괴함은 다수 연방 및 주의 여러 보조금 프로그램들, 즉 SNAPSupplemental Nutrition Assistance Program**, 메디케어, 오바마케어 보조금, 복지수당, 주택보조금, 양육보조금, 사회보장급여 등에 비하면 별것도 아니다. 이 프로그램이 제공하는 보조금 대부분은 혼인 여부에 따라 크게 달라진다. 다시 말해 두 복제 인간(특히 저소득 복제 인간)이 결혼하는 경우 둘은 보조금의 대부분은 아니라도 일부를 잃는다. 미국 저소득층에게 지원 프로그램은 100퍼센트 혹은 그 이상의 결혼세를 발생시킬 수 있다. 그렇다 해도 가장 큰 복지 프로그램─사회보장급여─은 실제로 결혼 후 10년 이상 지나 이혼했을 때만큼이나 결혼을 했다는 이유로 추가 수당을 제공하기도 한다. 3장에서 논의한 배우자급여, 이혼배우자급여, 유족(배우자)급여, 이혼유족(배우자)급여

---

* 미혼인데 2년 전 변경후조정총소득이 50만 달러 이상이라면 메디케어 B 파트 보험료 가 7500달러 가까이 높아진다. 기혼자인데 2년 전 변경후조정총소득이 75만 달러라면 본인과 배우자는 미혼이고 이 부부 총소득의 절반을 초과하는 액수(50만 달러)를 번 사람과 같은 보험료(7500달러)를 각자 따로 내야 한다.

** 미국의 대표 공적부조 중 하나로 저소득층을 위한 식품 지원 프로그램─옮긴이

를 말한다.*

좋다. 자신과 결혼하면 재무 측면에서 장점과 단점이 있다. 최종 결과는? 글쎄, 뉴멕시코주에 사는 30세 피터를 생각해보자. 피터는 연봉 5만 달러를 받고 있고 67세에 은퇴할 예정이다. 자녀는 없다. 보유한 주택 가격은 15만 달러. 연간 재산세와 주택보험과 유지비 총액은 각각 1500달러, 750달러, 750달러. 피터는 30년 상환 금리 3퍼센트 주택 대출금을 갚고 있고 그 금액은 집값의 80퍼센트에 해당한다. 집을 제외하고 피터는 월급의 3퍼센트를 401(k)에 납입하기 시작했다. 고용주도 같은 비율의 돈을 납입할 예정이다. 현재 그의 유동자산은 1만 6666달러, 연봉 수입의 3분의 1 정도다.

이제 피터를 그의 복제 인간 피터와 결혼시켜보자. 두 피터는 똑같은 집 한 채에서 둘이 살기 때문에 결혼으로 각 피터가 누리는 주거 서비스 이득은 변하지 않는다. 그러나 함께 살기 때문에 둘이 갚아야 할 주택 담보대출금은 집 한 채의 대출뿐이다. 또 재산세, 주택보험료, 유지보수비도 한 채 값만 내면 된다. 마지막으로 두 집 중 한 채를 매각해 그 돈을 함께 쓰면 되니 매각한 집에 갇혀 있던 자산가치도 뽑아낼 수 있다. 이들이 사는 집을 앞으로 생길 아이 둘에게 상속할 계획이라고 가정해보자. 피터와 피터, 아버지와 판박이인 아이들이다.

주택을 매각한 돈을 챙겼으니 이제 둘의 재량지출—이들이 재화

* 이런 급여는 사실혼을 인정하지 않는 대다수 주에 사는 장기사실혼 관계의 부부에게는 적용되지 않는다. 사실혼을 인정하는 주에 사는 부부조차도 이 급여를 받을 자격은 없다. 이들이 거주하는 주 정부가 명시해둔 급여 수급 요건들은 제약이 많아 사실혼 관계 부부는 충족하지 못하기 때문이다.

와 서비스를 구매하여 누리는 것 전부—과 관련된 생활수준은 어떻게 될까? 결혼하지 않았을 때 각 피터의 재량지출과 생활수준은 2만 5703달러였다. 결혼 후 이들의 생활수준은 3만 4792달러로 뛴다. 이는 피터 한 사람이 돈을 쓸 때 다른 피터가 공유 경제 덕에 어느 정도 혜택을 본다고 전제한 수치다. 다시 말해 3만 4792달러는 한 피터의 재량지출을 다른 피터가 일부 누릴 수 있을 때 결과적으로 각 피터가 누릴 수 있는 재량지출액의 환산값이다. 미혼인 피터와 기혼인 피터의 생활수준 격차는 35.4퍼센트다. 두 피터가 결혼은 하지 않고 동거만 하는 경우 격차는 35.8퍼센트로 약간 더 높아진다. 이 차이는 결혼에 부과되는 다소 적은 순 세금 때문에 나타난다.

두 피터가 결혼을 하든 동거를 하든 우리 주제는 돈이다. 자원을 공유하기만 해도 각 피터의 생활수준은 3분의 1 이상 높아진다. 최고의 공산주의인 셈이다. 물론 누가 설거지거리를 쌓아뒀느냐를 두고 전쟁을 벌이지 않는다면 말이다. 35.4퍼센트라는 수치는 두 사람이 두 주택을 하나로 합쳐 온전히 경제적으로 활용할 뿐 아니라 집을 하나로 줄여 생기는 다른 이득까지 누리는 장점의 산물이기도 하다.

다음으로 3×피터가 다른 3×피터와 결혼한다고 가정해보자. 이 경우 각 피터의 경제 변수는 세제곱이 된다. 그러면 결혼에서 오는 이득은 34.7퍼센트, 동거에서 오는 이득은 37.4퍼센트다. 따라서 순 결혼세는 1×피터보다는 3×피터에게 좀 더 큰 문제일 수 있다.*

---

* 순 결혼세가 더 올라가는 이유는 최저한세 때문이다. 고소득 가구에게 더 많은 영향을 미치며 복제 인간 결혼에서도 예외는 아니다.

2×피터가 2×피터와 결혼하면 어떨까? 결혼할 때의 이득은 34.3퍼센트, 동거할 때의 이득은 34.8퍼센트다.* 그리고 6×피터가 다른 6×피터와 결혼하면? 결혼으로 얻는 이득은 36퍼센트, 동거로 얻는 이득은 41.7퍼센트다. 이 차이는 결혼세에서 비롯된다. 부자들끼리 파트너가 되는 것이 더 나을 수 있음을 암시한다.

이제 핵심 교훈을 소개한다. 결혼을 하거나 동거를 하면 다른 모든 조건이 동일한 경우 당신과 동거인의 생활수준은 *3분의 1 이상* 높아진다. 예로부터 정식 결혼을 통해서든 아니든 거의 모든 사람이 결혼이나 동거 관계를 맺고 산 것은 이런 이유에서다. 공동주거 생활은 서로 죽이지만 않는다면 현실적으로 이득이다.

상향 결혼과 하향 결혼

만일 0.5×피터와 6×피터가 결혼해 두 사람이 6×피터의 집에 산다면 어떻게 될까? 0.5×피터의 생활수준은 미혼으로 남아 있을 때에 비해 다섯 배나 높아져 어마어마하게 향상된다. 그가 사는 주택의 질은 열두 배나 상승한다. 자신과 똑같은 0.5×복제 인간과 결혼했을 때에 비해 생활수준은 3.7배, 주택의 질은 여전히 열두 배 상승한다.

그렇다면 6×피터는 어떨까? 그는 타격을 입는다. 자신보다 가난

---

* 이 계산은 결혼할 때 저소득 가구가 겪는 이득의 손실은 포함하지 않는다. 따라서 결혼으로 얻는 이득은 몇 퍼센트 더 낮아질 수 있다.

한 상대를 돕느라 혼자 살 때에 비해 생활수준이 22.2퍼센트 하락하기 때문이다. 자신의 복제 인간과 결혼하는 것에 비해서는 42.8퍼센트 하락한다. 따라서 6×피터는 경제적으로 한참 떨어지는 상대와 사랑에 빠졌을 때 결혼을 재고하고 싶을 수 있다.

0.5×피터는 신데렐라가 되고 6×피터는 경제적으로 밑지는 결혼에 만족할 수 있을까? 물론 가능하다! 소득에 근거한 결혼이나 동거—다시 말해 부자는 부자끼리 결혼하는 것—의 견고한 증거가 존재하긴 한다. 교육도 마찬가지다. 교육 수준이 높은 사람은 교육 수준이 높은 사람과 결혼하는 경향이 있긴 하다. 그러나 보상격차가 그렇듯 사랑으로 극복할 수 없는 건 없다. 게다가 두 피터 중 한 사람이 더 부자일수록 자신보다 가난한 상대와 결혼하는 결정에 대한 우려는 줄어든다. 50×피터를 생각해보라. 그는 0.5×피터와 결혼하든 10×피터와 결혼을 하든 경제적 위험을 걱정하지 않는다. 그렇다. 그의 생활수준은 0.5×피터와 결혼하면 낮아지긴 하겠지만 그래도 스스로 인식조차 못할 만큼 여전히 높을 것이다.

그래서 트로피 남편과 트로피 아내가 존재하는 것이다. 이들은 평균 이하의 소득을 벌지만 결국 큰 부자와 결혼하는 사람이다. 트로피 배우자들은 다른 장점으로 경제적 부족함을 벌충한다. 당신 이야기는 아니라 해도 1964년 뮤지컬 〈마이 페어 레이디My Fair Lady〉를 각색한 영화를 보라. 아카데미 작품상을 탄 영화다. 오드리 헵번Audrey Hepburn이 연기한 코크니 출신의 꽃 파는 처녀 일라이자 둘리틀은 저명하고 유복한 음성학자 히긴스 교수를 만난다. 히긴스는 자신이 일라이자의 촌스럽고 투박한 억양을 고치고 어휘력을 향상시켜 일라이자가 출신을 들키지 않고 상류사회에 자연스레 섞여들게 할 수 있다는 내기를 한다. 물론 일라이자는 히긴스의 사랑을 얻는다. 그러나 그는 사교계 명사인 프레디 아인스포드 힐의 구애도 받게 된다. 일라이자를 놓고 벌이는 히긴스와 힐의 경쟁이 영화의 주요 소재다. 이로 인해 일라이자는 양다리를 걸칠 수 있게 되고 히긴스는 일라이자의 시장가격을 지불한다. 만일 히긴스가 자신이 보기에 '뭐라 말할 수 없이 좋은 것'의 주인인 일라이자와 오래 살고 싶다면 테이블에 뭔가 내놔야 한다.

일부 사람들은 이런 트로피식 관계를 경시한다. 이들은 돈으로는 진정한 행복을 살 수 없다고 역설한다. 충분히 맞는 말이고 공정한 의견이다. 그러나 정서적 지지와 헌신과 이해와 인내, 경청 능력 그리고 성공적인 배우자의 다른 모든 특징은 가난한 배우자의 전유물이 아니다. 억만장자에게도 이런 특징을 똑같이 보여줄 능력이 있을 수 있다. 부자를 부자라는 이유만으로 비난해서는 안 된다. 세상 물정에 밝은 사람 중 일부는 근면함과 끈기 덕에 혹은 많은 경우 은수저를 입에 물고 태어날 정도의 행운을 가진 덕에 부자다. 이들은 아침 점심 저녁에 캐비아 요리를 먹느라 그 많은 돈을 쓰기보다는 선한 일에 자신의 부를 이용한다. 그러나 이들이 돈으로 살 수 있는 것이라면 뭐든 펑펑 누리고 사는 것도 사실이다. 일라이자 이야기로 돌아가자면 이제 그는 누구에게도 이용당하거나 착취당하지 않을 수 있다.

피터 둘이 비슷한 소득을 벌고 있다 쳐도 소득이 더 낮은 피터가 양육을 맡아 하고 소득이 높은 피터가 일을 더 하는 편이 최선일지 모른다. 배우자 한쪽은 아이 양육을 전담하고 다른 쪽은 생계비를 버는 전통적 분업은 경제 관점에서 최적의 선택일 수 있다(물론 현대사회에서는 전통적 성별 분업에 따라 육아 노동과 돈벌이 노동을 분담해야 할 이유가 전혀 없다). 아이들이 어리고 보육비가 높다는 점을 감안하면 특히 그렇다. 실제로 미국의 많은 근로자에게 양육은 세후 소득을 초과하는 비용을 초래한다. 따라서 당신이 풀타임 양육자로 자신의 노동을 판다면 밖에서 버는 소득은 결혼 시장에서 당신의 가치에 큰 영향을 미치지 않을 수 있다. 이 경우 당신이 가난뱅이와 결혼할 확률이나 부자와 결혼할 확률 사이에는 큰 차이가 없다.

핵심은 이렇다. 배우자나 파트너를 찾고 있다면 당연히 당신보다 소득이 훨씬 높은 사람을 찾는 편이 좋다. 당신의 소득이 적다는 게 다른 사람에게 중요하지 않을 수 있다. 당신의 매력, 박식함, 코크니 지방의 악센트, 빛남, 친화력, 기지와 재치, 재능, 흥미, 다른 많은 것은 당신이 좋아하는 누군가에게 당신을 완벽해 보이게 할 수 있다.

손가락에 결혼반지를 끼라

결혼보다 동거가 주는 이득이 결혼과 동일하거나 오히려 더 큰데 왜 군이 결혼을 해야 할까? 결혼에는 동거와 비교해 세 가지 장점이 있다. 첫째, 이혼할 경우 소득이 더 낮은 배우자를 보호할 수 있다. 둘째, 소득이 더 적은 배우자가 받는 사회보장급여액이 더 높아진다. 셋째, 부부에게 닥칠지 모를 큰 위험을 완화할 수 있다.

첫 번째 이득인 배우자 보호는 이혼 위자료 지급 형식을 띤다. 위자료 문제는 7장에서 다시 논하겠다. 두 번째 장점인 기혼자에 대한 사회보장급여 이득은? 첫째, 결혼하고 9개월만 지나면 장차 유족(배우자)급여를 탈 자격이 생긴다. 게다가 결혼한 지 1년만 지나면 당신과 배우자는 배우자급여를 탈 자격을 얻는다. 그리고 10년 동안 결혼을 유지하면 이혼배우자급여와 이혼유족(배우자)급여를 탈 자격이 생긴다. 3장에서 사회보장급여 운영 방식을 논한 대로 배우자급여는 소득이 거의 없는 배우자 그리고 소득이 있어도 배우자보다 훨씬 적은 배우자에게만 유용하다. 반면 유족(배우자)급여는 소득이 높은 배우자(혹은 전 배우자)가 먼저 사망하는 경우 저소득(혹은 이혼한) 배우자에게 엄청나게 유용할 수 있다.

버사라는 가상인물을 예로 들어보자. 78세인 버사는 플로리다주에 거주하고 있고 다달이 사회보장급여 1500달러를 받으면서 자식들의 도움도 받고 있다. 버사는 90세 필과 데이트를 하고 있다. 필은 탐나는 결혼 상대다. 몸도 탄탄하고 지성도 갖춘 데다 근사한 스포츠카 미아타를 몰고 있고 보스턴 셀틱스를 응원한다. 가장 좋은 건 매달 버사보다 훨씬 더 많은 사회보장급여를 수령한다는 점이다. 무려 3000달러다. 90세치고는 꽤 높은 금액인데 필이 70세까지 기다렸다가 급여를 타기 시작했기 때문에 그렇다.

버사와 필은 5년째 연애 중이다. 둘은 아주 덥지 않으면 풀장에서 시간을 보낸다. 아니면 친구가 된 다른 커플과 카드놀이, 빙고, 독서 모임, 마작 등 여러 게임을 하며 지낸다. 버사는 필과 동거하길 원치 않는다. 필도 그렇다. 둘 다 사생활을 중시하기 때문이다. 하지만 필은 버사를 너무 사랑한다. 버사는 희극배우 지미 듀랜트Jimmy Durante 흉내를 내며 그를 웃게 만들고 그가 가장 좋아하는 필 옥스Phil Ochs라는 싱

어송라이터의 노래를 불러주는 사랑스러운 여인이다.

최근 필은 자신이 죽을까 봐 걱정이다. 버사가 스스로를 부양할 수 있게 해주고 싶다. 둘은 매달 급여를 합쳐 4500달러를 갖고 안락하게 살아왔다. 언젠가 필이 죽으면 버사는 익숙해져버린 생활방식을 어떻게 유지할까?

간단하다. 필은 그저 느릿느릿(아주 느릿느릿) 한쪽 무릎을 꿇은 다음 버사에게 결혼해달라고 청하면 된다. 또 하나, 필은 최소 9개월은 더 살아야 한다. 그 후엔 평화롭게 세상을 떠나도 된다. 버사가 필이 받던 3000달러 급여를 유족(배우자)급여로 받을 수 있게 돼 재정 안정을 찾으리라 안심할 수 있기 때문이다.*

필이 그동안 버사에게 청혼하길 꺼린 이유는 자식들에게 집과 금융자산을 물려주고 싶었기 때문이다. 버사도 자신의 재산을 자식들에게 물려주고 싶다. 그러나 이 문제는 조율하기 쉽다. 둘이 필요한 내용을 넣은 혼전계약서와 유언장을 작성하면 그만이다. 사회보장제도는 결혼 여부만 신경 쓴다. 해당자가 어디 살든 신경 쓰지 않는다. 필과 버사 모두 살던 집에 그대로 살아도 된다.

공식 결혼이 갖는 재무상 세 번째 장점은 위험을 분담할 수 있다는 점이다. 피터와 복제 인간 이야기를 다시 고려해보라. 이들이 정확히 똑같은 생활을 계속 영위하는 경우 결혼은 큰 도움이 되지 않는다. 그

---

* 사회보장제도는 이 3000달러가 버사의 사회보장 퇴직급여에 더해 유족(배우자)급여 초과분을 받는 것이라고 설명한다. 여기서 초과분은 필의 퇴직급여에서 버사의 퇴직급여를 뺀 금액과 같고, 결국 그 말이나 필이 받던 3000달러를 받는다는 말이나 똑같다.

러나 이들에게 문제가 생긴다고 생각해보라. 그러면 이들은 결혼 서약의 '아플 때나 건강할 때나'라는 표현이 재정적으로나 신체적으로 필요할 때 서로를 도와야 한다는 뜻임을 상기하게 된다.

피터 두 사람이 마주하는 위험은 우리 모두가 마주하는 위험과 다를 바 없다. 실업, 고소득 직장에서의 해고, 무보험 재산 손실, 연령차별, 장애 등이다. 결혼은 이 모든 위험에 대비책이 돼준다. 피터 한 사람에게 나쁜 일이 벌어지면 또 한 사람의 피터가 구해줄 것이고 그 반대도 마찬가지다. 예를 들어 피터가 실업자가 되면 해고당하지 않은 피터가 둘을 함께 부양한다. 두 피터는 심지어 각자를 유언 수혜자로 지정함으로써 장수 위험까지도 분담할 수 있다. 그 후 한쪽이 다른 쪽보다 오래 사는 경우 남은 사람은 사는 동안 지출할 수 있는 자원이 더 많아진다. 이는 집에 갇힌 자산가치를 풀어주는 계획이기도 하다. 유족은 사망자의 묶인 자산을 쓰게 될 것이기 때문이다.

두 피터가 결혼으로 받는 무료 보험의 가치를 합산하면 얼마나 될까? 다양한 연구 조사를 통해 산정한 내 추정치는 피터 한 사람에게 돌아가는 평생 소득의 3분의 1이다. 다시 말해 이들이 결혼을 통한 무료 보험을 들고 미래 평생 소득 중 3분의 1을 잃는다 해도 더 가난해지지는 않는다. 피터 두 사람이 동거만 유지해도 이 이득을 누릴 수 있을까? 확실하진 않다. 건강한 피터가 아픈 피터를 돌보고 아픈 피터가 임종 때 유언을 바꿔 재산을 건강한 피터에게 전부 남긴다 해도 동거인 피터는 결혼한 배우자 자격으로 신참 변호사에게 자신의 요구를 관철시킬 때보다 훨씬 더 힘든 시간을 보낼 가능성이 있다.

로즈의 건조한 아일랜드식 유머는 6장을 촉촉하게 해준다. 로즈
는 부유한 가문 출신으로 미국 대통령 존 케네디John F. Kenney의 아
버지 조 케네디Joe Kennedy를 사랑했기 때문에 그와 결혼했다. 이 결
혼은 쉽지 않았다. 로즈의 아버지 '허니 피츠Honey Fitz', 피츠제럴
드Fitzgerald는 보스턴 시장이었고 케네디 가문을 탐탁지 않아했기
때문이다. 조의 재산 상황이 나아지고 로즈가 로비를 하면서 아버
지는 딸에게 져주는 셈치고 결혼을 허락했다. 7년의 구애 끝에 둘
은 결혼했다. 이때 조의 재산은 어마어마하게 늘어나 있었다. 조
가 사망했을 때 로즈는 오늘날 시세로 억만장자가 돼 있었다. 실
제로 결혼 과정에서 돈을 좀 챙긴 셈이다. 이처럼 누군가와의 결
혼이나 동거는 당신의 물적 생활을 바꿔놓을 수 있다. 6장의 가장
중요한 핵심을 아래 요약한다.

■ 19세든 91세든 미혼이라면 당신은 아직 결혼 시장에 나와 있는

셈이다. 결혼 시장에 나와 있다는 것은 긴 시간 당신의 애정을 팔아 긴 시간 다른 사람의 애정을 산다는 뜻이다. 부자와 결혼하면 생활수준이 급격히 높아질 것이다. 반대로 가난한 사람과 결혼하면 생활수준이 떨어질 것임을 알고 있어야 한다.

■ 자신보다 경제 사정이 좋은 사람과 결혼하는 것은 큰 목표다. 물질적 행복을 좀 더 추구한다고 욕심쟁이가 되는 것도 아니고 가난한 사람을 찾아 결혼한다고 성인 대접을 받는 것도 아니다. 사랑을 찾을 때는 돈도 찾으라. 누가 돈 때문에 당신을 좋아한다면 불쾌해하지 말라. 돈도 당신이 갖춘 최고의 자질이니까.

■ 상대와 결혼할 때 당신이 사는 것은 배우자 될 사람의 실물 및 금융자산, 현재와 미래 소득 능력 그리고 현재와 미래 부채다. 이는 누구와 사랑에 빠질까 선택할 때 파악해야 하는 핵심 요소다.

■ 정식으로 결혼을 하든 동거를 하든 장기적인 공동주거 생활은 돈을 버는 최상의 플랜이다. 생활수준이 최소 3분의 1 더 높아진다.

■ 길게 볼 때 결혼이 동거보다 더 이득이다. 결혼하면 순 세금이 좀 더 높아질 수 있으나 내재된 보험 격의 가치 있는 이득이 많다. 소득이 상대적으로 낮은 배우자에게 사회보장급여도 더 챙겨줄 수 있다. 요즘은 결혼 하면 이혼을 떠올릴 만큼 이혼이 흔하다. 불완전하고 불확실하나마 이혼을 할 경우 이혼 위자료를 받을 수 있다는 점에서도 결혼은 재무상 보호책이 될 수 있다.

일곱 번째 머니 플랜

이혼에 관한 결정
:똑똑하게 이혼하라

결혼은 지성에 대한 상상의 승리다. 재혼은 경험에 대한 희망의 승리다.

– 오스카 와일드Oscar Wilde가 했다는 말

"그 인간하고는 못 살아, 그 사람 없이는 못 살아." 미국인과 결혼의 관계를 집약한 말이다. 하나부터 열셋까지 세어보라. 열셋을 셀 때쯤 천상에서 맺어진 또 한 건의 결혼이 지옥에서 끝난다(적어도 실패로 돌아간다).

결혼이라는 결합이 깨지는 비율을 수치로 보면 시간당 거의 300건, 하루 6000건 이상, 주당 5만 5000건, 매년 거의 250만 건이라는 결과가 나온다.[1] 미국인의 결혼 중 거의 절반이 암초에 걸려 이혼으로 끝난다. 연습을 해도 더 나아지는 것은 아니다. 재혼의 이혼율은 60퍼센트다. 세 번째 결혼의 이혼율은 73퍼센트다.

이 경악스러운 수치를 생각하면 누구도 최소한 처음에는 자신이 이혼하리라는 생각을 하지 않는다는 게 놀라울 정도다. 결혼식 날 아무 신혼부부나 붙잡고 이혼을 예상하는지 물어보라. 그렇다고 대답하는 커플은 하나도 없을 테니. 경제학자들은 이를 '불합리한 기대'— 진실이 아니라고 다 알고 있으면서도 다 같이 믿는 것—라 부른다. 불합리한 기대는 삶의 모든 영역에서 넘쳐난다. 대학 신입생에게 자신이 기대하는 성적을 물어보라. 하나같이 자신의 성적 평균이 실제 평균보다 나으리라 예상한다. 주식투자자에게 예상수익을 물어보라. 대답 평균은 역대 평균을 초과할 것이다. 미국인에게 자신이 평균보다 똑똑한지 물어보라. 3분의 2는 그렇다고 대답한다. 영화배우이자 시나리오작가인 개리슨 케일러Garrison Keillor가 미국 공영방송 NPR에서 수십 년간 장수시킨 프로그램 〈프레리 홈 컴패니언 A Prairie Home Companion〉서두에서 "위비곤호수 Lake Wobegon˚에 오신 걸 환영합니다. 이곳에서 여성은 다 강하고 남성은 다 잘생겼으며 아이들은 죄다 평균 이상이거든요"라는 말로 과도한 낙관주의를 완벽히 포착했다.

이혼에 관해 알려줄 첫 번째 비밀은 당신 자신이 평균치보다 나을 게 없으리라고 가정하는 것이다. 그것이 엄연한 진실이니까.

나도 이혼할 것이라고 가정하라.

˚ 케일러가 1970년대 진행한 미국 라디오 쇼의 가상공간. 이 마을의 모든 사람은 매력적이고 똑똑하다. 자신이 평균보다 더 낫다고 믿는 일반적 오류를 가리키는 '위비곤호수 효과'라는 말이 여기서 유래했다—옮긴이

암울한 조언이긴 하다. 특히 나 같은 결혼 지지자가 한 조언이니 더욱 그렇게 느껴질 것이다. 바로 앞 장에서 결혼이 지닌 재무 이득을 옹호하는 데 온 힘을 쏟았는데! 하지만 이혼 통계는 거짓말을 하지 않는다. 결혼은 위험한 사업이다. 상황이 위험해지면 우리는 대체로 최악의 시나리오에 초점을 맞춰 문제를 피하거나 완화하기 위한 조치를 취한다. 자동차보험, 의료보험, 주택보험, 생명보험에 드는 것도 이런 이유에서다. 방어적으로 운전하고 건강한 음식을 먹고 집의 배선 상태를 살피고 길을 건너기 전에 좌우를 살피는 것도 이런 이유에서다. 결혼에서 예상되는 최악의 시나리오는 영구 결별, 즉 이혼이다. 이 장에서는 이혼에 대비해 가능한 한 우리 자신을 보호하는 방법을 논의할 것이다. 하지만 지금은 더 근본적인 질문부터 다뤄보자. 이혼은 정말 할 만한 가치가 있을까?

배우자를 이혼할 만큼 미워하는가

수많은 이혼은 화해 불가능한 차이에서 비롯된다. 신체적 매력은 중요하다. 이혼의 25퍼센트는 상대의 불륜, 친밀감 부족, 배우자 외모에 대한 싫증이 원인이다. 또 다른 25퍼센트 원인은 돈 문제, 중독 그리고 학대다. 나머지 50퍼센트는 너무 이른 나이에 혹은 잘못된 이유로 결혼하는 등 일반적인 합의 부족이 원인이다.

분명 어떤 유의 학대든 결혼 관계에서 학대가 일어나고 있다면 학대를 겪는 배우자는 결혼이라는 배에서 일찌감치 뛰어내려야 한다.

언어폭력, 신체 학대, 정서 학대 모두 받아들여서는 안 된다. 그게 아니라면 자신이 뭘 바라는지 신중하게 생각하라.

이혼은 재무 관점에서 지구에서 가장 파괴력이 강한 힘에 속한다. 반짝이는 뭔가 다른 것 때문에 약혼자를 떠나려 한다면 그 반짝이는 게 진짜 금인지 확인해야 한다. 그리고 당신이 가진 것이 충분하기 때문에 상대를 떠나는 것이라면 상대를 떠남으로써 충분함이 결핍되지는 않을지, 다시 말해 자신의 생활수준을 유지할 돈이 이혼으로 없어지진 않을지 잘 따져봐야 한다.

관계를 끝내기 전에 상대에 대한 미움이나 반감에 값을 매겨보라. 더 구체적으로 말해 사랑하는 사람을 사라지게 하기 위해 당신 자신이 현재 누리고 있는 생활수준 중 얼마만큼을 희생할 맘이 있는지 자문해보라.

이에 대한 대답이 30퍼센트라고 가정해보자. 집, 휴가, 식당 밥, 오락, 의복, 자동차, 의료, 치석 제거, 시가, 매니큐어와 페디큐어 등 모든 것의 양과 질 면에서 30퍼센트 소비를 줄일 준비가 돼 있다고 가정해보자는 말이다. 생활수준의 30퍼센트 하락은 작지 않다. 그래, 알겠다. 당신 배우자는 정말 끔찍하다. 그러니 그 정도 희생은 감수할 만하다. 하지만 이혼이 생활수준을 35퍼센트 하락시킨다면 어쩌겠는가? 그때는 그 끔찍한 배우자와 함께 사는 편이 갈라서는 것보다 낫다. 반면 이혼으로 생활수준이 19퍼센트 정도 하락하리라 예상한다면 이혼에 수반되는 희생은 당신이 감내해야 할 35퍼센트 하락의 희생보다는 낫다. 이때는 이혼하라!

즉, 결혼 서약을 내다버리기 전에 해야 할 일이 있다.

이혼의 비용편익분석을 꼼꼼하게 하라.

이혼의 비용과 편익을 체계적으로 생각하라니 도저히 불가능한 소리로 들릴지 모른다. 도대체 누가 결혼이라는 신성한 유대 관계의 가치가 고작 결혼 생활수준의 정확히 30퍼센트를 희생하는 만큼이라고 확정 지을 수 있단 말인가? 그 경계선이 왜 22퍼센트나 39퍼센트면 안 되는가?

이혼의 편익을 평가하는 일은 당신이 구할 직장, 쌓아나갈 경력, 살 집, 빌려 탈 자동차 혹은 구매할 코트와 근본적으로 다르지 않다. 자신의 선호도를 적용하면 되는 문제라는 점에서 그렇다. 그 아름다운 빨강 모직 코트가 정말 가격표에 달린 대로 300달러의 값어치를 할까? 그 코트를 산다면 답은 '그렇다'이다. 사지 않는다면 답은 '아니다'이다. 당신의 결정은 그 코트 자체, 코트 가격, 자금 상황을 기반으로 한 것이며 당신은 자신의 느낌과 다른 요인을 통합해 코트를 구매할지 말지 판단을 내린다. 의식하든 못 하든 그 코트를 소유하는 데서 오는 정확한 편익을 코트 가격과 비교하는 셈이다. 당신은 단순한 질문 하나를 던져 그 코트의 가치를 결정한다. *내가 저 코트를 사는 데 지불할 의향이 있는 최고가는 얼마인가?* 이혼의 가치를 매길 때 이 질문은 다음처럼 바뀐다. *이 결혼에서 벗어나기 위해 내가 지불할 의향이 있는 최고 비용은 얼마인가?*

당연히 결혼을 벗어나 자유를 되찾는 일의 가치는 코트 따위와는 비교도 되지 않는다. 아이가 있을 때는 더더욱 그렇다. 아이들은 이혼에 긍정적 영향을 받을까, 부정적 영향을 받을까? 심리학자들은 이혼한 부모의 아이는 부모가 싸움을 멈추는 경우, 부모가 헤어져도 아이가 부모를 만날 수 있는 경우, 헤어진 부모가 이혼 후 행복할 경우, 각 아이가 신체적·경제적으로 안전하고 편안할 경우 잘 지낸다고 보고한다. 아이들에게 끼치는 이혼의 영향에는 많은 조건이 붙어 있는 셈이다. 그럼에도 불구하고 이혼 가정 부모 대부분은 자기 아이들이 *괜찮을* 것이라고 말한다. 아이들은 적응할 것이며 회복탄력성이 좋을 것이며 결혼 관계의 긴장과 갈등이 사라져 오히려 더 행복할 것이라고 장담한다. 평균적으로 그럴 수 있다. 그러나 중요한 것은 평균이 아니라 개별 가정의 자녀가 보이는 반응이다. 이혼 가정의 자녀는 성적이나 친구 관계에서 곤경에 빠질까? 불안이나 우울, 알코올 문제나 마약중독 문제를 겪을까? 자녀가 있는 가정에서 이혼을 결정할 때는 좋은 시나리오든 나쁜 시나리오든 아이들의 복지를 이혼 당사자의 복지 못지않게 방정식에 대입해 평가해야 한다.

이혼으로 자녀들이 받는 영향까지 포함해 30퍼센트 이상의 생활수준 하락을 초래하지 않으면 이혼을 결정하기로 확정했다고 치자. 이제 당신은 그 비용을 측정해야 한다. 그러려면 우선 공동주거의 경제성을 신중하게 생각해야 한다.

공동주거의 경제성과 이혼 비용의 상관관계

최상의 공동주거 시나리오로 시작해보자. 당신과 배우자 더글러스, 일명 끔찍한 남편은 같은 집에서 생활할 경우 한 사람분의 저렴한 생활비 정도로 살 수 있다. 결혼을 유지한 상태에서 두 사람이 쓰는 한 푼 한 푼은 둘 다에게 똑같이 이득이다. 더글러스가 셔츠를 사면 같이 입을 수 있다. 당신이 자동차를 사면 그도 몰고 다닐 수 있다. 사과를 사서 먹으면 더글러스도 어쨌거나 같은 사과를 먹는다(더글러스는 사과를 싫어한다. 이혼하고 싶은 이유 중 하나다).

이혼했을 때의 생활수준을 추산해 결혼 상태의 생활수준과 비교하는 방법은 무엇일까? 이 경우 산수는 쉽다. 더글러스와 당신이 함께 쓰는 돈이 1년에 10만 달러라고 가정해보자. 물가 상승률을 고려해 계속해서 그 정도를 쓴다고 가정하는 것이다. 이는 결혼 생활을 하는 동안 부부 각자의 생활수준이 10만 달러라는 뜻이다. 왜냐고? 더글러스의 소비가 당신 소비고 당신 소비가 더글러스의 소비이기 때문이다. 그러나 이혼을 하면 공유가 중단된다. 당신이 더글러스에게서 받은 금액과 더글러스에게 준 금액의 차액을 포함해 이혼 후 남은 자금으로 매년 4만 5000달러가량 소비를 할 수 있다고 가정해보자. 이혼이라는 문을 통과해 나가는 순간 당신의 지속 가능한 생활수준이 10만 달러에서 4만 5000달러로 떨어진다는 뜻이다. 생활수준 55퍼센트 하락은 엄청나다. 더글러스와 결별하기 위해 포기할 수 있는 최대한이 35퍼센트 하락이었는데 사실 55퍼센트나 생활수준이 하락한다면 당신은 그와 끝까지 싸워야 한다.

물론 현실 세계에서 한 사람의 생활비로 두 사람이 사는 것은 불가능하다. 더글러스의 발 사이즈는 당신과 다르다. 옷도 같이 입을 수 없다. 그가 뭐라 말하든 당신은 그와 사과를 나눠 먹을 수 없다. 차도 같이 탈 수 없다. 각자 운전해서 직장으로 가기 때문이다. 공유할 수 없는 것은 이 외에도 많다. 따라서 당신과 더글러스의 생활비 절약 수준이 한 명까지는 아니고 1.5명분이라고 가정해보자. 이 경우 10만 달러를 1.5로 나누면 결혼 생활 동안 부부 각자의 생활수준을 6만 6666달러로 추정할 수 있다. 공동으로 벌어서 공동으로 쓴 돈은 10만 달러지만 공동생활의 경제성을 감안하면 1인당 생활수준이 6만 6666달러가 된다는 말이다. 이제 당신은 결혼했을 때의 생활수준 6만 6666달러를 이혼해서 혼자 살 때의 생활수준 4만 5000달러와 비교하면 된다. 이 정도면 32.5퍼센트 정도의 하락이다. 35퍼센트보다는 적으니 "잘 가, 더글러스!"라고 말해도 좋다.

당신이 생각하는 적정 공동생활지수는 얼마인가? 집을 온전히 공유한다고 가정하고 집에 들어가는 경비를 1이라고 하겠다. 집과 관련 없는 모든 지출 경비는 내 생각엔 1.6 정도가 합리적이다. 그러니 결혼했을 때의 생활수준을 계산하기 위해서는 (a) 주택 경비를 구하고 (b) 거기다 그 외 경비를 1.6으로 나눈 값을 더하라.°

더글러스와의 이혼 이야기로 돌아가자. 결혼했을 때 지출 10만 달러 중 3분의 1─3만 3333달러─이 귀속지대라고 생각해보자. 그 값에다 집 경비 이외 비용(6만 6666달러)을 1.6으로 나눈 값 4만 1666달러를 더하라. 그러면 7만 5000달러가 나온다. 이것이 현재 결혼 상태의 생활수준이다. 이혼했을 때 생활수준이 4만 5000달러가 된다면 생활수준은 40퍼센트 하락하는 것이다. 이제 어떻게 해야 할까? 이 정교

° 셋집이라면 주택 경비는 집세와 공과금을 더한 값이다. 자가라면 귀속지대(5장에서 귀속지대 계산법을 참고하라)와 공과금을 더한 값이다.

한 계산을 바탕으로 하면 이혼이라는 타격은 당신이 감당하기엔 지나치게 크다. 그러니 작별은 "잘 가, 더글러스"라는 인사에 고해야 한다. 결혼은 유지해야 한다. 아닌 게 아니라 최선을 다해 결혼 서약 갱신 의식을 치르고서라도 결혼을 유지해야 한다.

교훈은 다음과 같다.

공동생활의 경제성을 주의 깊게 따져 이혼 비용을 산출하라.

이제 경고 하나. 이혼을 하면 재혼할 확률이 25퍼센트는 된다. 그러면 공동생활을 파탄 냄으로써 잃었던 경제성을 회복할 수 있다. 그러나 기억할 점 또 하나는 재혼을 유지할 확률이 60퍼센트밖에 안 된다는 것이다. 이는 오랜 기간 결혼을 유지하고 있을 확률은 15퍼센트밖에 안 된다는 뜻이다. 재혼은 확실하지 않으니 안전하게 쭉 미혼으로 살 계획을 세우는 것이 좋다.

이혼 위자료는 얼마가 적당할까

이 장 전체의 중요한 목표는 이혼이 재무 면에서 똑똑한 선택인지 여부를 당신이 판단할 수 있도록 돕는 것이다. 당신이 그만둬야 하는 결혼 생활을 유지하지 않게 하기 위해, 유지해야 하는 결혼 생활을 그만두지 않게 하기 위해 애쓰고 있다. 이혼을 하든 결혼을 유지하든 가치보다 비용이 더 큰 뭔가를 사지 않으면 부자가 된다.

이혼이라는 딜레마의 세계에 들어온 걸 환영한다. 당신은 이혼이 도움이 되는지 아닌지 알 수 없다. 본인이 이혼 위자료(아동 양육과는 별개로 한 배우자가 상대 배우자에게 지불해야 하는 돈, 사적으로 협상하거나 이혼법령에 지정된 대로 지불해야 하는 돈)를 얼마나 받을지 알기 전까지는 그렇다. 하지만 이혼 위자료를 얼마나 받을지 알려면 이혼을 해야 한다. 당신이 클로이라고 생각해보자. 클로이는 아이를 돌보고 가정을 유지하면서 남편 해리가 공부를 마치고 좋은 직장을 지킬 수 있도록 내조하느라 젊은 시절을 다 보냈다. 이제 결혼 생활 25년 차인데 고소득자 해리가 더 나은 사람을 찾았다며 결혼을 끝내자고 한다. 클로이가 기대할 수 있는 위자료는 얼마나 될까?

이혼 시 받을 수 있는 위자료는 미국 내 어느 주, 심지어 어느 카운티에서 이혼하느냐에 따라 달라진다. 이혼 위자료와 양육비를 관장하는 연방법은 없다. 이 문제는 주와 지역법에서만 다루기 때문이다. maritallaws.com을 살펴보라. 주의 법률은 대개 이혼 위자료가 결혼 기간, 배우자 간 소득 격차, 결혼 생활 기간 동안의 생활수준, 자녀 양육권, 양육비 등을 고려해야 한다고 말한다. 그러나 이런 법률은 대략 가이드라인만 제시할 뿐 이혼 위자료를 정하는 정확한 공식은 알려주지 않는다. 결국 각 주는 이혼 위자료가 정당한지, 그렇다면 어느 정도가 적당한지 판단하는 일을 주 가정법원 판사에게 일임하고 있다. 그렇다 해도 이혼 중 95퍼센트가량은 법정 밖에서 합의에 이른다. 법정 비용이 높고 판사도 결국 정확한 법률이나 판례보다는 주의 규정에 의거해 이혼 위자료를 정해주리라는 인식이 높기 때문이다.

대체로 이혼 위자료 규정은 결혼 기간에 얻은 자산과 부채를 50 대

50으로 분할하는 내용을 담고 있다. 그러므로 이혼할 배우자가 당신이 모르는 사이 엄청난 채무를 누적해놨다면 당신도 산더미 같은 빚을 부담하게 될 수 있다. 또 하나의 규정은 결혼 기간이 길수록 이혼 위자료 지급 기간도 이에 비례해 길어질 수 있다는 것이다. 일부 주는 다른 주보다 이 문제에서 이혼 위자료를 받는 당사자에게 훨씬 관대한 판결을 내린다.

당신이 이혼 위자료를 받는 쪽이라면 다른 사람과 재혼하거나 동거할 경우 새로 만난 상대의 소득이 얼마가 됐든 기존에 받던 이혼 위자료가 갑자기 끊길 수 있다는 점에 유의하라. 실제로 재혼을 하면 당신은 이중 타격을 입을 수 있다. 이혼 위자료도 끊어지고 사회보장 이혼배우자급여도 받지 못하기 때문이다.* 더 나쁜 가능성은 60세 전에 결혼하거나 전 배우자가 사망한 다음 결혼하면 사회보장 이혼유족(배우자)급여를 받지 못한다는 것이다. 이혼한 배우자 및 유족(배우자)에 대한 사회보장급여의 재혼 관련 제약은 3장에서 언급한 대로 사회보장제도의 심한 성차별 혜택 조항에서 비롯된 면이 있다. 이혼 위자료는 위자료를 주던 전 배우자가 은퇴를 결정했을 때도 지급이 중단될 수 있다. 이는 이혼 합의나 법원이 명령한 이혼 합의 변경 사항에서 당신이 동의한 내용에 달렸다. 이를 비밀로 요약하면 다음과 같다.

동거로 인해 이혼 위자료 지급이 중단될 수 있다. 재혼은 이혼

---

* 재혼으로 잃는 이혼 배우자의 사회보장급여 수급권은 새 배우자와 이혼하거나 새 배우자가 죽으면 회복된다.

위자료뿐 아니라 사회보장 이혼배우자급여까지 중단시킨다. 60세 전에 재혼하면 사회보장 이혼유족(배우자)급여를 받지 못한다.

이혼 위자료로 기대할 수 있는 금액은 어느 정도일까

당신이 받을 수 있는 이혼 위자료 금액은 주마다 천차만별이다. 매사추세츠주부터 시작해보자. 매사추세츠주는 2011년 새 이혼 지침을 제정했다. 현재는 미들섹스 유언 공증·가정법원Middlesex Probate and Family Court에서 은퇴한 판사인 에드워드 긴즈버그Edward M. Ginsburg가 반포한 전설적인 긴즈버그법Ginsburg formula 일부를 바탕으로 한 지침이다. 매사추세츠주 법률은 일반(정기)위자료general term (periodic) alimony, 재활위자료rehabilitative alimony, 배상위자료reimbursement alimony, 과도기위자료transitional alimony 등을 제공한다.[2]

일반(정기)위자료는 우리 대부분에게 익숙한 것으로 배우자가 영구적으로까지는 아니더라도 일정 기간 동안 다른 배우자에게 정기적으로 지급하는 돈이다. 재활위자료는 단기위자료로 이혼한 배우자가 소득 능력을 키우도록 도울 목적에서 제공한다. 배상위자료는 한 배우자가 경력을 쌓는 동안 다른 배우자가 자신의 경력을 포기한 것과 같은 특별한 희생을 배상해주는 위자료다. 과도기위자료는 단기결혼에서 소득이 더 낮은 배우자가 결혼 이전에 살던 장소와 주거지를 회복하도록 도와주는 것이다.

매사추세츠주 법률이 해리와 클로이 부부에게 제시하는 지침을 살펴보자. 둘 다 60세고 25년 동안 결혼 생활을 훌륭히 해왔다. 둘에게 자식은 없다. 지난주 해리는 폭탄선언을 했다. 다른 사람과 사랑에 빠져 이혼을 원한다는 것이다. 해리는 12만 5000달러를 벌고 클로이는 2만 5000달러를 번다. 이들이 자산을 나눌 것이라고 가정하고 매사추세츠주 지침은 클로이에게 둘의 소득 차이인 10만 달러의 35퍼센트에 해당하는 위자료 3만 5000달러를 주라고 한다.

텍사스 같은 다른 주는 3분의 1, 3분의 1, 3분의 1 규칙을 참고한다. 이들은 해리와 클로이의 수입을 합산한 다음 세금으로 3분의 1을 제하고 해리에게 3분의 1을 준 다음 나머지 3분의 1을 클로이에게 준다. 그 결과 클로이의 위자료는 15만 달러의 3분의 1인 5만 달러에서 클로이의 소득 2만 5000달러를 뺀 값, 2만 5000달러가 된다. 매사추세츠주 위자료보다 29퍼센트 더 적다. 긴즈버그법은 이 경우 4만 1667달러를 위자료로 산출한다. 미국결혼변호사협회American Academy of Matrimonial Lawyers는 자체 규정이 있다. 해리의 위자료 지급액은 3만 2500달러다. 애리조나주의 마리코파 카운티에서는 위자료가 2만 8500달러다. 캘리포니아주 샌타클래라 카운티에서는 3만 달러, 캔자스주 존슨 카운티에서는 2만 3500달러가 적정액이라고 판단한다.

다음 요점을 교훈으로 삼기로 하자.

공정한 이혼 위자료를 받고 싶은가? 거주할 주나 카운티를 신중하게 정하라.

또 하나, 결정은 빨라야 한다. 해리와 클로이가 텍사스주에 사는데 클로이는 매사추세츠주에서 이혼하고 싶다면 매사추세츠주에 거주지를 정해야 하고 그 시간이 1년은 소요되기 때문이다. 그때조차도 해리는 여전히 텍사스주에 살 수 있기 때문에 이미 텍사스주에서 이혼 신청을 했거나 하려고 할 수 있다. 이 경우 두 주 판사는 이혼이 어디서 이뤄질지 공동으로 결정한다. 부부가 가장 오래 공동생활을 한 주가 선택될 가능성이 있지만 가능성은 어디까지나 '가능성'이다. 능력 좋은 변호사라면 어떤 묘안을 내서라도 다른 답을 얻어낼 것이다.

이혼 위자료는 언제까지 받을 수 있을까

이혼 위자료를 받을 수 있는 기간은 얼마나 될까? 해리와 클로이가 매사추세츠주에 살고 있다는 가정으로 돌아가보자. 매사추세츠주 지침에서 이혼 위자료는 결혼 기간이 6년 미만이면 결혼 기간의 50퍼센트에 해당하는 기간, 결혼 기간이 6~10년까지면 60퍼센트, 10~15년까지면 70퍼센트, 15~20년까지면 80퍼센트, 20년을 초과하면 영구적으로 지급해야 한다. 그러나 영구적으로 지급하는 위자료는 실제로 영구적이진 않고 해리가 사회보장급여를 받는 은퇴연령에 도달할 때까지다. 따라서 소득이 더 높은 배우자와 이혼하기까지 기다리는 햇수에 따라 향후 위자료를 받을 수 있는 기간도 달라진다.

만기은퇴연령은 67세이므로 해리는 27년 동안 위자료를 지급해야 한다. 27년에 매년 지급해야 하는 위자료 3만 5000달러를 곱하면 매사추세츠주 지침에 따라 해리가 지급해야 하는 평생의 위자료는 87만 5000달러다. 그러나 해리와 클로이가 텍사스주에 산다면 결혼 기간 5년 미만은 위자료가 전혀 없다. 결혼 기간이 10~20년이라면 위자료는 5년, 20~30년이라면 7년, 30년 이상이라면 10년만 지급하면 된다. 해리와 클로이는 25년간 결혼 생활을 했으니 해리는 7년만 위자료를 지급하면 된다. 2만 5000달러에 7년을 곱하면 17만 5000달러다. 따라서 이 부부가 텍사스주에서 이혼하면 클로이는 평생 위자료로 매사추세츠주에서 받는 금액의 5분의 1밖에 받지 못한다!

해리와 클로이가 결혼하고 9년하고도 364일 동안 살다가 정식 이혼을 했다고 상상해보자. 이혼배우자급여, 더 나아가 이혼유족(배우자)급여를 타는 데 필요한 요건인 10년에서 하루 모자라는 기간이다. 그러면 클로이는 변변찮은 텍사스주 위자료에, 평생 타는 사회보장급여도 형편없이 낮아진다.

여기서 중요한 교훈은 다음과 같다.

이혼 시기는 너무 이르거나 늦으면 안 된다.

배우자가 재혼을 원하지 않는 한 이혼할 때 사회보장에 관한 법적 의무는 피할 수 없다. 클로이가 향후 이혼배우자급여를 탈 자격을 갖추려면 이혼을 10년 동안 미루기 위해 노력해야 한다. 이혼을 좀 미뤄서 하면 위자료 금액과 지급 기간 역시 늘어난다. 한편으로는 이혼 과정을 서둘러야 할 수도 있다. 위자료를 더 오래 받기 위해서다. 7년 후면 해리가 67세가 되기 때문이다.

해리 역시 10년을 기다렸다가 이혼해야 할 동기가 있다. 클로이에게 도움이 되는 것은 무엇이든 해리가 장차 전 아내를 부양하는 데 느낄 압박을 덜어줄 테니 말이다. 그러나 다른 한편으로 해리는 자신이 지급해야 할 위자료를 줄이기 위해 가능한 한 빨리 이혼하고 싶을 수도 있다.

결혼이 이혼으로 끝나는 데 걸리는 기간은 평균 8년 정도다. 이혼 중 약 12퍼센트는 결혼 후 5년 이내에 발생한다. 이혼 중 약 4분의 1은 첫 10년 이내에 일어난다. 따라서 이혼자 중 거의 25퍼센트는 장기적으로 받을 수 있는 이혼배우자급여 그리고 유족(배우자)급여를 포기한다. 십중팔구 이들은 사회보장급여를 받을 수 있다는 사실조차 모르고 있을 것이다.

비싸고 위험한 이혼 변호사

이혼을 결정하는 즉시 법적 공방에 대비하느라 변호사를 선임하고 배우자 또한 똑같이 한다면 고용된 모든 변호사가 신이 나서 두 손을 비벼댈 것이다. 당신은 그들에게 전쟁에 나설 센 인센티브를 제공한 셈이다. 분쟁 기간이 길어질수록 변호사들은 더 많은 비용을 청구할 수 있다. 그리고 수개월이나 수년 후 이혼으로 당신이 입는 막대한 재정 손실은 천문학적 법정 비용 때문에 더욱 증가할 것이다. 결국 당신의 난타전은 가정법원에서 끝이 나고 그곳에서 판사는 근본적으로 무엇이 공정한 위자료 합의인지 판결을 낼 무한한 힘을 가진다.

판사들은 특정 배우자 편을 들 수 있고 실제로 들기도 한다. 판사도 다른 모든 사람과 마찬가지로 국수주의, 인종차별, 종교적 편견, 정치 편향성을 비롯해 다양한 편견이 뿌리 내리고 있는 사람이다. 판사 앞에 나서면 그는 증거 조사 절차와 직접 심문을 통해 당신의 소득, 자산, 지출 습관, 도박, 보톡스 시술, 케이블 시청, 음주 습관, 혼외 관계, 건강 상태, 양육 능력, 경력을 비롯해 당신과 배우자에 관해 모든 것을 알게 될 확률이 높다. 당신이 사생활로 지켜야 할 것이 무엇이든 조금도 개의치 않는다.

만일 당신이 주말마다 비싼 컨트리클럽에서 골프를 치면서 배우자와 아이들을 등한시했다면 판사는 당신이 나쁜 인간(분명히 그렇다)이라고 판단하고 위자료를 더 지불하라고 판결하거나 받을 위자료를 줄일 수 있다. 판사가 보기에 당신이 배우자에 비해 과도한 액수의 돈을 옷과 개인용품과 스파 비용으로 썼다면 위자료 판결에서 손해를 볼 수 있다. 일부 판사는 그저 당신의 외모나 스타일, 태도 혹은 정말로 당신의 직업을 탐탁지 않게 여길 수도 있다.

몇 년 전 나는 아주 가까운 친구 둘이 이혼을 하는 통에 우울한 재판에 참석한 적이 있다. 남편은 경제학자였고 아내는 변호사였다. 둘 중 누군가의 편을 들러 간 것은 아니었다. 두 사람 중 하나가 내게 와서 정신적 지원군이 돼달라고 간곡히 청했기 때문이었다. 재판은 최고의 (그리고 고가의) 변호사들이 중재한 개별 및 연석회의를 포함한 절차를 거쳐 이혼소송 1년여 후에 열렸다.

판사는 남편을 증인석에 세우는 즉시 직업을 물었고 그가 하버드 로스쿨에서 법경제학을 가르친다는 것을 알고 나서는 갑자기 화가 난 것 같았다. 그는 경제학자들을 좋아하지 않는 게 틀림없었다. 하물며 자신이 법을 가르칠 수 있다고 믿는 경제학자는 더 말할 것도 없었다. 그것도 하버드대학교에서 말이다. 판사는 계속해서 이혼 분쟁과 상관도 없는 온갖 질문 공세를 퍼부어대며 경제학자인 내 친구를 궁지로 몰아넣었다. 판결을 내릴 때 판사는 대부분 아내 편을 들었다. 그랬다 해도 여전히 판결 내용은 부부가 처음부터 알았을 법한 범위에 포함된 것일 뿐 별다른 것은 없었다. 2년간 그 많은 법정 비용을 들이고도 두 사람에게 크게 돌아온 건 없었다. 이미 둘은 각자 자신의 변호사에게 이런 꼴을 당하느니 소송하지 않는 편이 훨씬 낫다는 설득까지 들었던 터였다.

이 사례의 교훈은 무엇일까?

> 판사의 임의적 판결로 끝나고 마는 비싼 이혼소송은 가급적 피하라.

변호사를 구하지 않고 배우자와 이혼하는 방법은 무엇일까? 답은 시중에 있는 소프트웨어의 도움을 받아 스스로 해결하는 것이다.[*] 또 다른 해답은 이혼 중재 서비스를 이용하는 것이다. 이 중재자는 당신과 배우자와 함께하면서 모든 서류 문제를 해결해준다. 법적 분쟁으로 가면 일이 어떻게 될지도 말해줄 테니, 당신은 상대에게 합리적으로 요구할 수 있는 사항을 신속하게 현실적으로 점검할 수 있다. 그러

---

[*] 우리 회사는 analyzemydivorcesettlement.com을 통해 이혼 관련 프로그램을 판매하고 있다.

나 공정한 위자료를 합의하기 위한 기준은 필요하다. 따라서 다음으로 위자료에 관해 알아보자.

공정한 위자료 합의란 무엇인가

믿거나 말거나 내 친구의 이혼을 맡았던 판사는 앞에서 언급한 전설적인 판사 긴즈버그였다. 공정한 합의에 이르도록 이혼 부부를 돕는 소프트웨어를 개발할 생각이었던 나는 친구들이 이혼을 공표하기 전 긴즈버그 판사의 이혼 위자료 관련 법률을 알아뒀다. 이들이 긴즈버그 판사 앞에 가게 됐다는 사실은 내게는 깜짝 놀랄 말한 일이었지만 친구 아내의 변호사에게는 그렇지 않았다. 그 변호사는 재판이 유리하게 굴러가도록 묘책을 강구해둔 것 같았다. 나는 긴즈버그 판사가 자신의 이름이 들어간 긴즈버그법과 꽤 멀리 떨어진 판결을 내렸다는 데 주목할 수밖에 없었다. 또 판사가 개인 감정을 통제할 수 없다는 사실에도 충격을 받았다.

나는 긴즈버그 판사의 법률 그리고 전국 각지마다 천차만별인 위자료에 관한 광범위한 지침에 흥미를 느꼈다. 긴즈버그 판사가 자신의 법률을 어떻게 생각해냈는지도 궁금했다. 수학적으로 결론을 끌어냈을까? 아니면 그냥 직감으로? 그 판사의 법률 공식에 혹은 다른 주와 카운티 규정에 무엇이든 기본 원칙이 있었을까? 사는 주가 다르다는 이유만으로 어떻게 부부 두 사람을 공정하게 다루는 문제에 이렇게 큰 차이가 날 수 있을까?

결국 나는 호기심에 굴복하고 말았다. 긴즈버그 판사에게 연락해 재판을 지켜봤으며 몇 가지 질문이 있다는 이야기를 건넸다. 우리는 점심을 먹으며 꽤 흥미로운 대화를 나눴다. 결론적으로 긴즈버그 판사가 자신의 공식을 이끌어낸 원천은 여러 해 동안의 판결 경험과 무엇이 옳은가에 대한 일반적 감각임이 틀림없었다. 그러나 특별히 따르는 공정함에 대한 지침은 전혀 없었다. 그리고 최소한 내가 보기에는 대부분의 재판에서 공정함을 기하기엔 그의 경험칙이 지나치게 거칠고 조악한 게 분명했다.

　긴즈버그 판사의 경제학자에 대한 인상이 나아진 채로 우리의 점심식사가 끝난 것 같지는 않다. 나는 그에게 위자료를 책정하는 합당한 방법은 부부 당사자의 이혼 이후 생활수준을 평활화하는 것이고 그러기 위해서는 한 배우자가 더 오래 혹은 더 열심히 일한 데 대한 조정, 각 배우자의 최대수명, 양육 주 책임자 여부 그리고 다른 요인, 특히 결혼 이후 가정경제 지탱의 주 기여자 등을 고려해야 한다는 내 견해를 밝혔다.

　판사는 내 접근법이 흥미롭다고 여기면서도 자신의 판결 역시 똑같은 결과의 근사치를 산출했다고 주장했다. 나는 각 주와 카운티의 위자료 지침을 만든 이들도 똑같이 생각하리라고 확신한다. 이들은 모두 자신의 해결책이 근본적으로 누구에게나 공정하다고 생각한다. 그러나 이들의 공식과 지침은 차이가 어마어마하게 크기 때문에 아무리 '공정함'을 명확히 규정한다 해도 이들 모두가 공정함을 달성할 수는 없는 노릇이다.

　게다가 공식 지침이든 비공식 지침이든 두 가지 큰 문제가 있다. 첫째, 이 공식과 기준은 명확한 목표가 없다. 따라서 이들이 합리적인 위자료 합의를 이끈다고 생각할 이유가 하나도 없다. 둘째, 이들은 기본 요소를 빠뜨렸다. 어떤 요소가 빠져 있는지 알아낸다면 다시 이에 관해 논의하고 희망컨대 더 나은 합의를 이끌어낼 수 있을 것이다.

결론적으로 부부 둘 다 공정하다고 느끼고 판사도 공정하다고 인정할 수 있는 합의에 도달할 수 있다면 이혼은 잘 끝나는 것이다. 따라서 내 조언은 당신의 최대 이익을 염두에 두지도 않을 제3자 앞에 가기 전에 두 사람 스스로 잠정적 이혼 합의를 끌어내도록 노력해보라는 것이다. 합의는 잠정적이어야 한다. 이혼 중재 서비스가 됐든 변호사가 됐든 이혼 당사자 둘이 의논할 수 있는 이혼 전문가에게 점검을 받아 두 사람 다 제시한 것과 수용하는 것이 무엇인지 온전히 이해하고 있다는 점 그리고 같은 입장에 처해본 합리적인 사람이라면 누구도 합의하지 않을 사안에 합의하지 않는다는 점을 확인해야 하기 때문이다.

위자료의 합리적 목적은 무엇일까? 당신의 현재 생활방식을 반복하는 것은 아니다. 결혼이 지닌 모든 재무상 편익을 고려하면 이혼은 결혼 당시 생활방식이 더는 불가능함을 의미한다. 결혼한 지 불과 2주밖에 지나지 않았다면 각자 자기 물건을 챙겨 알래스카에서 한 달 정도 따로 휴가를 보낸 다음 그곳에 거주지를 정하고 이혼하면 된다. 그보다 훨씬 더 빠른 선택지는 미국 영토인 괌에서 이혼하는 것이다. 괌에서는 알래스카까지 가지 않아도 이혼이 가능하다.[3]

이제 당신이 결혼한 지 30년이 됐다고 가정해보자. 이 시점이면 당신은 배우자와 함께 온갖 종류의 결정을 함께 내렸을 테고 상호 이익이 되는 투자도 했을 것이다. 결과적으로 두 사람은 재무상 제휴 관계를 맺게 됐다. 이것이 부부공동재산법이 있는 아홉 개 주의 입장이다. 이 주들은 이혼할 때 결혼 기간에 구축한 모든 자산과 부채를 배우자 둘 사이에 똑같이 나누라고 규정한다. 다른 주는 부부의 자산을 합산해 '공정한 분배' 원칙을 바탕으로 나누라고 규정한다. 이 말은 분배에 협상의 여지가 있다는 뜻이다. 미래 근로소득 차이는 어떨까? 위자료 결정의 핵심 요소가 바로 이것이다.

클로이는 해리의 미래 근로소득에 대해서도 동일한 요구를 할 수 있을까? 그렇다고 가정해보자. 클로이가 남편 해리가 전문직을 얻으려고 교육받는 동안 자신의 고소득 경력을 포기하고 가족을 돌봤기 때문이라고 말이다. 아니면 클로이는 해리가 고소득 직장 경력에 판돈을 걸게 해주려고 저소득 안전 직장에 매여 있었을 수도 있다.

해리는 클로이에게 앞으로 자신의 근로소득 중 절반을 그냥 줄 수도 있다. 하지만 그게 공정할까? 이혼을 하면 해리는 훨씬 더 높은 세금을 물어야 할 것이다. 한편으로는 해리가 받는 사회보장급여도 더 높아질 것이다. 물론 이는 저소득자인 클로이에게도 도움이 된다. 둘의 연령과 결혼 기간을 고려하면 이미 필요조건은 충족했기 때문에 클로이도 이혼배우자 및 유족(배우자)급여 소득을 얻을 수 있다. 배우자의 나이가 서로 다르면 계산은 더욱더 복잡해진다. 나이가 적은 배우자에게 나이가 훨씬 더 많은 배우자와 동일한 위자료를 주는 것은 나이가 적은 배우자에게는 박탈된 여생을 의미하고 나이가 많은 배우자에게는 사치스러운 여생을 의미한다. 왜냐고? 젊은 배우자는 같은 돈을 훨씬 더 긴 세월 동안 나눠 써야 하기 때문이다.

266

이혼 위자료를 공정하게 결정하는 방법

결혼 기간이 30일이든 30년이든 적용할 수 있는 내 조언은 이렇다. 무엇보다 앞으로의 생활수준에 대해 공정한 비율로 합의할 것. 30년 동안 결혼 생활을 했다면 두 사람 모두 일대일 비율에 합의할 것이다. 다시 말해 각 배우자는 최고령에 이르기까지 동일한 생활수준을 영위할 수 있어야 한다. 30일 동안 결혼 생활을 했다면 한쪽 배우자의 생활수준은 애초에 결혼하지 않았다면 영위했을 생활수준에 정확히 부합하도록 합의하면 된다. 결혼 생활을 한 기간이 12년이라면 1.5 대 1 정도의 비율 배분이 적절하다. 소득이 높고 더 열심히 일한 배우자가 소득이 낮은 배우자보다 50퍼센트 더 높은 생활수준을 영위하는 쪽으로 결정한다는 뜻이다.

일단 기본적인 공정성 결정을 내리고 난 다음에는 위자료 *한 푼도 없이* 살 수 있는 최대 햇수 동안 당신과 배우자가 쓸 수 있는 돈이 얼마나 되는지 계산해보라. 모든 순 가치를 현금으로 바꾸고 (이를테면 집을 팔았다고 가정하기) 각 배우자가 절반을 받는다고 가정해보라. 여기에다 미래의 (세후) 순 소득과 사회보장급여 및 다른 소득의 현재가치를 더하라. 자식의 대학 등록금처럼 각 배우자에게 할당되는 (총수입에서 나가는) 미래 비용을 빼라(더하기 전에 미래의 모든 금액을 현재가치로 환산하는 것을 잊지 말 것).

다음 단계는 부부 각자의 평생 순 재원 각각(합친 자산 중 한 사람의 몫에 미래 근로소득액과 다른 미래 소득을 더하고 거기서 미래 세금과 미래 비용을 뺀 것)을 남은 최대 햇수로 나누는 것이다.

267

이 방법을 활용하면 부부 각자에 대한 수치, 즉 각자의 이혼 후 잠정적 생활수준이 산출된다. 이렇게 나온 잠정 금액 비율이 두 사람이 공정하다고 합의한 비율과 일치하지 않으면 위자료를 지불할 배우자의 평생 순 재원에서 일정액을 빼 위자료를 받을 배우자의 평생 순 재원에 더하는 식으로 연간 위자료를 다시 계산해보라. 지속 가능한 연간 생활수준 수치 비율이 부부가 합의한 것과 동일해질 때까지 계산을 반복해야 한다.

지속 가능한 생활수준의 공정한 비율로 위자료 금액을 산출한 다음에는 수정을 하고 싶을 수 있다. 부부 각자가 얼마나 오래 일할 예정인가 하는 관점에서 무엇이 공정한지 결정하고 싶을지도 모른다. 아니면 더 오랫동안 일하는 배우자 또는 스트레스가 높고 장시간 일하는 배우자가 비교적 더 높은 생활수준을 누려야 한다는 데 부부가 합의할 수도 있다. 한 배우자가 집을 사기 위해 단기적으로 현금이 더 필요한 반면 다른 배우자는 여러 해 동안 임차를 해야 할 수도 있다. 아니면 한 배우자가 퇴직계좌에 더 많은 돈을 적립하고 싶지만 그럴 만한 현금 유동성이 없을 수도 있다. 현금 유동성이 없는 배우자에게 자산을 더 주고 위자료를 줄임으로써 해당 배우자는 상대 배우자의 안녕을 해치지 않고 경제 상황을 개선할 수 있다. 또 한 배우자가 미래에 낼 세금을 줄여주는 어떤 조치로든 위자료를 조정해 시간이 지날수록 양쪽 배우자의 재량지출액을 늘림으로써 두 사람의 생활수준을 목표 비율에 맞출 수 있다.

변호사와 법정 비용을 들이지 않고 이렇게 합의하는 것의 장점은 어떻게 공정한 해결책을 산출할지 세부 사항으로 들어가기 전에 공정한 분배 산정치를 파악함으로써 이혼 합의를 시작할 수 있다는 점이다. 일단 공정한 위자료 금액에 대체로 합의했다면 곧바로 각자의 생활수준을 올리는 쪽으로 작업을 시작해야 한다. 이를 통해 부부 양쪽 모두 더 나은 생활을 할 수 있다.

공정하고 원만한 이혼 합의에 이르는 비결을 아래와 같이 요약해 보겠다.

> 배우자의 상대적 생활수준에 합의한 다음 양쪽 모두 가능한 한 높은 생활수준을 영위하는 방향으로 결과를 산출하기 위해 위자료나 재원 분배를 결정하라.

이혼 당사자 스스로 이혼 합의를 설계할 때 유념할 점이 또 하나 있다. 돌발 상황을 반드시 고려해야 한다는 것이다. 만일 위자료를 지불하던 배우자가 사망하거나 장애를 입거나 직장을 잃으면 어떻게 될까? 이런 일이 벌어지면 미래의 위자료 지불과 수령이 위험에 직면할 수 있다.

이를 대비할 수 있는 방법 하나는 위자료를 지불하는 쪽에서 수령자를 보호하기 위해 생명보험과 장애보험에 가입하는 것이다. 가입 비용은 위자료를 지불하는 쪽의 생활수준 계산에 비용으로 포함해야 한다. 또 합의는 위자료를 지불하는 측에서 통제할 수 없는 이유로 지불 불가능한 상황이 생겼을 때 재협상할 여지가 있어야 한다.

혼전계약서는 곧 이혼 합의서

혼전계약서 작성은 본질적으로는 이혼 합의를 미리 하는 것과 다를 바 없다. 부부가 갈라설 경우를 대비해 미리 만드는 것이 혼전계약서니까.

사이좋은 연인 중 "맹세합니다"라는 결혼 서약을 하기 전에 혼전계약서를 작성하는 커플은 10퍼센트에 불과하다. 나는 당신이 결혼을 할 생각이라면 이 10퍼센트에 들라고 조언하겠다. 이혼할 때 어떻게 할지 명세서를 미리 작성해두면 역설적이지만 오히려 이혼이라는 불행을 미리 막을 수도 있다.

당신의 아내 될 사람이 1장의 낸시라고 가정해보자. 낸시는 장례학교 학비를 당신이 내주길 바란다. 비용은 4만 달러다. 낸시는 또 5만 달러짜리 영구차 캐딜락 XTS를 사는 데 공동투자도 해주길 바란다. 낸시는 이 영구차 뒷좌석에 잘 공간이 많아 캠프용 차량으로도 쓸 수 있다고 설득한다. 아, 그리고 6만 5000달러짜리 트레일러도 사줬으면 한다. 트레일러를 장례식 공간으로 쓸 수 있기 때문이다. 낸시는 트레일러를 영구차에 부착해 장례식을 이동식으로 치를 계획이다. 장례식이 끝나면 모인 사람을 그대로 차에 태워 묘지에 내려준다.

이 모든 일을 이루려면 거액의 돈을 대출해야 하기 때문에 당신은 당연히 망설인다. 그 많은 투자를 도와줬는데 만일 결혼이 실패하면? 낸시의 학자금, 영구차 대출금, 트레일러 대출금까지 떠안고 싶진 않다. 이 부분이 바로 혼전계약서가 제 몫을 하는 지점이다. 두 사람이 이혼하는 경우 남편의 직업 관련 대출에서 낸시가 영구차와 트레일러와 남은 포르말린을 판 대금으로 받은 돈을 초과하는 금액을 모두 책임져야 한다는 내용을 혼전계약서에 명문화할 수 있기 때문이다. 물론 당신이 돈을 빌려주고 낸시가 일정 기간 동안 대출한 돈을 갚는다는 합의도 가능하다.

많은 논의 끝에 당신과 낸시는 일반적인 혼전계약서를 작성해 서명한다. 좋은 조치다. 당신이 모르는 면이 아내 낸시에게 있다. 낸시는 늘 미리 수를 쓰는 사람이라 플랜 B가 있다. 맥머피장례회사McMurphy Funeral Home의 아들과 달아나는 것이다(일이 그렇게 되려고 그랬는지 참 공교롭게도 번쩍이는 네온사인에는 절묘한 필체로 '대비할 수 있을 때 대비하라!'라고 쓰여 있다).

혼전계약서에 넣을 다른 내용은 또 뭐가 있을까? 1951년형 재규어 XK 120 보유권, 소중한 전기냄비, 귀중한 게임기, 열두 줄짜리 깁슨 SG 기타, 아니면 사랑하는 치와와 지지 소유권 같은 조항을 기입할 수도 있겠다.

저축이나 퇴직급여 계좌 혹은 부동산은? 그런 자산도 혼전계약서에 넣을 수 있을까? 당연하다. 특정 금융자산을 이혼 분할 구역에서 빼내 지키는 것, 당신이 좋을 대로 그 자산을 처분할 권리를 챙기는 것이 바로 혼전계약서의 주된 목적이다. 혼전계약서는 살면서 치를 수 있는 제2, 제3의 결혼에 그리고 이전에 한 결혼에서 자녀가 있는 경우에 특히 유용하다. 당신의 자산을 다 쓸 만큼 오래 살지 못한다면 자녀에게 물려줄 특정 자산을 보유해두고 싶을 수 있다. 혼전계약서든 유언장이든 아니면 둘 다를 통해서든 공식적으로 이런 사안을 정리해두면 자녀가 당신의 새 배우자에 대해 경제적으로 불안해하는 일 그리

고 배우자의 자녀가 당신에 대해 경제적으로 불안해하는 일을 사전에
막는 데 큰 도움이 된다.

이제 이혼에 대한 마지막 팁을 정리할 차례다.

> 혼전계약서 작성은 좋은 생각이다. 혼전계약서는 이혼 보호책
> 이 돼주고 배우자와 겪을 미래의 갈등을 피할 때 유용하며 자녀
> 의 마음을 편안하게 해줄 수 있다.

우리 머리는 완벽한 짝과 결혼해 영원한 행복을 누린다는 낭만적 환상으로 꽉 차 있다. 그러니 이런 꿈같은 결혼이 이혼으로 끝나면 대개 크게 낙담한다. 결별은 *실제로* 고통스럽다. 그러나 미국인의 50퍼센트는 어쨌거나 이혼을 한다. 이를 미리 파악해둠으로써 당신의 결혼이 난관에 부딪혔을 때 경제적·심리적으로 대비할수 있다. 아래 교훈이 유익한 보호책이 돼줄 수 있다.

■ 결혼은 지속되지 않을 수 있다. 당신도 미국인의 50퍼센트와 같은 결과를 맞이할 수 있다. 이혼은 얼마든지 생길 수 있는 일이다.
■ 혼전계약서는 이혼 시 보호책 기능을 한다. 하지만 동시에 상호 투자 합의를 실행함으로써 오히려 결혼을 보호하고 이혼을 막는 데 도움이 될 수 있다.
■ 이혼의 첫 단계는 이혼이 할 만한 가치가 있는 일인지 따져보

는 것이다. 배우자와 헤어지기 전에 먼저 생활수준 감소 측면
에서 소요될 비용이 얼마인지 자문해보라. 이혼의 가치는 클
수 있지만 비용에 비해 낮을 수도 있다. 이혼의 가치가 낮을 경
우 결혼 생활을 유지하는 편이 낫다.

■ 이혼 관련 비용을 알아내려면 이혼 이후 생활수준을 계산해 현
재 생활수준과 비교해보라. 이는 당신이 지불하거나 받게 될
이혼 위자료에 좌우될 수 있다. 그 액수와 기간은 어느 주에서
이혼하는지에 따라 크게 달라진다. 따라서 어느 주에 살지 신
중하게 생각해 선택하라. 그곳이 이혼할 장소다.

■ 결혼 기간이 길수록 내거나 받을 이혼 위자료가 더 많아진다.
단, 은퇴연령이 멀지 않았다면 그 반대가 된다.

■ 이혼하려면 결혼한 지 10년이 지나고 하라. 꽤 큰 액수의 이혼
위자료가 걸려 있다. 결혼 기간인 10년 내내 꼭 같이 살아야 한
다는 뜻은 아니다.

■ 이혼에는 막대한 비용이 든다. 그중 일부는 변호사 비용이다.
변호사를 구하고 소송 전쟁에 돌입하기 전 공정한 생활수준 비
율을 공동으로 결정하려 노력해보라. 생활수준 비율을 결정하
고 나면 필요한 위자료와 다른 자원 배분 문제 산정은 쉽다.

여덟 번째 머니 플랜

대학에 관한 결정
:무작정 대학에 진학하지 말라

여러 해 전 나는 보스턴대학교에서 개인 재무라는 과목을 강의했다. 먼저 소비평활화와 다른 경제 원리에 관해 설명한 다음 세부 사항으로 들어가 개인 재무에서 실천해야 할 사항도 이야기했다. 여기에는 내가 이 책 내내 강조한 메시지, 즉 신용카드 잔액이든 자동차 대출이든 주택 대출이든 학자금 대출이든 고금리 채무를 변제하는 것이 가장 좋은 투자라는 내용도 포함돼 있었다. 수강생이 대학생이었으므로 당연히 논의 초점은 학자금 대출이었다.

"대학생 중 3분의 2—소수자 대학생의 경우 더 높은 비율—가 학자금 대출을 받습니다. 그 총액은 무려 1조 6000억 달러입니다. 부모가 자녀 대신 받은 학자금 대출 규모도 최대 1000억 달러에 달합니다. 이 중 절반은 대학 졸업 후 20년이 지나도 대출금을 다 갚지 못합니다. 게다가 학생들은 부모에게 비공식적으로 학자금을 빌립니다. 법적 상환 의무는 없지만 도의상 갚아야 하죠."[1]

더 구체적인 논의를 위해 당시 강의를 수강하던 학생 50명에게 학자금 대출 여부를 물었다. 40여 명이 손을 들었다. 그다음 대출 금리를 물었다. 높은 것부터 꽤 높은 것과 터무니없이 높은 것까지 다양했다. 1만 달러 이상 대출받은 학생에게 손을 들어보라고 했다. 처음 40명 중 손을 내린 학생은 단 한 명도 없었다.

"좋습니다. 3만 달러 이상 대출한 학생은 손을 그대로 들고 계세요." 대부분의 손이 허공에 남아 있었다. 6만 달러로 올렸다. 손든 학생은 3분의 1로 줄었다. 암울한 나락으로 계속 내려가 대출금은 결국 10만 달러까지 올라갔다. 단 한 명만 남았다. 매들린(실명은 아니다)이라는 학생이었다. 꺾인 팔의 각도가 '*제발 그만 좀 해요!*'라고 비명을 지르는 듯했다.

나는 그쯤에서 멈췄어야 했다. 이미 학생의 사생활을 심각하게 침해하고 있었으니까. 그러나 나는 멈추지 않았다. 매들린에게 대출금이 얼마인지 말해줄 수 있느냐고 물었다. 대답은 12만 달러였다.

놀라서 할 말을 잃었지만 누구보다 전문가다운 어조로 말했다. "아, 흠, 음, 저런, 휴, 맙소사, 와, 그건, 좀 많군요."

나는 매들린의 상황을 합리화하려 노력했다. "놀라진 않았어요. 장학금과 보조금이 많긴 해도 보스턴대학교 등록금은 소비자로 미국 최고에 속하죠. 나처럼 우수한 교수의 강의를 들어야 하니까요." 마지막 농담은 차라리 안 하는 게 나을 뻔했다.

다시 매들린에게 물었다. "전공을 말해줄 수 있나요?" 제발 경영학처럼 돈 좀 벌 수 있는 전공이길 기도하는 심정이었다.

"미술사요."

"아, 미술사. 흠, 음, 휴, 저런, 윽, 맙소사, 와. 연봉을 최고로 주는 직업을 갖는 전공은 아니네요. 4학년이고 취업 준비 중이죠?"

"네."

이 시점에서 나는 실언을 하고 말았다. "채무 상환 가능성이?"

어색한 침묵 사이사이로 깊은 한숨이 이어지다 급기야 얼굴에 당혹, 수치, 분노, 절망 같은 수많은 표정이 스치더니 결국 매들린은 감정을 주체하지 못하고 흐느껴 울기 시작했다. 우는 사이사이 매들린은 미술사 관련 직장 수십 곳에 입사 지원서를 보냈지만 아직 한 곳에서도 제안을 받지 못했다고 털어놓았다. 대부분은 답장조차 없었다고 했다.

이 일만 생각하면 나는 아직도 괴롭다. 수업 중에도 수업 후에도 매들린에게 정중히 사과했다. 그러나 그는 이미 큰 상처를 입은 상태였다. 비단 수업 중 다른 동급생 앞에서 감정을 주체하지 못하고 무너졌기 때문만은 아니었다. 나는 매들린이 경제적으로 큰 위험에 처했음을 알아차렸다. 당시 미술사 분야 직장의 평균 연봉은 약 3만 5000달러 정도였다. 매들린은 연방 및 민간 금융기관 이곳저곳에서 대출을 끌어다 썼다. 평균이자는 약 5퍼센트였다. 20년 상환이라면 매년 1만 달러가 넘는 금액을 여러 금융기관에 갚아야 한다. 물론 상환 금액이 어마어마한 정도는 아니고 시간이 흐를수록 물가 상승률 때문에 돈의 가치도 희석된다. 그래도 매들린이 벌게 될 세후 소득의 큰 몫을 빚 갚는 데 써야 한다는 점만은 변함없다. 가족과 같이 살거나 경제 사정이 더 좋은 사람과 결혼하거나 천운이 돕지 않는 한 매들린은 미술사 직종에 종사해서는 감당할 수 없을 만큼 큰돈을 그 일을 하려고 빌린 셈이었다.

8장에서는 아래와 같이 서로 연관된 주제를 여럿 다룰 작정이다. 물론 결론은 이미 나 있다. *학자금 대출은 금물이다!*

- 학자금 대출의 알려지지 않은 규모
- 대출 위험을 크게 높이는 믿을 수 없을 만큼 높은 대학 중퇴율
- 다양한 유형의 학생 지원 프로그램(보조금, 장학금, 근로 장학생 제도)과 가짜 학생 지원 프로그램(즉, 학자금 대출)
- 학자금 대출을 상환하지 못하거나 체납할 때의 끔찍한 비용
- 대학 등록금의 천문학적 소비자가sticker price와 실제 비용의 간극
- 대학 순 비용을 낮추는 방법
- 대학 선택법
- 가장 저렴한 대출금 찾는 방법과 상환계획을 비교하는 방법

앞으로 이 소주제를 하나하나 다룰 예정이다. 더 상세한 내용을 담은 책도 있다. 그중 론 리버Ron Lieber의 베스트셀러 《당신이 대학에 내는 돈The Price You Pay for College》을 추천한다. 리버는 《뉴욕타임스》를 대표하는 개인 재무 칼럼니스트다.

학생들이 받는 학자금 대출 규모는 얼마나 될까

매들린의 대출금은 극단적인 예외 사례로 보인다. 정말 그럴까? 오

늘날 대학을 다니는 학생들이 졸업할 때 갚아야 하는 대출금의 공식 평균은 3만 3000달러가량이다.[2] 대학생 일곱 명당 한 명—14퍼센트 이상—은 5만 달러 이상의 공식 대출금을 갚아야 한다.[3] 이 어마어마한 규모의 대출금은 미지급 학자금 대출 총액의 절반 이상을 차지한다. 여기에는 과거에 상환하지 못했거나 지연된 대출 금리 누적액뿐 아니라 대학원 관련 학자금 대출도 포함된다.

많은 사람이 60대가 되도록 학자금 대출을 갚는다. 설사 자신의 대학 등록금이 아니라 하더라도 연방의 다이렉트 플러스 대출 Direct PLUS loan 프로그램을 통해 다른 사람의 대출금을 빌렸거나 갚고 있을 수 있다. 이 프로그램에는 대학원생과 박사과정 학생을 위한 대학원 학자금 대출, 자녀와 손자의 학자금을 보조하려는 부모와 조부모용으로 만든 부모 학자금 대출이 포함된다.* 최근 몇 년간 부모 학자금 대출 규모가 대폭 상승해 현재 연방 지원을 받는 학자금 대출 4분의 1을 차지하기에 이르렀다. 부모 학자금 대출 잔액의 미지급분은 2020년 1000억 달러가 넘는다.[4]

---

* 부모와 조부모는 자녀나 손주의 대학 교육을 지원하기 위해 자신의 이름으로 대출을 받을 수 있다. 부모와 조부모의 신용위험도가 자녀나 손주보다 낮아 더 낮은 대출 금리로 돈을 빌릴 수 있으리라 생각하겠지만 실제로 부모 학자금 대출은 수수료도 높고 표준 연방 학자금 대출보다 금리도 훨씬 높다. 대출 금액에 한도도 없기 때문에 부모와 조부모는 실제로 갚을 수 있는 여력보다 훨씬 더 많은 금액을 마음대로 대출할 수 있다. 그리고 부모나 조부모가 상환을 다 하기 전에 사망하면 정부나 민간 학자금 대출 기관은 이들이 남긴 재산에서 남은 대출금을 상환받을 수 있도록 우선순위를 얻는다. 결국 자녀나 손자가 남은 금액을 상환해야 한다는 뜻이다. (《크레디트 서브미트Credit Summit》, 〈학자금 대출 통계—2020년 업데이트Student Loan Debt Statistics Updated for 2020〉, https://www.mycreditsummit/com/student-loan-debt-statistics/s)

학자금 대출의 큰 문제점은 부모(혹은 조부모)와 자녀 중 누가 실제로 대출을 했느냐와 관련 있다. 그렇다. 부모의 대출 상환 의무는 법적 성격을 띤다. 대출 서류에 부모 이름과 서명이 기입되기 때문이다. 그러나 부모는 다달이 내야 하는 상환 고지서를 자녀에게 직접 해결하라고 건네줄 수도 있다. 이 경우 부모 학자금 대출은 자녀가 부모를 중개인으로 내세워 받는 추가 대출에 불과하다. *누가 실제로 상환 의무를 지는가?* 이 질문이야말로 두 가지 이유에서 중요하다. 첫째, 부모는 대학 등록금 소비자가 총액까지 대출받을 수 있다. 소비자가 엄청나게 높더라도 부모는 자식이 해결하리라고 기대하면서 어마어마한 금액을 대출할 수 있다. 그러나 정작 당사자인 자녀는 이 의무를 온전히 알지 못한다. 설상가상으로 부모 학자금 대출 금리는 보조금 없는 다이렉트 플러스 대출 금리의 두 배에 가깝다. 대출금 상환에 수십 년이 걸릴 경우 부모 학자금 대출 총액은 상환 면에서 보면 학생이 직접 갚는 대출금의 약 두 배나 된다.

자녀가 부모에게 얼마나 많은 돈을 빚지고 있는지에 대한 우려는 부모 학자금 대출에 국한되지 않는다. 부모는 자녀가 꿈의 대학에 다닐 수 있도록 주택으로 리파이낸싱(대출로 대출을 상환하는 것)을 하거나 다른 대출을 받거나 은퇴 자금을 활용하는 방법을 비롯해 다른 방법으로 '도울' 수 있다. 돈을 돌려받을 가망이 전혀 없다 해도 부모는 암묵적으로 자녀에게 상환 압력을 행사하는 셈이 되기 마련이다. 부모가 생활 규모를 줄이지 않으면 결국 사망하고 나서 자녀에게 물려줄 돈이 줄어들 것이다. 상속해줄 돈을 부모 학자금 대출 상환에 써버릴 테니까.

부모에게 상속받은 돈과 달리 자녀가 부모에게 빚지고 있는 학자금 대출액에 대한 데이터는 전혀 수집된 적이 없기 때문에 오늘날 미국 청장년층이 갚아야 하는 채무의 실제 액수는 아무도 모른다. 우리가 아는 것이라고는 갓 대학을 졸업한 청년의 공식 평균 부채 3만 3000달러에는 부모나 조부모에게 갚아야 하는 돈이 한 푼도 포함돼 있지 않다는 것, 따라서 미국 대학 졸업생의 실제 경제적 부담 규모가 상당히 과소평가되고 있다는 것뿐이다.

워싱턴 D. C. 아메리칸대학교 데이터를 보면 이 문제를 실감할 수 있다. 이 대학 입학생의 부모 중 많은 이가 부모 학자금 대출을 받는다. 자녀가 졸업할 때쯤이면 부모 중 15퍼센트가 자녀 대신 6만 달러 이상을 대출한다.* 이 부모의 자녀는 이미 스태퍼드 대출 Stafford loan(학생에게 직접 해주는 연방 대출의 한 종류) 3만 1000달러를 빚진 채 졸업할 확률이 크다. 이는 한 학생이 3년 동안 스태퍼드 대출을 통해 받을 수 있는 최대 금액이다. 스태퍼드 대출 이자 금리가 부모 학자금 대출보다 훨씬 낮기 때문에 부모는 당연히 더 높은 금리의 대출을 받기 전에 자녀가 스태퍼드 대출을 최대한도까지 빌리게 했을 공산이 크다. 따라서 부모가 은연중에 혹은 대놓고 자녀에게 부모 학자금 대출을 떠안기고 있다면 미국 학생의 15퍼센트는 9만 달러 이상의 빚을 지고 대학을 졸업하는 셈이다!

매들린이 내 강의실에서 10만 달러 단위의 공식 대출을 받은 유일한 학생이었긴 했지만, 정부에서 공식적으로 빌린 대출금과 부모님이

---

* 이 수치에는 이연이자deferred interest가 포함돼 있지 않다.

진 빚까지 합산해 비슷한 규모의 대출이 있는 다른 학우들이 있다 해도 나는 놀라지 않을 것이다.

충격적인 대학 중퇴 비율

대학을 다니는 데 드는 값비싼 교육비 때문에 과도한 대출을 하는 실상에 대한 우려는 대학에 쓴 돈이 완전히 낭비에 불과해질 가능성이 높다는 이유에서 훨씬 커진다.

이제 충격적인 대학 통계 하나를 소개하겠다. 대학에 들어온 학생의 40퍼센트가 6년이 지나도록 여전히 졸업을 하지 못하며, 영영 졸업을 못할 수도 있다.[5] 설상가상으로 대부분이 대학 중퇴가 특권이랍시고 대출까지 했다.

매년 1500만 명의 고교 졸업생이 대학에 입학한다. 대학에 합격했다는 황홀함에 600만 명이 졸업하지 못하리라는 현실은 인식하지 못한 채, 자신은 그들과 달리 졸업하리라는 확신에 젖는다. 제대로 된 정보도 없이 마법 같은 황홀감에 빠져 대학이란 꿈을 꾸지 않도록 미국 교육부는 대학이 다음과 같은 경고장을 입학 허가서에 포함하도록 강제해야 한다.

> 경고: 우리 대학에 입학하는 학생 중 5분의 2는 결코 졸업하지 못합니다! 대학에 다니기 위해 거액을 대출하는 것도 위험하지만 그 돈을 대학에 지불하는 것은 더욱더 위험합니다!

이 경고로 학생들의 행동이 바뀔지 누가 알겠는가. 판돈이 큰 도박판에서 빈손으로 돌아갈 확률이 5분의 2나 되리라는 것을 알면서 목돈을 빌리려는 사람은 많지 않다. 뭐, 대학 중퇴는 완전히 빈손으로 돌아가는 것까지는 아닐 수도 있다. 대학 중퇴로 가는 길목에서 학생들은 분명 탁월한 스승에게서 기적같은 배움을 얻어 갈 수도 있다. 하지만 요즘 같은 시대에 기적같이 놀라운 지식은 탁월한 온라인 교수에게서 무료로 배울 수도 있다.

미국 교육부는 이런 비밀을 누설하지 않는다. 그러나 당신이 고려 중인 대학교의 중퇴율 정도는 파악할 수 있도록 도와준다. 교육부 홈페이지(collegescorecard.ed.gov)에는 5700여 곳이 넘는 교육기관 정보가 기재돼 있다. 대다수가 취업 관련 정보다. 목록에는 토니가이미용학교부터 스탠퍼드대학교까지 망라돼 있다. 대부분 졸업율과 편입률을 보고하고 있고 이 정보로 중퇴율을 가늠해볼 수 있다.

예상하지 못했겠지만 중퇴율이 높은 학교라고 해서 교과과정이 더 어렵거나 엄격한 것은 아니다. 매사추세츠대학교를 예로 들어보자. 내 아내 브리짓이 1학년만 다니고 중퇴한 학교다. 이 학교 중퇴율은 인근 애머스트칼리지보다 훨씬 높다. 매사추세츠대학교 학사 과정 수준이 더 높다는 뜻이 아니다. 그저 학생회가 다르고 금전 자원과 교육 관심사가 다르다는 뜻이다. 내 아내의 경우 본인 말로는 자신이 대학에 다니기엔 너무 어렸다고 했다. 아내는 신입생 시절 1년 내내 파티를 전전하던 끝에 콜로라도로 가서 스키에 몰두했다고 한다. 3년 후 다시 매사추세츠주로 돌아와 여러 직업을 전전한 끝에 부동산 관리가 자신에게 맞는 직업이라는 결단을 내렸다. 2년 동안 낮에는 일하고 밤에는 부동산 관리사 자격증을 땄다.

일하는 내내 브리짓은 보스턴에 있는 가장 큰 사무용 고층 빌딩 여러 채를 관리했고 미국 최고의 테크놀로지 기업 두 곳에서 일했다. 그 과정에서 전형적인 매사추세츠대학교 졸업생(혹은 애머스트칼리지 졸업생)보다 상당히 높은 연봉을 받았다.

내 아내 이야기는 1장에서 소개한 CJ 사례처럼 성공적인 경력을 갖는 길은 많다는 사실을 일깨워준다. 대학 학자금에 관한 교훈은 따라서 다음과 같다.

> 대학에 입학했는데 적성에 맞지 않는다면 빨리 빠져나오라!

대학에 확신이 없다면 큰 투자는 하지 않는 편이 좋다. 전문대학이나 당신이 사는 주의 주립대학교에서 작게 시작하라. 곧 다루겠지만 편입이라는 길이 늘 열려 있기 때문이다. 대학에 관한 가장 중요한 비밀은 다음과 같다.

> 대학에 갈지 말지, 어느 대학으로 갈지 결정하기 전에 중퇴 가능성을 고려하라.

입학은 자유, 졸업은?

우리 사회에는 대학 교육을 받으라는 압력이 지나치게 팽배하다.

다시 말하지만 고등학교 졸업생 절반 이상이 대학을 가지만 졸업할 확률은 그중 5분의 3이다. 졸업을 하지 못한 학생들은 사는 내내 그 사실을 창피해할 수 있다. 졸업장을 벽에 걸어놓은 이들 대부분보다 금전적으로 훨씬 더 성공한 중퇴자조차 사정이 크게 다르지 않다.

불행한 사태다. 미국 경제의 생산성은 꽤 높은 편이다. 생산성 높은 노동력 덕택이다. 그러나 이는 대학 졸업장을 받은 사람이 많은 덕이 아니다. 미국인 중 64퍼센트는 대학 졸업장이 하나도 없다.[6] 스위스는 대학에 가지 않은 노동력 비율이 75퍼센트로 훨씬 더 높다. 그럼에도 스위스 근로자의 평균생산성은 미국 근로자를 훨씬 웃돈다.

최근까지만 해도 최첨단 기업에 고용되려면 대학 학위가 꼭 필요했다. 이제는 아니다. 애플사를 예로 들어보자. 애플사 신입 사원 중 절반은 대학 졸업생이 아니다.[7]

그보다 큰 성공에 대학 학위가 필수 요건인 것도 아니다. 애플의 전설적인 창립자 잡스는 대학 중퇴자였다. 지구에서 최고 부자에 속하는 빌 게이츠Bill Gates와 마크 저커버그Mark Zuckerberg도 마찬가지다. 창립자가 대학에 가지 않았거나 대학을 중퇴한 최고 기업으로는 트위터Twitter, 핏빗Fitbit, 와츠앱WhatsApp, 워드프레스Wordpress, 텀블러Tumblr, 스퀘어Square, 스트라이프Stripe, 스포티파이Spotify, 오라클Oracle, 냅스터Napster, 우버Uber, 드롭박스Dropbox, 버진Virgin, 델Dell, DIG, IAC가 있다. 물론 이들 대부분이 첨단기술 부문의 기업이어서 분야가 치우쳐 있긴 하지만 요점은 이렇다. 대학 졸업장이 성공을 일구기 위한 유일한 수단은 아니라는 것.

당신이나 당신 자녀에게 대학을 다니지 말라거나 졸업을 포기하라고 설득하려는 게 아니다. 내 목적은 대학에 관한 대화의 방향을 바꿔 있는 그대로의 현실을 보여주는 것이다. 대학 입학은 돈이 많이 들고 위험한 투자라는 것, 대학 입학은 당신이나 당신 자녀가 의미 없다고 생각하거나 더는 합리적 선택이 아님을 깨닫는 순간 자유롭게 거부하거나 중단할 수 있는 투자라는 것이다.

대학에 진학할까, 어느 대학에 지원하고 입학할까

위험 문제를 접어두고 이야기를 해보자. 대학을 다닐지 말지 그리고 다닌다면 어디에 지원할지 어떻게 결정해야 할까? 그리고 만일 당신이 두 곳 이상의 대학에 합격한다면 어느 곳을 선택할지 어떻게 판단해야 할까?

경제적 선택이 다 그렇듯 수치를 비교하면서 보상격차를 총합해야 한다. 직업이나 집을 선택하는 문제와 하나도 다를 게 없다. 순이익— 여분 소득에서 비용을 제하고 추가 이익을 더한 값—을 고려하는 문제에 불과하다. 예를 들어 학자금 대출을 받아 비싼 오벌린칼리지를 다닐지, 대출 없이 더 싼 2년제 대학 샌타모니카칼리지를 다닐지 비교하는 것이다.

내 질문을 다시 정리하자면 이것이다. 비용이 낮고 명망도 낮고 편의 시설도 그저 그런 대학에 들어가는 것이 비용도 높고 명망도 높고 시설도 좋은데 공식·비공식 대출이 필요한 대학에 들어가는 것보다 더 나은 선택일까? 그 대답은 해당 대학의 실제 비용이 어떤지, 특정 대학에 다니는 것의 차이가 당신의 평생 소득에 얼마나 큰 영향을 끼치는지에 따라 달라진다.

대학을 다니는 데 드는 비용

1년 순 학비—학생에게 보조금 등 지원을 제외한 비용—가 7만 4000달러 이상인 미국 대학은 50곳이 넘는다. 학비에는 기숙사, 식비, 수업료가 모두 포함된다. 7만 4000달러를 4년 동안 납부하면 총 29만 6000달러다. 매년 5퍼센트 금리로 7만 4000달러를 대출하는 경우 졸업할 때가 되면 학자금 대출 33만 5000달러를 떠안고 대학문을 나서게 된다. 이 점을 감안해 미국인이 버는 평균연봉을 따져보자. 그 액수는 매년 약 5만 3000달러(세후 약 4만 달러)다. 따라서 미국 평균치 연봉을 받는 직장인이 명문대를 4년 동안 다니면서 생긴 빚을 모두 갚으려면 8년 이상 일을 해야 한다. 세후 월급을 1달러까지 탈탈 털어 모조리 대출 상환에 쏟아 넣을 경우 그렇다. 비현실적인 가정이다. 연봉의 5분의 1만 채무 상환에 쓰는 경우 빚에서 헤어나는 데 자그마치 40년 이상이 걸린다.

그렇다. 대졸자들은 고졸자보다 평균연봉이 높다. 뉴욕연준은행 Federal Reserve Bank of New York의 최근 연구는 대졸자 연봉 평균을 7만 8000달러로 잡고 있다. 대졸자가 아닌 근로자 연봉보다 거의 3만 달러 가까이 더 높다.[8] 그러나 대졸자 초봉은 5만 달러 정도며,[9] 임금 분포가 크게 왜곡돼 있다. 고액 연봉자의 임금 때문에 평균이 높아지기 때문이다. 중급 및 고급 경력직 대졸자를 포함해 이들의 중위소득은 일반적으로 대략 6만 5000달러라고 봐야 더 적절하다. 그리고 대졸자 중 약 16퍼센트의 연봉은 5만 2000달러 미만, 10퍼센트는 3만 3000달러 미만이다.

말하자면 세월이 지날수록 2만 달러나 3만 달러 정도의 대출금 상환은 대부분의 대졸자에게 불가능한 일이 아니다. 그러나 큰 위험 두 가지가 있다. 첫째, 평균보다 훨씬 더 많은 금액을 대출하는 20퍼센트가 될 수 있다는 것이다. 둘째, 대학 졸업 후 기대한 만큼 높은 연봉을 받지 못한다는 것이다. 학생들은 대체로 자신이 대학에서 실제보다 평균성적이 좋으리라 기대할 뿐만 아니라 졸업 후 벌게 될 돈도 실제보다 훨씬 더 많으리라 기대한다.[10] 그뿐만 아니라 실제 졸업생 비율의 5분의 3을 훨씬 초과하는 학생이 대학에 입학하면서 자신은 졸업을 할 것이라고, 그것도 4년 이내에 할 것이라고 믿는다.

이제 상황이 어떤지 실감 나기 시작할 것이다. 보조금, 장학금, 근로 장학생 형태의 상당한 금전적 도움이 없다면 대학은 서열이 높든 중간이든 심지어 낮다 해도 꽤 비싼 교육기관이다. 학비가 엄청나게 비싼 대학에 다니려고 대출을 하면 비용 문제가 크게 악화된다. 대출은 대개 민간은행에서 높은 이자율로 해야 하는 경우가 많기 때문이다. 따라서 이 장에서 주로 기억해야 할 모토는 다음과 같다.

학자금 대출은 가급적 피하라. 위험이 너무 크다.

가볍게 하는 말이 아니다. 내 직업은 대학교수다. 나는 고등교육이 개인에게나 사회에나 엄청난 가치가 있다고 믿는다. 그러나 미래를 저당 잡히지 않고도, 취업계획을 서둘러 세우려 하지 않고도 좋은 대학 교육을 얼마든지 받을 수 있다. 명성이 높지 않아도 학비가 저렴한 대학에 가면 된다.

대학의 순 가격과 소비자가격

한 가지 다행인 점, 특히 중하위소득 계층 출신 학생에게 다행인 점은 대학의 실제 가격—순 가격—이 보기보다 훨씬 저렴하다는 것이다. 정부와 학교에서 장학금과 보조금을 제공하기 때문이다. 펠그랜트Pell Grants라는 연방보조금이나 유사한 주보조금(주별로 다르며 대개 주립대학교와 연계돼 있다) 등은 당신이 산정한 재정 지원 요구를 기반으로 한다.*

부모의 경제 상태에 따라 대학 등록금의 소비자가격과 순 가격의 차이는 어마어마하게 클 수 있다. 웰즐리칼리지 경제학자 필립 레빈Phillip B. Levine은 대학 재정 지원 분야의 대표 전문가다. 《부조화: 재정 지원과 대학 교육 접근의 신경제Mismatch: The New Economics of Financial Aid and College Access》라는 그의 저서는 리버의 저서와 마찬가지로 대학에 진학

---

* 연방교육기회보조금Federal Supplemental Educational Opportunity Grants, 이라크·아프가니스탄 복무보조금Iraq and Afghanistan Service Grants, 연방교사를 위한 대학·고등교육보조금Federal Teacher Education Assistance for College and Higher Education Grant도 있다.

할 계획이라면 꼭 읽어야 하는 필독서다. 이 책은 필의 탁월한 무료 웹사이트 myintuition.org에 있는 정보를 보완해준다. 이 웹사이트에서는 미국 내 70개 이상의 대학에 다니는 데 필요한 순 가격을 산정할 수 있다.

보스턴대학교를 예로 들어보자. 보스턴대학교의 2020~2021년 공식 등록금은 7만 7662달러라는 어마어마한 금액이다. 이 금액은 수업료 5만 6854달러와 방값과 식비 1만 6640달러 그리고 일종의 보증금 격 비용 4168달러로 이뤄져 있다. 그러나 당신 부모님의 합산 소득이 5만 달러고 자산이 하나도 없다고 가정해보자. 그러면 보스턴대학교에 다니는 데 최대 7500달러만 내면 된다! 공식 등록금에서 90퍼센트 할인된 가격이 최대 순 가격인 셈이다. 대체로 저소득층 출신이라는 사실은 달갑지 않다. 그러나 대학 보조금에 대해서만큼은 할인 폭이 경이롭다. 그렇다. 1년에 7500달러(혹은 그 미만) 정도를 내긴 해야 한다. 그러나 이 중 대부분은 여름방학 동안 일을 하고 학교에 다니면서도 일을 하면 어렵지 않게 벌 수 있다. *단 한 푼도 대출할 필요가 없다!*

만일 부모님 소득과 자산이 더 많다면? 구체적으로 부모님 연봉이 10만 달러고 은행에 10만 달러를 당신 등록금으로 저축해뒀다고 가정해보자. myintuition.org 사이트 정보에 따르면 이제 보스턴대학교의 최대 순 등록금은 2만 5900달러다. 7만 7662달러보다는 꽤 적지만 7500달러보다는 역시 훨씬 높다. 이 금액을 4년 동안 매년 대출한다면 대학을 졸업할 때 10만 달러 이상의 부채를 떠안게 된다. 따라서 학생 대출은 중산층 가구 출신 학생에게조차 큰 문제가 될 수 있다.

부모님이 10만 달러 소득자지만 저축을 몽땅 401(k) 계좌나 다른 퇴직계좌에 넣어뒀다면 보스턴대학교의 최대 순 가격은 1만 4800달러다. 퇴직계좌에 넣어둔 자산은 학생의 경제 사정을 산정할 때 포함되지 않기 때문이다.* 1만 4800달러도 7500달러보다는 많은 금액이지만 2만 5900달러보다는 훨씬 적다.

가족 소득이 높아—연봉 25만 달러—대출 하나 없는 100만 달러짜리 주택을 소유하고 있고 은행에 20만 달러가 있다고 가정해보자. 성적 장학금을 제외하면 보스턴대학교 등록금 전액 7만 8000달러를 모두 내야 한다.

myintuition.org 사이트를 통해 한 줌도 안 되는 대학의 등록금 순비용만 산정해 봐도 놀라운 점을 발견하게 될 것이다. 예를 들어 가족 소득이 5만 달러에 자산이 하나도 없는 경우 보스턴대학교는 매사추세츠주 애머스트칼리지보다 연간 학비가 약 5000달러 싸다(매사추세츠주에 거주한다는 이유로 등록금을 덜 내는 학생에 비해서도 싸다). 《U. S. 뉴스 월드 리포트》의 미국 내 대학 순위 보고에 따르면 보스턴대학교 순위는 42위, 애머스트칼리지는 66위다. 그러나 70퍼센트 더 명망 높은 보스턴대학교(이 잡지의 순위가 명망, 오직 명망만 포착하고 있다는 점

•   그러나 늘 그렇듯 참고할 이면은 있다. "납세자가 이 퇴직계좌에 기준연도(과세 전년도)에 자발적으로 넣은 금액은 FAFSAFree Application for Federal Student Aid(연방정부 학자금 보조 무료 신청서—옮긴이)에 기록되며 *비과세소득*으로 간주된다. 고용주가 같이 낸 동일 금액은 FAFSA에 기록되지 않는다. 비과세소득과 급여는 과세소득과 마찬가지로 대학 보조금을 받을 자격에 영향을 줄 수 있다." 마크 캔트로비츠Mark Kantrowitz의 〈은퇴 자금은 학자금 보조 자격에 어떤 영향을 끼칠까?How Do Retirement Funds Affect Student Aid Eligibility?〉를 보라. FastWeb, 2009년 10월 6일, https://www.fastweb.com/financial-aid/articles/how-do-retirement-funds-affect-student-aid-eligibility.

을 감안하라. 이 문제는 곧 살펴볼 것이다)가 애머스트칼리지보다 40퍼센트 등록금이 더 저렴한 셈이다.[*]

여기서 커다란 재무 교훈이 도출된다.

> 명망 높고 잠재적으로 더 나은 교육을 싼 가격에 사라.

다시 말하지만 등록금이 얼마나 싼지는 가정 형편과 현재 처한 상황 등에 따라 달라진다. 부모님의 합산 소득과 자산이 많고 주소지가 매사추세츠주 밖인 경우 애머스트칼리지 등록금은 소비자가 그대로 5만 365달러를 내야 한다. 보스턴대학교 등록금보다는 35퍼센트 싼 가격이다. 이런 경우 양질의 교육뿐 아니라 명망까지 사려면 돈이 더 많이 들게 된다.

여기서의 또 한 가지 커다란 재무 교훈은?

> 경제 형편에 따라 등록금이 아주 비싼 대학도 믿을 수 없을 만큼 저렴한 등록금을 내고 다닐 수 있다. 등록은 둘째 치고 지원을 하기 전에 다른 대학교의 순 가격을 파악해둘 것!

- 내 경우 대학 순위는 《U. S. 뉴스 월드 리포트》 순위를 백분율로 환산한 후 1에서 뺀 값을 쓴다. 그렇게 계산하면 보스턴대학교 순위는 0.42 혹은 0.58이다.

숨어 있는 대학 보조금'세'를 피하라

앞서 제시한 사례는 돈에 관한 또 하나의 커다란 비밀을 보여준다. 돈이 많을수록 자녀에게 필요한 보조금 산정액이 줄어 실질 순 등록금이 높아진다는 것이다. 저축액과 소득에 따라붙는 이른바 '대학 보조금세'는 myintuition.org 사이트에서 특정 대학교에 관한 정보를 찾아 서로 다른 소득과 자산 자료를 입력하면 산정해볼 수 있다. 보스턴 대학교의 경우 퇴직계좌 외 자산에는 약 22퍼센트의 세금 격 비용 그리고 소득에는 약 15퍼센트의 세금 격 비용이 붙는다.

더 분명히 말해보겠다. 만일 비은퇴 자산이 비교적 적고 여분의 현금을 저축하고 있다면 자녀가 대학에 다니는 4년 동안 받는 재정 보조금 축소로 그 현금의 22퍼센트가량은 잃는 것이다. 만일 소득이 비교적 적은데 여분의 현금을 벌고 있다면 역시 자녀의 순 등록금이 오르면서 그 돈의 15퍼센트를 잃는다.

또 한 가지 염두에 둬야 할 사항은 myintuition.org 사이트는 현재 소득에 초점을 맞추고 있지만 당신 자녀에게 필요한 보조금 산정은 실제로는 자녀의 대학 지원서를 내기 2년 전 조정후총소득adjusted gross income을 고려해 이뤄진다는 것이다. 산정액은 FAFSA 형식을 바탕으로 한 것으로 studentaid.gov 사이트에서 구해볼 수 있다.

핵심은 간단하다.

재무관리를 어떻게 하느냐에 따라 대학에 들어가는 순 비용이 확연히 달라진다.

지금부터는 대학의 자산 및 소득 조사를 피할 수 있는 유용한 묘책 몇 가지를 소개한다. 주지할 점은 이 방법이 소득과 자산이 학생의 보조금을 산정하는 데 고려 대상이 될 만큼 낮은 가정에 해당된다는 것이다. 이런 정보를 대놓고 알려주기가 망설여지는 것도 사실이다. 대학의 학생 지원 시스템을 악용하는 것은 부당한 일이라고 생각하기 때문이다.

그러나 한편으로는 중하위소득 가정의 저축과 근로소득에 이토록 어마어마한 추가 한계세금의 타격이 가해지는 것 역시 불공평하지 않나 하는 생각도 있다. 소득이나 자산이 적은 부모가 자녀의 순 학비를 보조하기 어렵다면 부모로서는 무슨 수를 써서라도 자녀의 부담을 덜어줄 수 있게끔 조치를 취해야 한다. 연방정부조차 국민이 당연히 해야 하는 저축과 노동에 터무니없는 세금을 부과하고 있다.[11] 국민이 이 숨은 세금을 피하도록 돕기 위해 정부는 FAFSA4caster 도구를 개발해놨다. (studentiaid.gov/h/apply-for-aid/fafsa에서 찾아볼 수 있다.) 미국 정부가 국민의 세금 회피를 적극 장려하다니 믿기 어렵겠지만 이게 현실이다.

이 방법을 쓰려면 자녀가 대학에 들어갈 연령이 되기 몇 년 전부터 준비를 시작해 자녀가 대학에 다니는 동안 계속해서 상황을 추적해야 한다. 학자금 재정 지원은 매년 재산정이 이뤄지기 때문이다.

대학 보조금 산정 자산과 소득세를 최소화하는 아홉 가지 방법

1. 일반자산regular asset을 줄이기 위해 가능한 한 많은 돈을 퇴직계좌에 납입하라. 고용주와 조율해 보수 중 더 큰 금액을 퇴직계좌 납

입액으로 받을 수 있게 조치해두라.

2. 일반자산을 이용해 주택 담보대출을 갚아두라. FAFSA에 주택자산은 포함되지 않는다.*

3. 일반자산을 이용해 내구재를 사라. (전기자동차 허머Hummer 한 대쯤 살 때도 되지 않았나?) 그리고 보석류를 비롯한 쉽게 되팔 수 있는 개인 소장품을 사두라. 이는 자녀의 보조금 산정액에 포함되지 않는다.

4. 자녀의 조부모가 529플랜, 교육저축계좌, 다른 대학 관련 저축 플랜 등에 가입하게 하라. 이런 자산을 그냥 두면 자녀의 재정 보조금 필요액이 줄어들어 순 학자금이 늘어난다.

5. 일반자산에 대한 자본소득을 챙기는 일은 나중으로 미루라. 자본소득 역시 정부 FAFSA 소득 산정 고려 대상이다.

6. 저축성 생명보험인 종신형 생명보험과 유니버설 생명보험universal-life을 저축 삼아 이용하라. 이 보험의 현금 가치는 대체로 학생 보조금 산정에 포함되지 않는다.

7. 퇴직계좌에서의 인출을 미루라. FAFSA 산정 소득이 높아진다.

8. 자산에 자녀 이름을 넣지 말라. 자녀의 자산과 소득으로 보조금 액수가 감소한다.

9. 결혼을 미루라. 결혼으로 자산이 증가해 자녀의 보조금 산정액이 줄어들 수 있다.

• 그러나 주택자산을 포함하는 대학도 일부 있다.

대학이 제시하는 '포상'은 사기다

대학 합격증에는 신입생을 위한 온갖 재정 지원이 망라된 편지가 딸려온다. 연방과 주의 학자금 대출도 포함돼 있다. 그러나 빚은 포상이 아니다. 보조금도 아니다. 선물도 아니다. 빚은 그저 당신이 나중에 상환해야 할 비용일 따름이다.

대출 기간은? 금리는? 포상 편지는 이런 정보를 주지 않는다. 또 부모가 받을 수 있는 학자금 대출을 무슨 포상처럼 소개하면서 금리나 대출 기간 등 상환 당사자인 부모와 자녀가 미리 의논할 필요가 있는 정보는 주지 않는다. 근로 '장학금'을 받으려면 학생이 대학 캠퍼스에서 직접 일자리를 구해야 한다는 설명조차 없다. 어떤 장학금이든 장학금을 첫해에만 주는지 아니면 매년 성적에 따라 갱신되는지 여부를 설명해주는 것도 아니다. 연방 및 주보조금이 2학년이 되면 보장되지 않는다는 것, 부모의 자산이나 소득 상태가 나아지면 보조금이 줄거나 취소된다는 내용 역시 없다.

얼마나 많은 학생과 부모가 이런 대학의 포상 사기에 넘어갈지 누가 알겠는가. 고등학교 졸업을 앞둔 10대 대부분은 대출이나 채무, 빚, 금리, 수수료 혹은 상환 기간에 관해 아무것도 모른다. 부모 또한 마찬가지일 공산이 크다. 설사 안다 해도 자녀가 비싸고 명망 높은 학교에 가지 못하도록 설득하는 일이 망설여질 수도 있다. 대학의 학자금 관련 편지는 이 모든 사태를 이용해먹는다. 이 내용을 쓰고 있는 나는 지금 화가 나 피가 끓을 지경이다. 부동산 중개인이 당신이 사지도 못할 집을 소개하면서 지역 은행이 주택 담보대출을 '줄 수' 있으니 그 도움을 받아 집을 사면 된다고 설득하려 들면 어떤 기분일지, 게다가 중개사가 상환 기간이나 관련 조건을 알려주지도 않으면서 그런 설득을 하려 든다면 어떨지 한번 상상해보라. 그 중개인은 단 하루도 버티지 못한다.

대학에서 제시하는 허울 좋은 포상을 상환할 수 없는 학생은 받지 않으면 된다. 하지만 아주 드문 경우를 제외하고 그런 일은 일어나지 않는다. 오히려 학생들은 빚의 지옥에 빠져 허우적거린다.

학자금 대출을 갚지 못하면 어떻게 될까

지금까지도 후회스러운 일은 앞에서 소개한 매들린과 계속 연락하지 못했다는 것이다. 결국 매들린이 어떤 직장에 갔는지, 어떻게 학자금 대출을 해결했는지 모른다. 제발 대출금을 상환하지 못하는 지경에 처하지 않았기만 바랄 뿐이다. 대출금을 상환하지 못하면 채무자 감옥에 가는 것과 비슷한 상태가 될 수 있다. 파산신청으로 벗어날 수 있는 다른 부채와 달리 학자금 대출은 목을 단단히 옥죄어오는 저주 같은 존재다.[12] 학자금 대출금을 갚지 못할 경우 일어날 일을 정리해보겠다.

- 대출금은 부채 회수 기관으로 넘어가고 그 기관은 대출 잔액에 그 18퍼센트에 해당하는 금액을 추가한다.
- 법원 및 변호사 비용을 비롯해 회수 비용까지 빚으로 떠안는다.

- 대출금 전액에 대해 고소를 당하고 임금을 압류당할 수 있다.
- 연방 및 주소득세 환급금을 중간에서 가로채 간다.
- 정부가 사회보장급여 일부를 공제한다.
- *상환 후에도 채무불이행 기록이 최대 7년 동안 신용 기록에 남는다.*
- 자동차 대출이나 주택 담보대출이 불가능하거나 심지어 신용카드도 발급되지 않을 수 있다.
- 추가 연방 재정 보조금이나 대부분의 보조금을 받지 못할 가능성이 있다.
- 지불 유예나 대출 금리 보조금 수혜 자격을 상실할 수 있다.
- 전문 자격증을 갱신하지 못하거나 군 복무 자격을 얻지 못할 수도 있다.

잉글랜드 요크 인근에는 중세 시대 존재했던 채무자 감옥이란 곳이 남아 있다. 나도 방문해본 적이 있다. 독방 여덟 개로 이뤄진 지하 감방이었다. 햇빛도 들지 않고 신선한 공기도, 위생 시설도 전혀 없었다. 가이드에 따르면 쥐도 먹지 않을 음식을 내줬다고 한다. 그곳에 갇힌 사람은 신체적으로나 정신적으로 얼마 못 가 사망했다. 다른 이에게 이런 감옥이 주는 교훈은 분명했다. *어떤 형태든 대출을 받는 건 너무 위험하다는 것.*

미시시피주에는 여전히 채무자 교도소가 있다. 판사는 채무자를 가두고 강제 노동으로 차용증 채무를 갚게 할 수 있다.[13] 다른 49개 주에서 역시 학자금 대출은 신체적 재앙까지는 아니어도 경제적 재앙을 의미한다. 앞에서 말했듯 채권자는 미국 정부부터 시작해 민간은행까지 가능한 온갖 수단을 동원해 자기 돈을 회수해 간다. 요컨대 학자금 대출 미상환은 극히 드문 예외를 제외하고는 선택 문제가 아니다. 학자금 대출을 상환하지 못하면 미지급 잔액만 늘어난다. 갚지 못한 돈에 붙는 금리와 수수료가 계속 누적되기 때문이다.

59세 크리스의 실제 사례를 들어보겠다.[14] 크리스는 대학과 로스쿨을 다니기 위해 7만 9000달러를 대출했다. 그 후 번번이 어려운 일을 당해 대출금을 하나도 상환할 수 없게 됐다. 2004년 연방정부는 그의 임금을 압류하기 시작했다. 20년 가까이 지난 지금도 정부가 압류한 금액은 크리스가 빌린 원금을 다 갚기에 턱없이 부족하다. 미지급 이자조차 다 갚지 못했다. 융자 개시 수수료에 붙는 끔찍한 이자까지 포함해 크리스에게 부과한 아주 높은 평균금리를 생각하면 이런 결과는 별로 놀랍지도 않다. 물론 미지급 수수료에 붙는 이자까지 포함해 매달 지불하지 못한 금리도 가차 없이 내야 한다. 미지급 금액이 크리스의 대출금 잔액에 추가되기 때문이다. 현재 17년간 임금을 차압당한 크리스의 미지급 학자금 대출금 총액은 23만 6000달러로 그가 처음 빌린 금액의 거의 세 배로 늘어났다!

이 정도면 양의 탈을 쓴 악마, 미국 남북전쟁 이후의 소작제도나 다를 바 없다. 당시 가난한 자영농(대개 전쟁 전 노예였던 흑인 농부)은 고리대에 가까운 이자율에 억지로 돈을 빌려야 했다. 빌린 돈으로 종자를 사고 다른 농기구 등의 물품도 지주 상점에서 부풀려진 가격으로 사야 한다. 일단 빚을 지면 법이 적용되기 시작해 농부들은 자기 농장을 팔 수도 없고 다른 사람을 위해 일할 수도 없다. 다른 이름의 노예제나 다름없는 이 제도는 1930년대까지 존속했다.[15] 학자금 대출의 경우 대학 학비를 빌리는 학생은 일종의 소작인이며 지주는 미국 정부, 대학은 이 정부가 감독하는 경제 범죄에서 정부의 친구이자 동료다.

내 비유가 지나치다고 생각할 수도 있다. 자유 시장경제를 존중하도록 교육과 훈련을 받은 경제학자라는 작자가 어떻게 양 당사자 사이에 자발적으로 이뤄진 대출에 범죄라는 꼬리표를 달 수 있단 말인가? 이런 지적에 대한 내 반론은 고등학교 학생들과 그들의 부모는 '자발적이라는' 이 거래에 참여할 때 알아야 할 정보에 무지하다는 것이다. 특히 대학 학자금 대출을 받는 학생 중 절반 이상은 파산신청을 통한 채무 변제가 불가능하다는 사실을 모를 확률이 높다. 이들은 또 학자금 대출 상환과 관련된 정보를 실제로 파악하지 못하고 있다. 뒤에서 이를 수치화할 수 있도록 도움을 주려 한다.

학자금 대출이 내포하는 재무 위험을 고려하면 이제는 순 학비가 높은 대학이 그렇게 다닐 만한 가치가 있는지 자문할 때다. 대출까지 받아 다닐 만한 곳인지 따져봐야 하는 것은 말할 필요도 없다.

명망이 밥 먹여주지 않는다

미국과 외국에서 내가 다니고 가르치고 방문해본 칼리지와 대학이 족히 수백여 곳은 된다. 그 과정에서 나는 수천 명의 학생과 교수를 만났다. 연방정부와 민간 부문, 외국 정부, 국제단체에서도 일해봤고 민간 기업 컨설턴트로도 일해봤다. 여기에서도 어느 정도 사람들을 만났고 그중 대부분은 대학 학위가 있는 사람이었다.

이런 사람들을 통해 두드러지게 드러나는 점은 학벌과 성공은 대개 상관이 없다는 것이다. 어떤 사람이 어느 대학을 다녔는지 혹은 그가 정말 대학을 다녔는지 여부조차 주요 요인이 아니다. 크게 성공한 사람들은 뼈 빠지게 일에 매진하고 과제를 완수하는 데 필요한 것을 일하는 과정에서 직접 배우며, 1장에서 소개한 내 친구 CJ가 세차장에서 했던 것처럼 사장 입장에서 생각해 문제를 해결해가면서 스스로 사장이 된다. 이런 특성 때문에 성공한 사람은 가방끈이나 제도권 교육에서 받은 상에 상관없이 경제적 결실을 거둔다. 엘리트를 양성하는 대학에는 성공하는 사람들이 모여든다. 이들이 성공하는 것은 자질이 있기 때문이지 대학 덕분이 아니다.

물론 연줄은 중요하다. 부유하고 연줄 많은 사람이 다니는 엘리트 학교에 가면 고소득 직종에 더 쉽게 접근할 수 있다. 하지만 스스로 기대에 부응해 실적을 내지 못한다면 여름 내내 하버드대학교 티셔츠를 입고 출근해봤자 직장에서 성공할 수 없다. 하버드대 블루칼라 노조직원이 수년 동안 임금 인상과 근로조건 개선을 위해 싸우면서 내건 슬로건에는 내가 말하고 싶은 요점이 담겨 있다.

명망이 밥 먹여주지 않는다.

엉덩이가 무거워야 한다

나는 명망 높은 대학에 다닌다고 성공이 보장되진 않는다는 것을 뼈저린 경험으로 배웠다. 나와 하버드대학교 경제학대학원 박사과정에 함께 다녔던 학생 두 명의 이야기를 들려주겠다. 두 사람의 이름을 조지와 샘이라고 하자. 나와 다른 24명의 학생이 경제학과 대학원 과정에 들어갔을 때 조지와 샘은 우리 중 성공할 가능성이 가장 높은 학생이었다. 정말이지, 둘은 너무 똑똑했다. 너무 똑똑한 나머지 고등학교 졸업 여부도 개의치 않을 정도였다. 고등학교 상급생 때 학교를 중퇴하고도 SAT 성적이 최상위권이었기 때문에 미국 최고의 대학 두 곳에서 입학 허가를 받았다. 너무 똑똑해서 학부에 다닐 때도 수업을 듣거나 시험을 치르는 일에 크게 신경 쓰지 않았다. 이들은 흥미를 끄는 것만 멋대로 공부했다. 결국 둘은 퇴학을 당했다.

학부에서 퇴학을 당했는데 어떻게 하버드대학교 경제학대학원 박사과정에 들어오게 됐을까? 바로 천재성 덕분이다. 둘은 머리를 맞대고 대학원 입학계획을 세웠다. 하버드대학교 교수진 중 대학원 경제학과 입학을 담당하는 교수—X 교수라고 하자—를 골랐다. 그런 다음 X 교수가 최근에 쓴 논문 중 한 편을 비판하는 근사한 논문을 썼다. 조지와 샘은 이 비판 논문을 대학원 지원 서류에 포함했다. X 교수는 어안이 벙벙했다. 고등학교도 대학교도 마치지 못한 두 학생이 자기 논문에서 허점을 찾을 수 있었다니. X 교수가 어떻게 했을지 맞혀보시라. 빙고! 둘은 합격했다.

이들을 제외한 나머지 학생은 박사과정에 들어가 그야말로 벌벌 떨고 있었다. 아무래도 입학 담당자가 행정 실수로 나를 받아준 게 틀림없다고 생각했다. 조지와 샘을 만나고 나자 우리의 의구심은 더욱 커졌다. 둘은 천재였다. 천재처럼 말했고 고급 수학도 모르는 게 없었으며 학교의 컴퓨터 하드웨어 시스템을 속속들이 꿰고 있을 뿐 아니라 모든 면에서 다른 모든 학생보다 압도적으로 우수한 인재로 보였다. 게다가 X 교수 때문에 이런 불안은 더욱 커졌다. 자신이 아인슈타인 둘을 발견했다며 공공연히 자랑하고 다녔던 것이다. 뭐, 아인슈타인도 고등학교와 대학을 마치지 못하긴 했다.

첫 이론 시험이 닥쳐왔다. 우리는 게임은 이미 끝났다고 생각했다. 조지와 샘은 우리를 저만치 뒤로 따돌릴 것이고 하버드는 우리에게 짐을 싸서 나가라며 우리를 입학시킨 실수를 만회하겠지. 다들 전전긍긍하며 시험장으로 들어섰다. 조지와 샘은 침착했다.

그런데 며칠이 지나고 아주 이상한 일이 벌어졌다. 교수님이 성적을 게시하자 모두 자기 성적은 제쳐두고 조지와 샘의 성적이 얼마나 대단한지 확인하러 우르르 몰려갔다. 그러나 조지와 샘의 이름은 성적표 최상단에 있지 않았다. 최상단 근처에도 없었다. 그렇다고 중간에 있는 것도 아니었다. 심지어 중간 아래쪽조차 아니었다. 둘의 이름은 거의 바닥에 있었다.

무슨 일이 있었던 것일까? 간단하다. 조지와 샘은 여전히 조지와 샘이었다. 대학원에 입학했다고 달라진 건 없었다. 조지도 샘도 공부에 별로 신경을 쓰지 않았다. 둘 다 독일인의 표현대로 'Sitzfleisch'가 없었다. 다시 말해 '엉덩이가 무겁지' 못했던 것이다. Sitzfleisch란 공부와 연구를 하고 글을 쓰며 책상 앞에 오랜 시간 버티고 앉아 있는 능력을 뜻하는 단어다. 지구력이 모자라면 학문에서 진전을 볼 수 없다. 조지와 샘은 지구력이 거의 없었다.

그래도 둘은 낙제를 면했고 예비시험도 통과했다. 그러나 논문을 쓸 때가 오자 둘의 지구력은 완전히 바닥났다. 아무리 과 천재라 해도 논문을 귀찮은 일 없이 쓸 수는 없었다. 결국 둘은 삼진 아웃. 고등학교 졸업 실패, 대학 졸업 실패 후 끝내 대학원도 마치지 못했다. 조지와 샘에게 하버드 입학은 학자로 성공하는 티켓은커녕 졸업 티켓조차 되지 못했다.*

조지와 샘의 이야기는 물론 흔한 사연은 아니다. 보통 하버드로 가는 길은 이렇게 실패로 얼룩져 있지 않다. 그리고 하버드에 다니는 대부분의 학생은 결국 임금 분포도 최상위권에 위치한다. 그러나 이들이 대학에 들어가 버티면서 졸업까지 하는 주된 이유는 노력하지 않아도 되는 천재여서가 아니다. 이들이 부유해지는 이유도 하버드에 들어갔기 때문이 아니라 공부하는 법을 알기 때문이다. 하버드에 다니는 학생들은 지나치다 싶게 열심히 공부한다. 이들이 길게 봤을 때 직업적 성공을 거두는 이유가 졸업장에 적힌 기관 이름 때문인 경우는 거의 없다. 하버드 졸업생에게 해당되는 사실은 미국의 모든 상위권 대학뿐 아니라 그 외 대학에도 적용된다. 상위 50위권 이하의 대학을 살펴봐도 차이는 전혀 없다.

내 의견을 말한 것이 아니다. 1999년 중요성이 높은 한 연구에서 스테이시 데일Stacy Dale 과 앨런 크루거Alan Krueger 는 고등학생의 수학능력평가 성적과 다른 능력 및 학업 윤리 측정치를 조사한 후 이들의 미

---

* 조지와 샘이 학계에 맞지 않았다고 해서 이들이 빈곤해졌다는 뜻은 아니다. 나는 둘이 어떤 길을 택했는지 모른다. 우리 박사과정 졸업생보다 훨씬 더 성공했을지도 모르지만 학문적 인내와 훈련이 필요한 분야에서 그러지는 못했을 것이다.

래 소득이 좋은 대학에 다녔는지 여부에 달려 있지 않다는 사실을 발견했다.[16] 이 연구를 통해 돈의 커다란 비밀 하나를 알 수 있다. 하버드, 예일, 스탠퍼드, MIT, 컬럼비아, 펜실베이니아, 코넬 등 최고 대학에 들어갔다고 해도 상당한 금전 지원을 받지 못하면 그 교육이 비싼 학비값을 하지는 못한다는 것이다.

이를 바꿔 말하면 다음과 같다.

> 최고 대학을 다니겠다고 큰돈을 내거나 빌리는 것은 어마어마한 낭비일 가능성이 크다.

물론 과장하고 싶지는 않다. 최근 라즈 체티Raj Chetty와 존 프리드먼 John Friedman이라는 경제학자는 (다른 학자들과 함께) 특정 엘리트 대학을 다니는 데 부가가치가 있는 이유는 이들이 특정 분야에서 학생을 탁월하게 교육시키거나 해당 대학이 기업 채용 담당자의 선호 대상이기 때문이라는 결과를 내놨다.[17] 예를 들어 월스트리트에서 일하고 싶다면 애머스트칼리지보다는 펜실베이니아대학교에 가는 편이 낫다. 월스트리트 채용 담당자들은 애머스트칼리지보다 펜실베이니아대학교에서 신입 사원을 더 많이 뽑기 때문이다. 그러므로 특정 교육이나 취업 면접 용이성 때문에 학비를 더 지불하는 것은 어떤 경우에는 그럴 만한 가치가 있을 수 있다. 그러나 더 큰 쟁점은 엘리트 대학을 다니는 대다수 학생이 거액의 돈을 더 내면서 딴 근사한 졸업장이 근사한 인생의 보증수표라고 생각하는지 여부다. 학생들이 소비자가 대로 학비를 다 내고 있을 경우 오히려 그 졸업장은 근사한 인생은커녕 극빈 상태로 빠지는 보증수표일 확률이 더 크다.

한편으로 당신의 할머니가 친구들에게 손주가 근사한 대학에 들어 갔다며 자랑할 기회를 빼앗겼다고 섭섭해하실 경우를 대비해 엘리트 대학을 싸게 다닐 방법도 있다. 앞에서도 말했지만 먼저 해당 대학의 순 등록금을 알아보라. 예상보다 훨씬 적은 금액일 수도 있다. 다음으로 학위는 싸게 취득하고 교육은 값진 것을 선택하라. 금전적 이득과 교육적 이득을 둘 다 최상으로 누릴 수 있다.

적은 비용으로 좋은 학교에 다녀라

뉴저지주에 있는 러트거스대학교를 생각해보자.《U. S. 뉴스 월드 리포트》에서 63위를 받았지만 액면 등록금은 상위 50개 대학 중 많은 학교의 절반도 안 된다. 러트거스대학이 63위라는 것이 *실제로* 그 대학이 미국에서 63번째로 좋은 대학이라는 뜻일까? 보스턴대학교는 《U. S. 뉴스 월드 리포트》순위대로 *정말 42번째*로 좋은 대학일까? 아니, 그렇지 않다.《U. S. 뉴스 월드 리포트》가 제시하는 대학 순위 시스템의 결함에 대해 책 한 권도 쓸 수 있을 정도다. 이 잡지의 가장 큰 문제는 대학 선택에서 가장 중요한 덕목을 과소평가한다는 점이다. 바로 학생을 가르치는 교수의 자질이다. 같은 대학에서도 학과마다 수준과 질이 천차만별이라는 사실은 이 문제를 더욱 악화한다. 특정 대학에 당신의 관심 분야에서 좋은 학과가 있다면 대학 전체 순위보다는 이 부분이 당신에게 훨씬 중요하다.

내 관점이 뭐냐고? 최상의 교육은 최상의 연구자, 다시 말해 자기 연구 분야에서 최고의 학술지에 논문을 발표하는 교수가 제공한다는 것이다. 왜냐고? 최고의 교육자가 되려면 해당 분야 최신 연구를 뒤처지지 않고 알아야 하고 최고의 학자가 꼭 해야 하는 일도 바로 그런 연구이기 때문이다. 이미 발표된 내용과 비슷한 내용을 발표하는 짓은 학계에선 불가능하다. 따라서 학계의 오랜 격언—논문을 발표하거나 사라지라—은 당연한 귀결로 이어진다. 쓰기 전에 읽으라.

1984년 내가 보스턴대학교 경제학과 교수로 들어갔던 당시 보스턴대학교는 경제학과 순위가 전국 86위에 그치는 그저 그런 대학이었다. 최고 학술지 논문 발표를 기준으로 한 순위였다. 논문 발표는 객관적 순위 평가다. 최고 경제학 학술지 5년 치 정도를 열어 보스턴대학교 교수가 쓴 논문 수를 세어보면 다 나온다. 그 숫자가 바로 보스턴대학교가 당시 차지하던 순위였다. 최고 대학 근처에도 못 갔다.

내가 보스턴대학교에 부임한 무렵 가장 우선한 일은 이런 상황을 개선하는 것이었다. 그러려면 최고의 연구진을 고용하고 종신 재직권 기준을 높이는 작업이 시급했다. 1985년 나는 경제학과장이 됐고 동료들과 개선 작업에 착수했다. 14년 만에 보스턴대학교 경제학과는 같은 기준에 의거 7위로 뛰어올랐다![18] 우리 학과는 스탠퍼드, 예일, 노스웨스턴, 버클리, 브라운 그리고 다른 '더 나은' 대학이라는 곳보다 높은 순위를 기록했다.

그러나 해가 갈수록《U. S. 뉴스 월드 리포트》는 우리 대학 경제학과의 학문적 업적은 물론 대학 전체의 학문 수준을 전혀 눈여겨보지 않았다. 오히려 새 체육관이나 5성급 호텔을 방불케 하는 기숙사, 근사한 학생회관, 최신 하키 경기장을 짓는 등 실제 교육에는 아무런 영향도 끼치지 않는 온갖 겉치레에 신경 쓰면 순위가 상승했다. 대학 쇼핑의 중요한 진실 하나가 여기서 도출된다.

대학 순위는 믿을 게 못 된다.

이런 결론에는 당신이 어떤 대학을 고려할지, 결국 어느 정도의 등록금을 낼지, 그러다 얼마나 많은 돈을 빚으로 질지에 관한 중대한 함의가 있다. 반복하기 싫지만 돈을 버는 가장 쉽고 안전한 방법은 쓰지 않는 것, 잃지 않는 것, 특히 2류밖에 안 되는 것을 사느라 쓸데없이 돈을 낭비하지 않는 것이다. 대학 교육은 비싸다. 고등학생들은 대개 대학 투어 가이드가 마음에 들거나 스포츠 팀이 좋아서 혹은 근사한 도시에 있거나 기숙사가 멋져서 특정 대학에 가려고 마음먹는다. 학과장 시절 나는 고등학생 지원자나 그 부모가 자신이나 자녀가 경제학을 전공하고 싶은데 우리 대학 교수진의 연구 실적이 궁금하다고 묻는 전화나 이메일을 한 번도 받아본 적이 없다.

나는 이런 세태가 참으로 걱정스럽다. 수백만 명의 고등학교 상급생과 부모가 대학 교육에 맹목적으로 돈을 갖다 바치고 있다는 느낌이 들기 때문이다. 이들은 더 많은 돈을 대학에 쓸수록, 대학 순위가 높은 곳에 진학할수록, 기숙사 방이 근사할수록 훗날 경제적 보상 가능성도 커지리라 생각하는 모양이다.

하지만 데일과 크루거의 연구가 보여주는 바에 따르면 이는 사실이 아니다. 알다시피 러트거스대학교가 상위 20개 대학보다 당신의 관심 분야에서 훨씬 좋은 대학일 수 있다. 그렇다면 등록금이 더 비싼 학교보다 러트거스대학교에 진학하는 것이 반값에 훨씬 나은 교육을 받을 기회가 될 수 있다. 다른 조건이 동일할 경우 학자금 대출을 반으로 줄여 대학을 졸업할 수 있다는 뜻이다.

대학을 선택할 때 실제로 구매하는 교육의 질을 어떻게 판단할 수 있을까? 다음 단계를 따르면 좋겠다. 일단 당신이 전공하고 싶은 분야 10개를 놓고 숙고하라(물론 분야를 너무 좁게 한정할 필요는 없다. 대학의 중요한 역할 중 하나는 전공 분야를 바꿀 수 있다는 점이다). 그런 다음 온라인에서 당신이 진학을 고려하는 대학 각각의 관련 분야 연구나 학과 순위를 찾아보라.* 그리고 당신이 가지 않을 대학교의 학과장에게 전화를 걸어 당신이 고려하고 있는 대학들 중 어떤 학교가 그 분야에서 최고인지 물어보라.

예를 들어 당신이 웨이크포레스트대학교와 노터데임대학교 정치학과를 비교하고 있다면 미시간대학교 정치학과장에게 전화를 걸어 조언을 구하라.** 좀 희한한 방법이라는 건 알지만 당신이 새롭게 사고하길 바라는 뜻에서, 적어도 매끈한 입학 소개 팸플릿을 벗어나 생각해보라고 격려하는 뜻에서 하는 조언이다.

그러나 뭐니 뭐니 해도 당신이 고려하는 대학의 학문 수준을 확실

• 꼼꼼히 조사하라. 서로 다른 기준을 근거로 순위가 달라질 수도 있다. repec.org는 경제학과의 연구 순위를 가장 잘 매겨놓은 사이트로 보인다. 보스턴대학교 경제학과는 미국 대학 경제학과 중 11위, 세계 대학 중 15위다. 러트거스대학교는 미국 경제학과 중 38위, 세계 대학 중 68위다.

•• 교육자는 교육자다. 교수로 위장한 게 아닌 이상 전화를 받은 교수는 대개 몇 분 정도는 기꺼이 할애해 학생에게 교육 방향과 지침에 대한 조언을 들려줄 것이다.

히 알 수 있는 가장 중요하고 쉬운 방법은 관심 학교의 관심 학과마다 교수진의 연구 기록을 찾아보는 것이다. 이들의 학문 성취 이력은 온라인에서 쉽게 찾아볼 수 있다.

대학 순위가 대학에서 제공하는 교육과 필연적 연관이 없는데도 다들 대학 순위에 목을 매고 있다면 당신에게는 기회다. 당신은 일류 교육을 적정한 값에 제공하는 저렴한 대학을 반드시 찾아낼 수 있다. 이번 돈의 비밀은 이렇게 정리할 수 있겠다.

> 자신만의 순위를 매겨 등록금이 저렴하면서도 교육의 질이 좋은 대학을 찾아내라.

어느 대학을 가든 엘리트 교육을 받으라

당신이 받을 교육의 질을 보장하기 위해 대학과 전공을 선택하기 전 마땅히 사전 조사를 해야 한다. 이런 조사는 대학에 입학하고 난 다음에도 계속 중요하다. 대부분의 주요 대학 학과에서 강의하는 사람 중에는 최고의 학자뿐 아니라 수많은 외부 강사와 비연구직 교수도 섞여 있기 때문이다.

예를 들어 당신이 경제학을 전공으로 택했다고 해보자. 그 덕에 수업료와 기숙사비와 식비로 연간 최대 8만 달러를 내고 있다. 이렇게 어마어마한 비용을 들였으니, 4년간 32만 달러어치의 최상의 교육을 보장받고 싶은 게 당연하다. 32만 달러면 미국 어디서나 근사한 주택을 구입할 수 있다. 허머 EV나 롤스로이스(싼 모델) 세 대를 살 수도 있다. 평균연봉과 세금을 고려할 때 8년을 꼬박 일해야 버는 돈이 32만 달러라는 사실을 떠올려보라.

그러니 하루 반나절 정도 시간을 들여 당신이 갈 대학 교수진의 연구 기록을 바탕으로 뛰어난 교수를 찾아 그들의 강의를 들으려는 노력 정도는 꼭 기울여야 한다. 이때 커뮤니티 웹사이트에서 같은 재학생의 교수 평가나 추천을 찾아 의지할 생각은 하지 않는 것이 좋다. 그런 평가나 조언은 모두 그릇된 생각을 심어줄 수 있기 때문이다. 인기 많은 교수가 재밌는 강의를 할진 몰라도 반드시 자기 분야 최고의 학자인 건 아니다.

이 점과 관련해 최근 보스턴대학교 경제학과를 졸업한 학생과 우연히 만나 나눈 대화 한 토막을 소개한다. 그 학생은 나를 만나 내가 보스턴대학교 경제학과에서 강의를 했다는 사실을 알게 되자 환하게 웃으며 말했다.

"보스턴대학교 정말 좋았어요. 경제학 전공도 좋았고요."

나도 그 친구의 미소에 환한 미소로 답했다. "그럼 Z 교수의 강의를 수강했겠군요? 정말 대단한 분인데."

"아뇨, 그건 아니에요."

"X 교수는 어때요? 분명 그분 강의는 수강했겠죠?"

"아뇨, 죄송해요."

"그럼 Y 교수는? 그분 강의는 들었나요?"

"아뇨, 하지만 W 교수님 강의는 들었어요."

"음, W 교수는 실제로는 교수가 아니에요. 대학원생이죠."

그 졸업생과 몇 마디 더 나눈 다음 나는 학교에 대한 만족도가 매우 높은 이 졸업생이 4년 동안 보스턴대학교의 탁월한 경제학과에서 수업을 들으며 최고 교수진은 고사하고 (경제학 과목을 가르치는) 정교수의 과목조차 한 과목도 수강하지 않고 졸업장을 취득했다는 사실을 알게 됐다.

누가 그 친구의 교육비를 지불했는지 나는 모른다. 정부인지, 보스턴대학교인지, 매사추세츠주인지, 그의 부모인지, 조부모인지, 부자 이모인지 아니면 자신인지, 대출을 받았는지도 모른다. 등록금을 얼마나 냈든 (아니면 여전히 내고 있든) 그 친구는 자신의 교육 자원을 충분히 활용하지 못한 셈이다. 보스턴대학교에는 뛰어난 대학원생, 객원교수 그리고 강의 전문 교수단이 있다. 그러나 강의 자질과 자격에서 이들은 최고 연구자인 교수진의 발끝도 따라가지 못한다. 그리고 보스턴대학교에 해당되는 이야기는 모든 대학에도 해당된다.

여기서 또 하나의 비밀이 도출된다.

최고의 연구 성과를 낸 교수에게 배움으로써 교육비 낭비를 막으라.

좋은 대학의 교육을 비용 없이 받으라

당신이 전공하고 싶은 분야의 최고 교수진에게 배울 수 있는 학교를 찾고 있다면 틀림없이 그들 중 많은 사람—물론 숨은 고수도 있겠

314

지만—이 학비가 비싼 최고 대학에 포진해 있다는 사실을 마주하게 될 것이다.*

그러나 인터넷의 경이로운 기적을 감안하면 실제로 좋은 대학, 최고 교수진에게 배우는 이득을 누리기 위해 직접 그 학교 학생이 돼 온종일 학교에 붙어 있을 필요는 없다. 수업료가 비싸지 않은 대학을 다니면서도 하버드, MIT, 예일, 옥스퍼드, 버클리, 스탠퍼드, 그밖의 다른 많은 최고 순위 대학에서 온라인 수강을 할 수 있기 때문이다. 코세라Coursera라는 사이트는 거의 4000개 강의를 제공하는 온라인 플랫폼으로 약 4분의 1이 무료 강의다. 나머지는 1년에 600달러 정도면 수강할 수 있다. 관심 분야에서 더 상세한 하위 과목을 수강해 전공과목을 듣고 자격증을 따고 싶다면 가격은 훨씬 더 싸진다.

1962년 케네디 대통령은 예일대학교에서 졸업식 연설을 하고 명예박사 학위를 받았다. 학위증을 받으며 대통령은 유명한 말을 남겼다. "이제 (……) 저는 두 세계에서 최고만 가진 셈이군요. 하버드의 교육과 예일의 학위 말이죠."[19] 케네디는 기가 막히게 건조한 기지를 발휘한 셈이었다. 당시 적어도 학자들 사이에서의 통념은 교육 면에서

---

* 대학 순위가 높은 학교는 대개 교수진도 더 훌륭하지만 재학생 역시 생활의 지혜는 아니더라도 축적해놓은 지식이 많고 공부도 열심히 하는 사람이다. 공부벌레는 쓸모가 있다. 당신이 미술사 전공을 하는데 다양한 과목을 이수해야 한다는 졸업 요건 때문에 미적분 1을 수강해야 한다고 가정해보자. 그럴 때 동급생 룸메이트인 앨프리드 뉴먼이 로피탈의 정리를 설명해주면 얼마나 좋겠는가. 그러나 동급생에게서 배우는 이득은 인터넷 덕분에 눈에 띄게 줄었다. 시차가 정반대인 곳에서 당신을 가르쳐줄 사람을 찾을 수 있게 된 것이다. 구글에서 '로피탈의 정리'를 검색해보라. 칸아카데미Khan Academy, 유튜브 영상, 위키 항목에다 수십 가지 다른 방법을 통해 이를 배울 수 있다. 어떤 분야든 대부분의 일반 주제에 관해서도 마찬가지다.

는 하버드보다 예일이 낮고 학위는 예일보다 하버드가 낫다는 것이었다. 그런데 케네디 대통령은 이 짧은 한마디로 두 학교의 명망을 뒤집어버렸다. 사람들은 대통령이 한 말의 의미를 알고 있었다.

당시 대통령의 말은 뼈 있는 농담에 불과했지만 오늘날 이 말은 농담만은 아니다. 당신이 아이오와주에 살고 있다면 연간 2만 5000달러면 아이오와대학교 학위를 받고 온라인에서는 예일대학교 교육을 받을 수 있다. 예일대학교 온라인 학업과 졸업 증명서를 위한 추가 비용은 얼마냐고? 0에 가깝다. 그런 다음 취업을 할 때 이력서에 아이오와대학교를 졸업했지만 예일대학교에서 공부했다는 내용을 추가할 수 있다. 수료 증명서와 수강 성적표를 첨부하면 된다. 이 정보야말로 비밀로 정리해둘 만하지 않을까.

대출 없는 저렴한 학위와 엄청나게 비싼 교육 둘 다 누리라.

이로 인해 나는 방금 케네디 대통령의 농담을 반박했다. 아이오와대학교의 수많은 교육 프로그램은 예일대학교보다 낫다. 특히 아이오와대학교 국제 창작 프로그램Iowa Writers' Workshop 은 미국 내 가장 명망 높은 창작 프로그램보다 훨씬 우수하다.

대학은 교육인가, 신호인가

마이클 스펜스Michael Spence 는 기발한 신호 이론을 주창해 노벨경제학상을 받았다. 신호 이론은 CJ가 혼자 힘으로 발견한 지혜와 다를 바 없는 내용을 담고 있다.

스펜스의 이론은 다수의 맥락에 적용된다. 대학이라는 주제에 적용하면 조금 극단적이게 되는데 어쨌거나 원리는 다음과 같다. 대학 졸업장은 미래 고용주에게 그게 뭐든 직접적 가치는 조금도 제공하지 못한다. 중요한 것은 당신이 대학에, 그것도 최고 대학에 다니면서 졸업까지 했다는 사실 자체다. 고용주는 이 사실을 통해 당신이 남들보다 더 근면하고 창의적이며 무엇이든 더 빨리 배워 습득한다는 점을 알게 된다. 당신의 졸업 사실 자체가 고용주에게는 일종의 신호 기능을 한다는 뜻이다. 따라서 좋은 대학에 다니고 제대로 졸업을 해낸다면 화려한 경력으로 이어지는 취업 면접을 볼 수 있다. 대학에 다니는 학생의 성공 정도가 모두 똑같다면 고용주가 그걸 좋은 신호로 받아들일 리 없다. 그러나 실제로 근무를 잘할 가능성이 더 높은 사람이 학교생활을 더 쉽고 탁월하게 해낸다면 그 학교는 고용주 눈에 띌 것이고 그곳을 졸업한 학생은 최고의 직장을 구할 수 있다.

그렇다면 터무니없이 큰돈을 비싼 학교에 지불하면서까지 이런 최고 학교의 황금 인장을 받아야 한다는 말인가? 요즘은 그렇지 않다. 다시 한 번 말하지만 최고 학교에서 온라인 수강으로 수료증과 성적을 받는 것이 정답이다.

당신이 노스다코타주 포트예이츠의 시팅불칼리지에 다닌다고 해보자. 1년에 1만 달러 정도면 이 대학을 다닐 수 있고 이 정도 금액은 재학 중에 맥도날드에서 아르바이트만 해도 조달할 수 있다. 그러나 당신 꿈은 IBM에 입사해 양자 컴퓨터로 일을 하는 것이다. 좋다. 이 일을 할 수 있는 과목을 가르치는 온라인 강좌를 검색하라. 유수의 명문대에서 최고 교수진이 관련 과목 수십 개를 가르치고 있음을 알게될 것이다. 예를 들어 이 과목 열 개를 7500달러에 수강할 수 있고 그래서 수료증과 성적을 딸 수 있다고 해보자. 여름 동안 맥도날드에서 풀타임으로 일하면 이 정도 돈은 벌 수 있을 것이다. 빙고! 이제 IBM에 입사 지원서를 보낼 때 동봉할 서류가 전혀 달라질 것이다.

정리하면 다음과 같다.

> 요즘 명문 대학의 '신호' 가치는 온라인에서 저렴하게 뽑아낼 수 있다.

편입 게임

비싼 대학의 교육을 저렴한 비용으로 받는 최고의 방법 중 하나는 편입이다. 일단 저렴하고 명망이 낮은 학교를 첫 2년 동안 다닌 후 학비가 비싼 명문대로 편입해 3~4학년을 다니는 것이다.

편입은 이미 보편적 현상이다. 약 70만 명—전체 학생의 약 5분의 2—이 매년 편입을 한다. 두 번 이상 편입하는 학생 비율도 17퍼센트로 꽤 높다. 2년제 커뮤니티칼리지를 다니는 대다수 학생을 비롯해 대부분이 값싼 대학에서 값비싼 대학으로 편입한다.

아닌 게 아니라 커뮤니티칼리지 학생 넷 중 하나는 4년제 대학으로 편입하고 대부분은 새로 편입한 대학에서 학위를 딴다. 다시 말해 좀 더 싼 학교에서 2년을 보낸 다음 비싼 학교로 편입하면 비용을 적게 들이고도 더 명망 높은 대학의 학위를 얻을 수 있다.

보스턴대학교에 들어와 나와 공부하고 싶은가? 보스턴대학교는 매년 4300명 이상의 학생에게서 편입 지원서를 받아 43퍼센트의 학생을 합격시킨다. 놀라운 수치다. 고등학교 졸업생 입학 비율의 거의 두 배나 되기 때문이다. 보스턴대학교에 들어오려면 신입생으로 입학하는 것보다 편입하는 편이 두 배나 쉽다는 뜻이다.

코넬대학교는 5300명의 편입생 지원서를 받아 17퍼센트를 받아주지만 신입생 입학률은 10퍼센트밖에 안 된다. 따라서 편입은 다른 학교로 옮기기 전 2~3년 동안 지불하거나 대출할 학비를 훨씬 줄이면서 명문대 문턱을 넘을 수 있는 좋은 방법이다.

꿈에 그리던 학교에 편입할 수 있다고 100퍼센트 보장할 수는 없다. 프린스턴대학교는 매년 받아주는 편입생이 극소수인 명문 대학에 속한다. 신입생으로 프린스턴대학교에 들어온 학생이 휴학을 하지 않고 4년 내내 다니는 경우가 많아 편입 여석이 거의 나지 않기 때문이다. 그러나 미국 대학 전체로 볼 때 편입 합격률은 표준 입학률과 비슷해 보인다.[20]

편입에서 큰 관건은 새로 들어갈 대학이 전에 다닌 학교에서 수강한 과목 중 어떤 과목과 몇 학점을 인정해주느냐다.[21] 편입 전략을 염두에 두고 있다면 편입하고 싶은 대학 입학 담당자와 미리 이야기를 나눠 해당 학교의 학점 이수 방침과 지원 적정 시기를 파악해야 한다. 또 전적 대학에서 받은 학점이 편입하려는 학교의 학점 기준과 다를 수 있다는 점도 알아둬야 한다.

이를 정리하면 다음과 같다.

비싼 명문대 학위를 싸게 따고 싶다면 편입을 적극 고려하라.

학자금 대출의 늪

지금껏 나는 학자금 대출의 늪에 빠지는 것이 얼마나 위험한지에 집중해 논의를 이끌어왔다. 이 경고가 당신에게 해당되지 않는다고 생각한다면 다시 생각해보라.

2019년 학자금 대출금의 12퍼센트가 채무불이행됐고 14퍼센트는 유예됐다.[22] 다시 말해 학자금 대출을 받은 4500만 명의 미국 대학생 다섯 명 중 한 명은 빚진 돈을 상환하지 못했다는 뜻이다. 이 난감한 통계치—경기가 나쁠 때는 당연하다 치고 경기가 정상일 때조차 채무를 변제하지 못할 20퍼센트의 확률—앞에서는 누가 됐든 학자금 대출 전에 두 번 생각해봐야 할 수치다.

학자금 대출에 대한 경고만으로는 부족하다. 이제부터 나는 논의를 더 확대해 진짜 보조금과 가짜 보조금도 논하려 한다. 이에 더해 채무를 면제받을 가능성도 고려해보려 한다. 결국 이런저런 종류의 수많은 대출을 받아 늘기만 할 수 있는 금액의 돈을 다 갚을 수 있는 최선의 길도 논하겠다. 여기서 '최선'이라는 말은 어떤 부채를 먼저 갚고 어떤 부채를 유예하며 소득연동대출을 선택할지 말지 등의 문제를 가리킨다.

좋은 보조금과 나쁜 보조금

알다시피 보조금에는 좋은 것과 나쁜 것이 있다. 좋은 보조금은 상환이 필요 없다. 수많은 곳에서 아예 무료로 주는 식이기 때문이다(이를 장학금이라고 한다). 연방정부, 주정부, 지원하는 대학 혹은 민영 자선단체를 비롯한 여러 단체에서 주는 돈이다. 보조금과 장학금의 기준은 경제 사정이나 성적이다. (2021년 기준) 연방정부는 펠그랜츠라는 이름의 장학금을 매년 6345달러씩 중하위소득 가구 대학 지원자에게 제공한다. 경제 사정이 더욱 열악한 경우 연방교육기회보조금이라는 장학금 제도도 있다. 연간 최대 4000달러까지 지원한다.

일부 주에도 학자금 지원 프로그램이 있다. 캘리포니아주의 캘그랜트Cal Grant가 한 사례다. 이 장학금은 학생들의 필요와 캘리포니아주 내 고등학교 성적을 바탕으로 산정한다. 그러나 이는 캘리포니아대학교 시스템, 캘리포니아주립대학교 시스템 혹은 캘리포니아커뮤니티칼리지 시스템에 속하는 학교에 지원할 때만 받을 수 있다. 이뿐만 아니라 거의 모든 주에 학생이 지원할 수 있는 특수 목적의 장학금이 있다.

주 장학금을 알아보는 좋은 출발점은 국립학자금지원관리자협회 National Association of Student Financial Aid Administrators, NASFAA (nasfaa.org/state_financial_aid_programs)다. 나는 아칸소주에서 가장 좋은 장학금을 찾아봤다. 캘그랜트 유형의 프로그램은 찾을 수 없었지만 말을 좋아하거나 합창, 기술, 자동차, 병충해 방제, 폐수, 간호나 요양, 자연보호에 관심 있는 학생 혹은 검경 자녀 혹은 장애가 있거나 사망한 아칸소주 수의사 자녀에게 주는 장학금은 찾아냈다.

대학마다 학생의 재정 상태와 성적에 따른 장학금 지급 기준이 다르다. 당신이 성적 우수자거나 뛰어난 운동선수 혹은 어떤 능력에서든 두각을 보이는 학생이라면 대학은 당신을 데려가려 할 것이다. 대학이 당신을 뽑게 하라. 일단 대학이 당신을 지원해주겠다는 편지를 보내오면 더 많은 도움을 청할 수 있다. 대학에 당신의 특수한 상황과 다른 학교에서 제시하는 조건을 알린 다음 해당 학교가 당신을 데려가기 위해 더 좋은 조건을 제시하는지 보라. 당신의 상황을 더 호소력 있게 표현할 방법을 웹상에서 찾아 활용하라.

경제 여건을 바탕으로 한 지원은 가정의 학비지불능력expected family contribution, EFC (이하 EFC)에 해당하는 액수를 대학이 제시하는 소비자가에서 빼 산출한다. EFC 산정액은 myintuition.org에서 산출한 금액인데 앞서 논한 대로 가족 소득과 퇴직계좌 자산을 뺀 자산과 대학에 다니고 있거나 다닐 형제자매 수 등을 고려해 산출한다.

예를 들어 대학 연간 학비의 소비자가가 7만 5000달러고 당신 가정의 EFC가 4만 5000달러라고 해보자. 그러면 필요한 금액은 3만 달러다. 대학은 이 금액을 연방과 주보조금, 근로 장학제도 그리고 학교가 제공할 수 있는 경제 상황 및 성적 기반 장학금으로 채워주려 할 것이다. 만일 필요 금액을 다 채우지 못하면 당신은 4만 5000달러에 나머지 차액을 더해 학비로 내야 한다. 이것이 내야 할 순 비용이다.

이 보조금은 대개 상환할 필요가 없지만 특정 조건에서는 상환해야 할 수 있다. 당신이 대학에 다니는 내내 파티를 전전하고 수업 시간에 내리 자고 과음을 하고 마약까지 대량으로 사용했다고 생각해보자. 뭐, 그렇다면 결국 학교에서 퇴학당할 가능성이 크다. 이 경우 미국 정부와 다른 보조금 지급 기관은 지원금을 돌려달라고 할 것이다. 돌려줄 돈이 없다면 펠그랜트 보조금은 부채로 전환돼 기관은 이자까지 더해 그 돈을 다 갚도록 강제할 것이다.

학자금 대출은 최악의 '지원금'이다

90퍼센트의 학자금 대출은 정부가 수많은 프로그램을 통해 제공한다. 나머지는 민간 대출이다. 대출을 해야 한다면 먼저 연방 대출부터 이용해야 한다. 고정금리가 꽤 낮고 상환도 소득 일부를 지급하는 식으로 선택할 여지가 있는 데다 특정 직종에 종사하는 경우 상환 면제도 가능하며 상환 유예 옵션도 있고 일부 경우 상환을 더 빨리 하면 금리를 낮출 수도 있기 때문이다.

현재 연방정부가 제공하는 대출에는 다이렉트 대출Direct loan(스태퍼드 대출이라고도 한다), 다이렉트 플러스 대출 그리고 다이렉트 통합 대출Direct Consolidation loans이 있다. 다이렉트 대출은 학부생과 대학원생 및 박사과정 이후 학생에게도 대출한다. 경제 사정이 어려운 학부생은 다이렉트 대출을 받을 수 있어 졸업 후 6개월 그리고 이후 얼마나 유예기간을 뒀든 계속해서 이자 상환을 유예할 수 있다. 다이렉트 플러스 대출은 대학원생과 박사 이상 학생에게 대출(졸업생 학자금 대출)해주며 앞에서 말했듯 학부생 부모나 조부모에게도 대출을 해준다(부모 학자금 대출). 다이렉트 통합 대출은 연방 대출금을 모두 합쳐 차용증서를 하나만 쓰게 해 다달이 상환할 수 있게 해준다.

2021년 연방 다이렉트 대출을 통해 누적해 대출할 수 있는 최대 금액은 대부분의 지원자에게 3만 1000달러다. 부모의 경제적 지원이 없는 경우 5만 7500달러까지 대출 가능하다. 대학원생이나 박사 이상 과정을 밟고 있다면 대출금은 13만 8500달러까지 늘어난다. 매년 순 등록금이 7만 5000달러인 대학에 다니고 있다면 3만 1000달러는 4년 치 총비용의 10분의 1에 불과하다.

연방 대출 금리는 학부생에게는 2.75퍼센트, 대학원생과 박사 이상 학생에게는 4.3퍼센트, 부모 학자금 대출의 경우 5.3퍼센트다. 모두 고정금리다. 그러나 민간 학자금 대출 고정금리 범위는 3.5퍼센트에서 턱없이 높은 14.5퍼센트까지 광범위하다. 학자금 대출의 변동금리는 1~12퍼센트까지 다양하다. 신용 등급(피코FICO 점수)이 낮은 경우 민간 금융기관의 대출 금리가 높아진다. 부모님이 같이 대출을 받아주는데 부모님의 FICO 점수가 낮아도 마찬가지다.

나쁜 지원금은 실제로 얼마나 나쁠까

연방 대출 금리가 2.75퍼센트라 해도 미 재무부 20년짜리 국채 금리(이 책을 쓰는 현재 1.5퍼센트)에 투자해 벌 수 있는 돈에 비하면 높다. 하지만 4.3퍼센트나 5.3퍼센트 혹은 훨씬 높은 금리를 지불한다면? 이제부터는 정말 악질인 지원금 이야기를 해보자.

구체적으로 설명해보겠다. 당신은 제시고 이제 막 고등학교를 졸업했다. 목표는 교육 전공으로 학위를 따서 물가 상승률을 감안하고 세금을 공제한 후 매년 5만 달러를 버는 것이다. 62세에 은퇴하면 교육자로 일하는 내내 소득으로 200만 달러를 벌어들이게 될 것이다. 이 돈을 82년으로 나눠보자(지금 제시는 18세고 최대수명이 100세라고 가정한 것이다). 대충 매년 2만 4000달러를 쓰게 된다. 대학 학비, 세금, 메디케어 B 플랜 보험료와 미래 사회보장급여는 일단 무시한다.

제시 부모님은 돈이 많다. 그래서 제시는 경제 사정으로 인한 보조금은 받을 수 없고 현재 달러 기준으로 매년 2만 5000달러의 순 비용을 대학에 치러야 한다. 다행히 부모님은 제시의 학자금을 다 내주겠다고 약속했다. 적어도 오늘까지는 그랬다.

오늘 제시는 부모님의 신형 고급 메르세데스 자동차를 박살 냈다. 부모님은 이 차에 보험을 들어놓지 못했다. 부모님의 반응은? "저 차가 네 대학 등록금보다 비싸. 이제 학비는 네가 내렴. 4년 후에 보자꾸나." 제시가 선택한 학교는 안됐다는 듯 연민을 표하지만 추가 지원은 전혀 없다. 이제 제시는 10만 달러를 대출해야 할 상황이다. 장기 물가 상승률을 감안한 0퍼센트 금리―본질적으로 무이자―로 대출금을 환산한다 쳐도 10만 달러를 써야 200만 달러를 벌 수 있다.

탁월한 투자처럼 들리는데 어떤가? 섣부른 판단은 금물이다. 다른 대안을 고려해야 하기 때문이다. 교직과 똑같은 평생 소득을 벌게 해주면서도 대학에 갈 필요가 없는 경력을 찾는다면? 삼촌이 제시를 자신의 기타 상점으로 데려가 현악기 제조 훈련을 시켜주겠다고 제안한다. 현악기 제조는 제시가 원하는 소득 수준에 딱 맞는 데다 자동화될 일도 없는 직종이다. 교직자 생활 못지않게 그 일을 좋아한다면 대학에 들어가 교육을 전공하는 순간 10만 달러를 버리게 된다.

그럼에도 불구하고 제시는 교직에 끌리고 좀 버겁더라도 자신을 받아주는 대학에 꼭 가서 교육을 전공하고 싶다. 금리가 0이라고 생각하면 평생 쓸 수 있는 돈은 190만 달러—200만 달러에서 10만 달러를 뺀 금액—다. 이제 매년 지속 가능한 지출액 수준은 2만 3000달러로 줄어든다. 큰 감소는 아니지만 어딘가 쓸 돈이 줄었다는 느낌은 충분히 받을 만한 액수다.

이건 그나마 최상의 시나리오다. 현실에 0퍼센트 금리 대출이란 없으니까. 오히려 평균 대출 금리는 민간 금융기관에서 받을 경우 물가 상승 전 7퍼센트, 물가 상승 후 5.5퍼센트가 될 것이다. 20년 동안 대출금을 상환하기로 하면 평생 6만 2000달러가 추가로 든다. 대학 비용이 62퍼센트 늘어나는 셈이다. 이 정도면 2.7년 동안 쓸 수 있는 수준의 금액이다. 연간 지속 가능한 소비를 대략 2만 4400달러까지 줄여야 한다. 다시 말해 82년 여생 내내 매년 7퍼센트의 지출 규모 감소를 감내해야 한다는 뜻이다. 거의 6년 치 지출 금액에 해당한다! 이제는 기타를 고치며 사는 인생이 더 나아 보이기 시작한다.

그러나 악질 지원금 상황은 더욱 악화된다. 제시는 교사로 일하는 동안 연간 순 연봉을 5만 달러라고 가정했다. 그러나 교사 연봉이 처음부터 5만 달러는 아니다. 대개는 낮게 시작해 재직 기간 동안 올라가는 체계다. 따라서 순 연봉 5만 달러는 교사 경력 평균치로나 통하지 사실 초봉 순 지급액은 3만 5000달러에 더 가깝다. 연간 학자금 대출 상환금은 평균 8000달러쯤 될 것이다. 따라서 교사로 일하는 초창기 몇 년 동안에는 저축할 돈이 거의 없다. 집 계약금이나 비상금을 비축해두거나 의료비로 목돈을 지불하기는 어려울 것 같다. 분명 이 문제를 헤쳐나갈 방법은 있을 테고 그중 일부는 이미 앞 장에서 논의했다. 친구들과 함께 거주하고, 대중교통수단과 집카Zipcar*를 타고, 여행을 포기하고, 영화관에서 사 먹는 스낵도 포기하고, 아니 아예 영화를 포기하고, 외식을 하지 않는 등의 생활을 하는 것이다. 그러나 아마 당신은 그러느니 저축을 포기할 가능성이 크고 만일 실직이라도 한다면 그나마 학자금 대출금 상환도 이어가지 못할 것이다. 그게 잠재적으로 얼마나 끔찍한 결과를 가져올지는 앞에서 소개했으니 이미 실감했을 것이다. 이 깜깜하고 암울한 시나리오가 일반적인 결과는 아니다. 대부분의 학생은 결국 대출받은 학자금을 상환한다. 그러나 이 시나리오는 왜 대출을 받은 학생 중 5분의 1가량이 대출 금액 전체나 일부를 상환하지 못하는지 잘 보여준다.

만일 상환 기간을 20년이 아니라 10년으로 줄여 잡는다면 어떻게 될까? 그러면 평생 갚아야 할 상환금은 13만 달러로 줄어들겠지만 단기 현금 유동성은 더욱 악화된다. 20년 상환 시 연간 8000달러씩 갚던 대출금을 10년 동안 갚는다면 매년 1만 3000달러씩 갚아야 한다. 상환 기간을 30년으로 늘려 잡는다면? 대출금 평균은 연간 6500달러, 평생 지출은 19만 5000달러에 달하게 될 것이다. 바꿔 말하면 이 경우 현악기 제작자가 될 때와 비교해 교사가 됐을 때 평생 동안 매년 10퍼센트의 생활수준 감소를 감내해야 한다는 뜻이다.

• 집 인근에 주차해놓은 차를 시간 단위로 빌려 쓰는 서비스―옮긴이

상환계획은 어떻게 세울까

studentaid.gov 사이트는 연방 대출금을 상환하는 다양한 방법을 소개한다. 표준상환계획Standard Repayment Plan은 모든 대출 유형에서 쓸 수 있고 다달이 고정액을 최대 10년까지 상환한다(대출금을 통합하는 경우 상환 기간은 10~30년까지다). 누진상환계획Graduated Repayment Plan은 표준상환계획과 동일하지만 낮은 월액에서 시작해 세월이 지날수록 높아지는 구조다.

소득연동상환계획에는 세 종류가 있다. 첫째, 소득연동변동상환계획Revised Pay as You Earn Plan(일명 REPAYE 계획)으로 재량소득의 10퍼센트를 상환해야 한다. 조정총소득에서 개인 가족 규모와 재정 상태 대비 빈곤선의 150퍼센트 금액을 뺀 정도이다. 20년(대학원생이나 박사과정 이상 학생의 경우 25년)이 지나도 상환하지 못하면 남은 원금과 이자는 면제된다. 대학원 학자금 대출, 부모 학자금 대출, 다이렉트 통합 대출, 학업 중단 상태의 대출금은 여기에 해당하지 않는다.

20년이나 25년 후 대출금 상환을 중단할 수 있다는 사실은 당신이 대출한 금액보다 낮은 소득을 벌 경우에 대비하는 보험 기능을 해준다. 소득이 줄어들수록 상환액이 줄어든다는 사실도 보험 기능을 한다. 예를 들어 실업자가 되면 상환액이 감소한다. 반면 연봉이 늘어나면 원래 빌린 돈보다 훨씬 더 많은 돈을 상환하는 결과를 맞이할 수 있다. 높은 소득 수준의 10퍼센트는 큰 액수일 수 있기 때문이다. 어떻게 이런 일이 일어날 수 있느냐고? 신용카드 잔액과 다를 게 하나도 없다. 지급 예정 이자를 내지 않으면 잔액이 늘어날 테고 누적된 상환액은 원래 카드 대출을 했던 금액보다 크게 늘어난다.

게다가 결혼을 할 경우 상환액 10퍼센트 기준에는 당신 소득뿐 아니라 배우자 소득도 포함된다! 아마 이 토막 뉴스도 프러포즈에 포함해야 할 것 같다. "나랑 내 학자금 대출이랑 결혼해줄래?"

단점 또 하나. 당신이 20년이나 25년 동안 소득연동 학자금 대출을 갚는다고 생각해보자. 결국 상환은 끝날 것이다. 그렇지 않은가? 정말 그럴까? 국세청은 당신이 상환하지 않은 원금과 이자의 합계―'탕감'―를 당신의 과세소득에 합산할 것이다. 이로 인해 납세액이 엄청나게 늘어날 수 있다. 세금을 한꺼번에 낼 수 없다고 해도 걱정하지 말라. 국세청은 여분의 세금에 이자를 붙여 일정 기간 동안 내게 할 테니까. 다시 말해 (액수는 줄어든다 해도) 결국 대출금을 다시 상환하게 되는 것이다.

둘째, 소득기준상환계획Income-Based Repayment Plan은 소득에 비해 높은 학자금 대출을 받았을 때의 계획이다. 이 상환금은 현 소득의 10~15퍼센트며 소득에 따라 비율이 달라진다. 그러나 연간 상환액은 10년짜리 표준상환계획을 통해 내는 금액을 절대 초과하지 않는다.

이 말은 더 분석해봐야 한다. 당신의 표준상환계획 금액이 10년 동안 연간 1만 2000달러라고 가정하자. 소득기준상환계획에서 소득이 12만 달러를 초과하는 경우에도 연간 상환액은 매년 최대 1만 2000달러를 넘지 않는다. 단, 이 경우 10년보다 훨씬 더 오랜 기간 계속 상환해야 한다. 이때에도 졸업 후 소득이 낮은 몇 년간은 표준상환계획보다 낮은 금액을 지불하면서 이자가 쌓이기 때문이다.

탕감 시점은 20년이나 25년 후로 기준은 첫 대출을 받은 시점이다.

여기서도 탕감은 과세 대상이다. 결혼을 할 때도 배우자 소득이 당신 소득에 포함돼 10퍼센트 또는 15퍼센트 비율에 영향을 끼칠 수 있으나 이는 공동 상환을 신청했을 때만 해당된다. 또는 결혼은 하되 상환은 따로 해 더 높은 세금을 내는 기쁨을 누릴 수도 있다. 이제 프러포즈 문구는 이렇게 바뀌겠다. "이제 나와 결혼해줘. 세금만 빼고 하나가 되는 거야."

마지막으로 소득조건부상환계획Income-Contingent Repayment Plan은 표준 (소득에 따라 고정되는) 12년 고정상환계획(금액은 소득에 따라 조정)과 재량소득의 20퍼센트를 상환하는 계획 중 더 적은 금액을 선택할 수 있게 해주는 상환계획이다. 부모님이 부모 학자금 대출금을 통합하면 부모님도 이 방법을 이용할 수 있다. 소득기준상환계획과 마찬가지로 연간 상환액에는 상한선이 있다. 그러나 이 경우는 상한선이 가변적이다. 소득이 낮아지면 상환액도 낮아진다는 뜻이다. 그러나 이렇게 또 다른 보험 기능을 이용하는 비용이 극히 높아서 소득의 5~10퍼센트를 더 내는 결과가 초래된다.

상환액을 줄일 수 있을까

소득이 낮을 경우 소득연동상환계획으로 대출금을 상환하면 손해 볼 게 없다는 생각이 들 것이다. 소득이 계속 낮은 한 높을 때보다 적은 금액을 상환할 수 있기 때문이다. 그런 다음 소득이 올라가면 표준상환계획으로 옮겨 처음부터 표준상환계획으로 상환했을 때의 금액을 내기 시작하면 될 것 아닌가.

틀렸다! 미국 정부는 그렇게 만만한 상대가 아니다. 고약한 술수를 잔뜩 부리기 때문이다. 소득연동상환계획에서 대출금을 갚기 시작해 표준상환계획으로 옮겨가면 늘어난 대출 잔액을 발견하게 된다.

뭐라고? 어떻게 그럴 수가 있지?

10년짜리 표준상환계획이 요구한 금액보다 더 낮은 금액을 지불하는 경우 정부는 이자와 덜 낸 금액까지 누적해 잔액에 추가한다.

소득연동상환계획에서 상환액을 줄이는 확실한 방법이 하나 있긴 하다. 퇴직계좌 납입금을 늘리는 것이다. 그러면 조정총소득이 줄어들어 상환액이 줄어든다.

부채 탕감 프로그램과 채무면제

연방정부에는 두 가지 다이렉트 부채 탕감 프로그램이 있다. 공공 서비스 부채 탕감 Public Service Loan Forgiveness 프로그램은 10년간 대출금을 상환하고 나면 채무를 탕감해준다. 조건은 정부가 인정하는 고용주 밑에서 일하는 것이다. 연방정부와 주정부 및 기타 지방정부나 부족 단위 지자체, 비영리기관이 이 조건에 맞는 기관이다. 10년간 지불한 금액은 앞에서 기술한 소득연동상환계획 중 하나여야 한다. 10년째가 되면 탕감액에는 과세하지 않는다. 또 하나 교사대출 탕감계획 Teacher Loan Forgiveness Plan은 다이렉트 대출과 일부 교사 기득권 대출 금액 중 최대 1만 7500달러까지 탕감해준다. 조건은 연봉이 낮은 초·중·

고교에서 교사로 재직하거나 교육 서비스 기관에서 일하는 것이다.

완전상해를 영구적으로 입은 경우나 사망 역시 학자금 대출금을 전부 면제받는 조건이다. 물론 이런 길을 선택하는 사람은 없겠지만. 또 하나의 가능하지만 승산 없는 학자금 대출 면제 방안은 파산을 선언하는 것이다. 그러나 이 경우 대출을 해준 기관은 법정에서 당신이 대출액 전액이나 일부를 상환할 수 있다는 반대 주장을 펼친다. 따라서 파산신청은 예측할 수 없는 카드며 파산신청으로 대출금 면제를 받는 경우 당신은 자신이 영구적으로 최소한의 생활수준조차 유지할 수 없다는 것, 다시 말해 학자금 대출 상환이 결과적으로 당신의 사망을 초래할 수 있다는 것을 입증해야만 한다.

연방 학자금 대출을 통합해야 할까

졸업을 하거나 학교를 중퇴하거나 재학 기간이 절반이 안 될 경우 연방 대출금을 통합할 수 있다. 교육부가 소유한 얼핏 민간 대출처럼 보이는 대출을 비롯해 20여 가지 다양한 연방 대출금 중 하나나 그 이상의 대출을 통합하는 것은 비용이 전혀 들지 않고 상환을 단순화하는 이점이 있으며 대출 기간을 연장함으로써 다달이 갚는 상환액도 낮출 수 있다. 대출을 통합하면 소득연동상환계획도 이용할 수 있다. 그러나 상환 기간이 더욱 길어질 수도 있다. 앞에서 사례를 통해 이야기했지만 장기상환은 결과적으로 비용 증가로 이어진다. 또 공공서비스 부채 탕감 프로그램에서 과거 몇 달간 대출금을 상환한 것 때문에 신용을 잃을 수도 있다. 통합 상환금에 대한 금리는 통합 대출금의 가중평균치로 산정한다.

통합 상환 금액을 계산해주는 프로그램 두 가지로 연방 대출 상환 옵션을 비교해볼 수 있다. 하나는 studentaid.gov/loan-simulator다. 다른 하나는 빈VIN재단의 학자금 대출 상환 시뮬레이터Student Loan Repayment Simulator로 vin.com/studentdebtcenter/default.asp?pid=14352&id=7578014에서 찾아볼 수 있다. 후자는 수의학과 학생 위주의 프로그램이지만 다른 전공 학생에게 적용해도 효과가 있다.

최적의 상환 전략을 세우려면

학자금 대출 금리는 적정 수준이거나 높거나 극도로 높다. 더 낮은 금리로 상환 방식을 바꾸기 위해 수수료를 낼 여력이 있다면 그 방안을 고려해보되 주의 깊게 따져봐야 한다. 시중의 민간 대출 기관은 금리를 낮출 수 있게 도와주겠답시고 오히려 더 많은 이자를 물도록 속일 가능성이 있기 때문이다. 그런 기관에서 제시하는 상환 금리를 알아보는 최선의 길은 가능한 한 이 비슷비슷한 상품 하나하나를 꼼꼼히 비교해보는 것이다. 만일 당신이 1000달러씩 갚는 12년짜리 대출을 받았다면 새로 금리를 제시하는 대출 기관에 다달이 내야 할 수수료까지 포함해 매달 총상환액이 얼마인지 알려달라고 요청하라. 그 금액이 매달 따져 더 낮다면 갈아타도 된다.

주안점은 고금리 대출금을 먼저 갚고 가능하면 저금리 대출금의 상환 기간을 연장하는 것이다. 그러려면 저금리 연방 다이렉트 대출금을 상환 기간이 고정돼 있고 만기가 긴 표준상환계획에 통합한 다음, 다달이 갚아야 할 상환금이 줄어들면 그 금액만큼을 시중은행 대출이든 연방 대출이든 고금리 대출을 하루빨리 전액 상환하는 데 쓰면 된다.

소득연동상환계획이 최적의 상환 전략인지 나로서는 의구심이 든다. 당신의 소득이 향후 20~25년 동안 꽤 낮으리라는 확신이 든다면 어떤 종류의 소득연동상환계획으로 상환해도 상환액은 줄어든다. 그러나 소득이 늘어나면 당연히 상환액도 늘어난다. 손실 대비책은 가격 하락 위험(손실 위험)을 줄이기 위해 지불액을 정해두는 것이다. 이때 정부는 당신의 손실 위험을 막아줄지 확실치 않은 액수를 지불하라고 요구한다. 면밀히 살펴보면 세 가지 소득연동상환계획 중 어떤 것도 갚아야 할 최대 금액의 실제 상한선은 없어 보인다. 그리고 각 계획 아래에서 평균상환액 상승분은 대출한 사람이 미래에 벌어들일 소득 변동성에 크게 의존한다. 따라서 이 상환계획의 경제적 이득과 비용을 개개인의 상황에 맞게 평가하려면 꽤 세심한 분석이 필요하다. 내가 제시하는 대략적 규칙은 평가하기 어려운 복잡한 계획은 멀리하자는 것이다. 요약하면 다음 결론이 도출된다.

> 금리가 낮은 대출금의 만기를 연장해 금리가 높은 대출금 상환을 서두르라. 소득이 매우 낮으리라는 확신이 100퍼센트 들지 않는 이상 표준고정금리 상환계획을 고수하라.

이번 장에서는 요약할 내용이 많다. 하지만 이 정도로 정리해두자.

■ 대학 입학은 재무상 위험한 결정이며 대학이라는 도박 때문에 대출을 받으면 위험은 크게 악화된다. 대학생 40퍼센트가량이 엉덩이가 무겁지 못하거나 돈이 떨어져 대학을 졸업하지 못한다. 대학을 중퇴하는 많은 학생은 온라인에서 무료로 수강할 수 있는 과목을 수강하겠다고 수만 달러를 빌려놓고 학교를 그만둬버린다. 졸업을 하는 학생도 평균 3만 3000달러의 공식 부채를 진 채 졸업한다. 일곱 명 중 한 명은 5만 달러가 넘는 빚을 지고 졸업한다.

■ 대학을 다니면서 지나치게 큰 부채를 지지 않는 방법은 저렴하게 교육을 받는 것이다. 중하위소득 가구 학생이라면 지원금 등으로 소비자가가 높은 대학을 저렴하게 다닐 수 있다. 각 대학별 순 등록금을 비교해봐야 한다.

- 대학 교육은 분명 재학생 대부분의 근면성, 집중력, 인내와 끈기를 신호화하는 문제다. 하지만 요즘은 낮은 학비를 내는 학교에 들어가도 우수한 대학에서 저렴한 온라인 강좌를 수강함으로써 공식 성적과 수료증을 받아 이런 자질을 얼마든지 입증할 수 있다. 명문은 아니지만 학비가 저렴한 대학에서 학비가 높은 명문 대학으로 편입도 가능하다.

- 재정 지원에는 좋은 것(기본적으로 보조금과 장학금)과 나쁜 것(상환해야 하는 대출)이 있다. 대학들은 두 지원을 재정 보조라는 이름으로 하나인 것처럼 뭉뚱그려놨다. 이름에 속지 말라. 대출은 도움이 아니라 빚이자 부담일 뿐이다. 대출금을 갚지 못하면 세월이 지날수록 상환액이 불어나고 월급과 사회보장 급여까지 차압당하는 가혹한 상황을 맞이할 수 있다.

- 학자금 대출에는 표준 대출, 누진 대출, 소득연동 대출이 있다. 미래 소득이 확실히 매우 낮을 것 같은데 큰돈을 대출했다면 소득연동 대출이 최선의 선택일 수 있다. 하지만 늘 염두에 둬야 할 점은 빠른 상환이 가장 안전한 선택이라는 것이다. 금리가 낮은 대출금의 만기를 연장하고 그로 인해 생긴 돈을 금리가 높은 대출금을 빨리 상환하는 데 사용함으로써 학자금 대출 상환을 최적화하라.

투자에 관한 결정

:경제학자처럼 투자하라

미국이라는 나라는 재무설계사 수십만 명이 아찔할 만큼 많은 직함을 걸고 일하는 나라다.* 이들의 공통점은 수수료를 받고 투자 방법을 정확하게 알려주려는 충만한 의지가 있다는 정도랄까. 그런데 이토록 많은 설계사가 해주는 조언이 똑같지 않으니 참 희한한 일이다. 누구는 인덱스펀드index fund**를 보유하라고 조언하고 누구는 생애주기펀드life-cycle fund를 밀어붙인다. 국제 주

• 국제공인 재무설계사certified financial planner, 국제공인 재무분석사certified financial analyst, 주식중개인stockbroker, 공인 금융컨설턴트chartered financial consultant, 전문투자자문사registered investment advisor, 전문투자상담사chartered investment counselor, 재무위험관리사financial risk manager, 공인 뮤추얼펀드상담사certified mutual fund counselor, 은퇴관리설계사retirement management advisor, 재무계획 마스터master in financial planning, 공인 펀드전문가certified fund specialist가 모두 재무설계사라는 이름 아래 일한다.

•• 목표지수(인덱스)가 특정 주가지수에 속한 주식을 골고루 편입해 이들 지수와 같은 수익률을 올릴 수 있도록 운용하는 펀드─옮긴이

식에 투자하라고 역설하는 설계사도 있다. 어떤 사람은 금 투자가 최고라고 목소리를 높인다. 비트코인이 미래라는 설계사도 있다. 상품이나 외채, 이국적 이름의 화폐나 사모펀드 투자에 주력하는 경우도 있다. 청정에너지, 건강, 전기자동차, 기술 그리고 다른 부문의 전문가도 있다. 주목 받는 부문일수록 금상첨화다. 증권시장 분석전문가도 잊지 말자. 이들은 수익과 거래 규모 패턴을 바탕으로 조언한다. 기술분석가technical analyst, 가치투자가 value investor, 유틸리티전문가devotees of utilities, 배당주전문가 dividend-stock aficionado도 빼놓을 수 없으며 그리고…….

이렇게 많은 사람이 이토록 상이한 투자 전략을 조언하는 상황에서 확실한 건 딱 하나, 이들이 해주는 조언이 모두 맞을 수는 없다는 점이다. 사실 대부분의 '전문가'란 사람은 대부분 틀린 조언을 한다. 그러나 걱정하지 않아도 된다. 이들은 수수료 하나는 확실히 챙겨 갈 테니까. 뮤추얼펀드매니저를 대상으로 한 연구는 특히 의미심장하다. 특정 해에 예상 밖의 탁월한 실적을 낸 매니저가 이듬해에는 어떤 이유에서든 기대 이하의 실적을 낸다.

물론 오랜 기간 시장 평균을 뛰어넘는 실적을 내는 탁월한 투자자가 없는 것은 아니다. 그러나 그런 사람은 극소수다. 이들은 또 자산을 관리해준답시고 거액의 수수료를 요구한다. 게다가 이들의 성공도 영원하지는 않다. '오마하의 현인'이라는 별명을 지닌 세계 최고의 전설적 투자자 워런 버핏Warren Buffet을 떠올려보라. 2019년 그는 S&P 500—미국 대기업 500곳을 망라하는 주가지수—을 무려 37퍼센트나 밑도는 투자 실적을 냈다. 물론 누구도 버핏을 주식시장에서 내쫓거나 무시하진 않는다. 하지만 아무리 버핏이라 해도 주식업계 슬로건을 되풀이하는 운명을 피해 갈 수 없게 됐다.

과거 실적으로 미래 수익률을 보장할 수는 없다.

이번 장의 주제는 경제학을 기반으로 한 투자 조언이다. 주목할 만한 내부자 정보도 없고 '플라스틱에 투자하라'거나 다른 차세대 유망종목에 투자하라는 권고도 없다. 오히려 생활수준 위험을 줄이면서 멀리 봤을 때 생활수준의 질을 높일 수 있는 틀을 제시하려 한다. 지금까지 그랬듯 많은 비밀을 알려줄 생각이다. 첫 번째 비밀은 특히 실행하기 쉽다. 종래의 투자 조언을 피하기만 하면 되기 때문이다. 앞으로 설명하겠지만 기존 조언은 투자자가 주된 경제적 실수 네 가지를 저지르기 때문에 통하는 것이다. 마치 로스앤젤레스 지도를 들고 뉴욕에서 운전하는 일과 매한가지다. 뭐, 로스앤젤레스 지도를 들고 있어도 어떻게 해서든 이스트강에 도착할 수는 있을 것이다. 하지만 나는 먼저 현실을 알림으로써 탄탄한 마른 땅에 당신을 세워놓은 다음 경제학 기반의 투자 가이드를 알려줄 것이다.

투자를 논할 때 경제학은 얼마나 많은 부를 축적할까 혹은 투자 실적이 얼마나 좋을까에 초점을 맞추지 않는다. 경제학의 초점은 최종 결산, 즉 시간 추이에 따른 생활수준이다. 당신이 누릴 미래의 생활수준 경로는 당연히 불확실하다. 그러나 그 길이 대체로 어디에 놓여 있는지 그리고 그 경로의 분산—미래 연 생활수준 평균과 변동성—은 대개 통제 가능하다. 더 위험한 직업을 택한다면, 지출이 과도하다면,

들어놓은 보험이 너무 적다면, 은퇴가 지나치게 이르다면, 대출을 받아 위험자산에 투자한다면, 투자를 다각화하지 않는다면, 라스베이거스에서 휴가를 만끽하는 등의 일을 벌인다면 생활수준 하락 위험은 크게 높아진다. 하락 위험만 높아지는 것이 아니다. 위험투자로 상승 위험 또 높아질 수 있다. 갑작스러운 생활수준 상승이 예상된다는 뜻이다. 그러나 위험한 행동이 실제로 예상 수준이나 평균 수준을 높인다 해도 불안과 불면장애로 약을 먹는 일은 여전히 피할 수 없다. 따라서 내 경고는 파산을 계속 피할 가능성의 평균치를 포함해 투자 실적의 평균치를 유일한 목표, 심지어 주요 목표로도 설정하면 안 된다는 것이다.

경제학 기반의 투자 조언을 이해하기 위해서는 아주 중요한 그래프를 그려봐야 한다. 당신이 누릴 수 있는 다양한 생활수준 경로를 총망라한 그래프다. 당신의 생활수준은 세로축, 2021년부터 시작하는 각 해는 가로축이다. 모든 잠재적 생활수준 궤적은 현재 생활수준—2021년 가족 구성원당 지출—에서 시작돼 뻗어나간다.

다음 [그림]에는 표본궤적 다섯 개가 그려져 있다. 평균적으로 매우 높음, 높음, 중간, 낮음, 매우 낮음을 보여준다. 이 경로는 상위소득, 중류층 가구의 몬테카를로 Monte Carlo 시뮬레이션˚값 500개를 기반으로 한 것이다.

당신이 누릴 수 있는 생활수준 경로가 모두 같은 자리에서 출발한다 하더라도 시간이 지나면서 그 경로는 무작위 사건에 대응해 여러

• 복잡한 수치를 산정할 때 무작위추출을 반복해 근사치를 내는 알고리즘—옮긴이

방향으로 튀어 오르기 시작한다. 여기에는 서로 다른 경로의 자산수익이 포함된다. 생활수준이 매년 당신이 경험하는 사건에 따라 조정된다는 사실은 경제적 의미에서 완전히 합리적이다. 소비평활화는 바로 이런 조정이다.

특히 투자수익이 높을 때는 그 수익을 현재와 미래에 골고루 분산해 평활화해야 한다. 수익 중 일부는 당장 지출하고 나머지는 훗날을 대비해 저축해둔다는 뜻이다. 마찬가지로 수익이 낮을 때는 당장의 지출을 줄이고 미래에도 같은 지출계획을 세워야 한다.*

[그림] 생활수준 경로 백분위

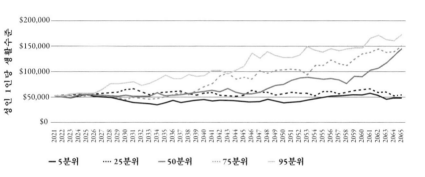

성인 1인당 생활수준

─ 5분위   ···· 25분위   ─ 50분위   ···· 75분위   ─ 95분위

---

* 조정을 하지 않는다는 것―적어도 은퇴 시 지출에 아무 조치도 하지 않고 자동 모드에 놓는 것―은 올해 투자수익이 예상 외로 낮을 경우 올해 본 손실을 향후 몇 년간의 생활수준으로 전가해 낮은 생활수준을 감내해야 한다는 뜻이다. 이런 생활수준 감소를 겪지 않으려면 올해 수익 감소분의 충격을 이듬해나 향후 다른 해 수익의 증가분을 통해 단계적으로 상쇄하는 수밖에 없다. 그러나 불행히도 오늘 겪은 투자손실을 미래의 투자수익으로 벌충할 수 있다는 보장은 전혀 없다.

이렇듯 지속적으로 지출을 조정하면 생활수준 경로는 마치 뱀 여러 마리가 이쪽저쪽으로 꾸불꾸불 기어가는 형태를 띤다. 때로 녀석들은 서로를 가로지르기도 한다. 당신의 생활수준이라는 뱀은 대부분 그래프 중간에 머물 것이다. 그것이 미국인 대부분의 일반적 생활수준이기 때문이다. 일부는 여러 해 동안 위나 아래로 꾸불꾸불 기어가다가 다시 되돌아오지만 결국 올라갔다 내려오길 되풀이한다. 나머지 일부는 위아래로 급격히 움직이지 않고 평탄한 궤적을 그린다.* 수치에서 보이듯 당신의 궤적은 해가 갈수록 올라갔다 내려갔다 하면서 대체로 원뿔 모양이 된다. 그래프 형태를 보면 첫해에는 여러 뱀의 꼬리가 한데 붙어 있다(이 그래프에 없는 뱀의 꼬리도 마찬가지다). 생활수준 궤적은 모두 동일한 값에서 출발한다는 뜻이다.

나는 사실 뱀이 싫다. 그래서 이런 중요한 이야기에 뱀을 끌어들여 설명하는 게 불쾌하다. 당신도 아마 그럴 것이다. 미안하다. 하지만 생활수준 경로를 시각적으로 볼 수 있어야 효과적으로 설명할 수 있기 때문에 어쩔 수 없다.

---

* 설사 결과적으로 아주 좋은 궤적, 즉 평균생활수준이 아주 높은 궤적으로 마무리된다 하더라도 그사이 몇 년은 수익이 나쁘거나 심지어 끔찍한 해도 있다. 모든 궤적은 다른 궤적과 교차한다. 주어진 경로 중 어떤 것을 따르든 평균지출이 늘어나는 해가 있고 줄어드는 해도 있다는 뜻이다. 한 가지 사례는 첫 몇 해 동안 수익이 아주 나쁘다가 마침내 15년가량 내내 경이로운 수익을 내는 경우다. 이런 궤적은 초창기 수익이 여러 해 동안 지속되다 이후 아주 나빠지는 궤적과 교차한다. 오랜 기간 동안 투자수익이 좋거나 나쁜 경우 '수익률 순서 위험sequence of return risk'이라는 현상이 생긴다. 생활수준이 최종적으로 어느 수준에 안착할지는 이 현상에 따라 달라진다. 도보 경주 결승점에 어떤 상태로 도달하느냐 하는 문제와 똑같다. 출발할 때 천천히 걷기 시작하면 이기는 데 필요한 속도를 완전히 회복하기 힘들지만 출발 속도가 빠르면 이길 확률이 높아진다.

재무 조정은 생활수준 경로와 원뿔에 영향을 끼친다. 당신의 생활수준 원뿔을 개선할 역량은 당신에게 있다.

생활수준 원뿔의 핵심 특징은 세 가지, 높이와 상향기울기와 폭이다. 생활수준 원뿔을 개선한다는 것은 원뿔 자체를 위로 올리고 기울기를 상향 조정하며 폭은 좁게 유지한다는 뜻이다. 그러면 생활수준 위험은 줄이면서 평균생활수준은 높일 수 있다. 더 나은 생활수준 원뿔을 만든다는 것은 앞에서 논한 재무 연금술을 올바른 지출과 투자 다각화, 채무면역전략debt-immunization과 결합하는 것이다.

뱀을 마지막으로 한 번 더 언급하겠으니 용서하길. 원뿔을 위로 올리고 기울기를 상향 조정하고 95분위 최고 궤적과 5분위 최저 궤적의 폭을 좁힌다는 것은 뱀 꼬리를 세로축의 가능한 높은 지점에서 한데 묶은 다음 생쥐 몇 마리로 뱀들을 계속 위쪽으로 유인해 떠나지 못하게 하는 일과 같다. (아, 생쥐 비유까지 쓰다니 선을 넘었다.)

당신의 생활수준 원뿔을 개선하는 방법을 논하면서 나는 노벨경제학상 수상자 두 사람의 고전 연구에 크게 의지할 예정이다. 로버트 머튼과 폴 새뮤얼슨이다. 보스턴대학교의 탁월한 재무학 교수 즈비 보디Zvi Bodie의 논의도 참고하려 한다. 이들의 저작과 전통 재무를 연구하는 소수의 다른 경제학자 그리고 (서문에서 언급한) 비교적 새 하위 분야인 행동재무학behavioral finance을 연구하는 학자는 지난 몇 년 동안 종래 조언과는 근본적으로 다른 재무 처방을 내린 상태다. 이 처방은 각각 더 나은 생활수준 원뿔을 만들기 위해 당신이 배워야 할 머니 플랜을 대변한다.

그중 최고의 묘책은 마지막까지 아껴둘 것이다. 생활수준 기반을 다지면서도 위험한 증권에 투자해 그 실적으로 생활수준을 위로 밀어 올릴 수 있는 간단한 방법이다. 이 방법을 쓰면 생활수준 제약은 줄어 드는 한편 미래 생활수준을 낮출 가능성이 있는 위험한 투자 대신 더 높은 생활수준을 영위할 가능성을 얻을 수 있다. 나는 이 전략에 '상향 투자upside investing'라는 이름을 붙였다. 상향투자는 생활수준이 (당신이 설정한) 최저한도 아래로 떨어질 가능성을 0으로 만드는 전략이다. 이 전략—생활수준의 최저한도를 정한 다음에는 내내 최저한도 위쪽의 생활수준만 영위하는 것—은 당신에게 꼭 맞는 전략이다.

하지만 지금은 생활수준 원뿔과 생활수준 최저한도만 논의해도 충 분하다. 먼저 당장 중단해야 한다고 촉구하고 싶은 문제부터 이야기 해보자. 바로 기존 투자 조언에 의지하는 일이다.

투자 조언의 문제점

기존의 투자 조언은 네 가지 질문에서 시작된다. 현 자산 규모는? 은퇴저축은? 은퇴 시 원하는 지출 규모는? 현 시점의 투자 상황은?

이런 정보로 몬테카를로 시뮬레이션을 돌려 '당신'의 계획이 성 공할—즉 당신의 돈이 마르지 않을—확률을 결정하기는 쉽다. 당신 도 이미 알겠지만 몬테카를로는 프랑스 리비에라 지역의 소도시인데 카지노로 유명하다. (제임스 본드 시리즈의 고전《007 카지노 로얄Casino Royale》을 떠올려보라.) 투자에도 도박처럼 우연 요소가 많다. 몬테카를로 시뮬레이션은 주어진 무작위 과정을 반복해 산출되는 결과를 본다. 가장 간단한 사례는 주사위를 계속 던지는 것이다. 1부터 6까지 각 숫자가 나올 확률은 6분의 1이다. 주사위를 던지는 횟수가 늘어날수록 6분의 1이라는 확률에 더욱 가까워진다.

전통적인 몬테카를로 시뮬레이션은 당신의 재무계획이 실패로 돌아가지 않을 확률을 계산하며 그 범위는 평생이다. 재무계획이 성공할 확률이 낮다면—즉, 시뮬레이션 중 너무 많은 것이 죽기 전 돈이 떨어질 확률로 나온다면—재무 전문가는 고개를 흔들며 이렇게 말한다. "유감이지만 고객님의 계획은 잘될 것 같지 않군요. 하지만 걱정 마세요. 저희가 제시하는 수익성 높은 상품에 투자하면 계획이 성공할 확률이 90퍼센트 이상 올라갑니다. 물론 이 투자 상품은 수수료도 높고 위험도도 높지만 고객님은 목표를 달성할 수 있습니다."

많은 고객이 재무설계사의 이런 선전에 홀려 넘어간다. 거의 모든 재무설계사가 이 같은 조언을 하면서 실제로 적절한 조언이라고 믿는다. 수많은 금융업계 재무설계사 자격 프로그램에서 이런 식의 투자 포트폴리오 위험 분석 방법을 가르치고 있으니 그럴 만도 하다. 불행히도 이런 조언은 경제학에서 권고하는 분석과는 아무 상관도 없다. 설상가상으로 이는 당신이 중요한 경제적 실책 네 가지를 저지르게 만든다.

1. 잘못된 금액을 계속 저축하는 실책
2. 잘못된 금액의 저축을 생각 없이 유지하는 실책
3. 경제적으로 감당할 수 없는 은퇴 지출 목표를 설정하는 실책

4. 잘못된 은퇴 지출 목표를 생각 없이 유지하는 실책

과다하다 싶게 많은 연구를 보면 대부분의 사람들은 평생 일정한 생활수준을 보장할 만큼의 은퇴 자금을 저축하고 있지 않다. 그러나 종래 재무분석은 당신의 현 저축 수준이 지나치게 낮은데도 적정하다고 간주한다. 잘못된 것이 분명한 저축을 생각 없이 유지하도록—x라는 금액을 매년 저축하도록—독려하는 것도 문제다. 은퇴 전 매년 소득이나 고정지출(자녀의 등록금을 생각해보라)이 늘어나거나 줄어들 때—분명히 그럴 것이다—당신의 지출과 그로 인한 생활수준 역시 여기에 따라야 하기 때문이다. 저축액을 조정하라는 조언을 듣지 못하면 이런 일이 벌어진다.* 이건 소비평활화가 아니라 소비 붕괴다.

은퇴 지출 수준을 설정할 때 한계란 없어 보인다. 만일 내게 재무설계사가 "은퇴 후 지출은 얼마나 생각하고 계십니까?"라고 묻는다면 (그들은 "생각하고 계신 수치는요? 목표액은요? 타깃 액수는요?" 따위의 표현을 쓴다.) 나는 이렇게 대답할 것이다. "하루 10억 달러요." 그러면 재

---

* 무슨 소리냐고? 소득에서 고정지출을 제한 비용(y)을 생활수준(c) 유지에 쓰거나 저축(s)을 한다. 따라서 y = c + s인 셈이다. 한 해(혹은 1개월이나 일주일, 하루도 좋다)에서 이듬해까지 y가 올라가거나 내려가는데 저축액(s)이 고정돼 있으면 생활수준(c)은 정확히 총액(y)에 비례해 올라가거나 내려간다. 예를 들어 집의 배관이 고장 나 1만 달러를 연간 세후 소득 5만 달러에서 빼다 써서 고친다고 생각해보자. 이 소비로 1만 달러의 타격이 생긴다. 어쩌면 자산으로 (수표든 저축이든 증권계좌든) 8만 달러가 있을 지 모른다. 경제학적으로나 상식적으로는 8만 달러에서 돈을 빼서 1만 달러 수리비를 지불한다. 그러나 이 경우 저축액 1만 달러가 줄어든다. 저축액은 매년 순자산 증가를 반영하기 때문이다. 보유자산을 쓰면 순자산이 줄어들어 올해 저축이 줄고 이는 종래 재무계획에서 안 된다고 하는 일이다.

무설계사는 이렇게 대답할 것이다. "유감입니다만 적정액이 아니네요, 고객님. 다른 경로로 가봅시다. 고객님께서 매년 은퇴 전 소득의 80퍼센트를 쓴다고 가정하고 계획을 짜보죠. 이게 업계 표준대체율입니다."

이 대체율 계산의 문제점은 몇 쪽이고 할애해 짚을 수 있다. 하지만 그 문제는 일단 접어두고 이 비율이 대부분의 가정에서 지나치게 높다는 점만 짚겠다. 그래서 몬테카를로 시뮬레이션도 실패한다. 특히 투자를 신중하게 하는 가정에서는 이렇게 하면 실패할 확률이 높다. 물론 이는 당신이 더 위험하고 더 비싸지만 수익률은 더 높을 가능성이 있는 방식의 투자를 하도록 설득하는 논리를 뒷받침한다. 확실히 계획이 성공할 확률은 눈에 띄게 뛴다. 그러나 완전히 망할 가능성도 함께 뛴다. 물론 수익률이 더 높은 증권에 투자함으로써 발생할 수 있는 커다란 손실이라는 하락 위험 상승은 논의하기 즐거운 주제가 아니다. 따라서 재무설계사가 당신의 재무계획을 제시할 때 하락 위험은 두꺼운 재무보고서 더미 맨 아래 깊이 숨겨져 있을 공산이 크다.

종래 투자 조언이 지닌 주된 문제를 다시 한 번 강조한다. 이런 재무설계는 과도하게 위험하고 비싼 투자를 하라고 조언한다.

또 다른 큰 문제는 계획이 성공할 때도 제대로 돈을 쓰지 못할 수 있다는 것이다. 당신이 시장에서 큰 수익을 봤다고 가정해보자. 그러나 만일 당신이 계획에 맞춰 지출을 하고 있다면 지출액에는 변동이 없을 것이다. 결국 쓰지도 않은 거액을 두고 죽는 꼴밖에 안 된다. 이걸 성공이라고 부를 수 있을까? 물론 자녀에게 더 많은 돈을 상속해줄 수는 있다. 하지만 당신에게 자녀가 없을 수도 있고 아니면 이미 자녀에게 줄 몫의 재산을 떼어뒀을 수도 있고 아니면 자녀가 알아서 자기 살림을 잘 꾸려나가는 덕에 재산을 떼어줄 필요가 없을 수도 있다. 옛 속담 그른 거 하나도 없다. *공수래공수거.*

수수료 무시는 금물!

물론 헛되이 부를 쌓아 도움을 받는 사람이 하나 있긴 하다. 바로 고객의 자산을 관리해주고 일정 비율을 수수료로 챙기는 재무설계사다. 당신이 이 재무설계사에게 얼마만큼의 돈을 지불하고 있는지 알고 있어야 한다. 사례를 하나 들어보자. 당신은 60세고 은퇴해서 사우스다코타주에 살고 있으며 먹고살 소득은 300만 달러짜리 주식계좌 하나뿐이다. 세금을 내고 나면 100세가 될 때까지 매년 10만 달러 가까이 쓸 수 있다. 하지만 100bp(환산하면 1퍼센트)를 재무설계사에게 지불해야 한다면 어떨까? 별로 달갑지 않을 것이다. 지속 가능한 생활수준이 무려 13퍼센트나 떨어져 8만 7000달러가 되니까! 사실 대부분의 설계사는 시장 실적이 평균 미만이기 때문에 실제 생활수준 감소폭은 훨씬 더 클 것이다. 이 사례의 교훈은? '미미한' 비율의 수수료라 하더라도 질 나쁜 투자 조언에 붙으면 그 액수가 엄청나게 커질 수 있다는 것이다.

흔한 투자 조언에 불만이 많은 나지만 종래 재무설계에 대한 내 우려는 설계사를 비난하려고 제기하는 것이 아니다. 시장에서 활동하는 재무설계사는 당신에게 바가지를 씌우려는 게 아니라 도움을 주려고 존재하는 사람이다. 금융업계가 설계사에게 경제학 기반 교육과 훈련 대신 비싼 상품을 팔도록 설계된 도구를 제공한다고 해서 설계사 탓을 할 수는 없다. 많은 경우 재무설계사는 회사에서 '승인한' 도구만 사용할 수 있다. 그뿐만 아니라 재무설계를 해주는 많은 전문가가 자신이 쓰는 방법의 단점을 알고 있기 때문에 종국에 가서는 특정 소프트웨어가 제공하는 조언이 아니라 자신의 경험과 전문가 시점의 판단을 바탕으로 조언을 건네게 된다.

다시 말하지만 가서 당신의 재무설계사를 해고하라고 등을 떠미는 게 절대 아니다! 심지어 연간 투자 수수료가 부담스럽다 해도 당신이 고용한 설계사가 진정한 의미에서 전문화된 투자 감각을 갖추고 있거나 당신이 앞에서 언급한 경제적 실책을 저지르지 않도록 막아만 준다면 그만한 값을 하는 셈이다. 게다가 당신의 재무설계사는 당신에게 저축을 더 할 것, 세금을 낮출 방안을 찾을 것, 사회보장급여를 더 많이 탈 수 있게 할 것, 기타 묘책을 수행할 것 등을 이미 조언하고 있을지도 모른다. 내 말의 핵심은 자산의 1퍼센트 정도처럼 지금은 미미해 보이는 금액이 지속 가능성 있는 지출의 일부일 때는 꽤 부담이 될 수도 있다는 것이다. 지나치게 많은 수수료를 내고 있다는 생각이 든다면 설계사에게 더 낮은 수수료를 요구하거나 시간당 설계비를 지불하라. 아니, 더 좋은 방법은 설계사에게 경제학 기반 재무설계를 해달라고 요구하는 것이다.

이제껏 재무설계사의 동기를 따졌지만 공정을 기하려면 나 자신의 동기도 똑같이 따져봐야 할 것 같다. 나 역시 사심이 하나도 없는 비평가는 아니니까. 기억하겠지만 우리 회사는 경제학 기반 재무설계 소프트웨어를 만들고 있다. 시장에 출시된 소프트웨어 중 유일하다. 따라서 당신이 재무설계사에게 표준 경제학 기반의 설계를 해달라고 요청한다면 그들은 아마 이 책이나 우리 회사 소프트웨어 혹은 둘 다를 구입할 것이다. 그러나 당신에게 내가 가짜 약이나 파는 또 다른 돌팔이에 불과하지 않다는 확신을 주기 위해 두 가지 독립된 증거, 경제학이라는 전문 분야가 종래 재무설계를 어떻게 보는지에 관한 증거를 제시하려 한다. 첫째, 나는 종래의 재무설계를 지지하는 경제학 박사를 단 한 명도 보지 못했다. 둘째, 재무 관련 지식을 가르치는 최고의 박사과정 커리큘럼에 이러한 개인 재무를 다루는 과목이 포함된다는 말은 단 한 번도 들어본 적이 없다.

당신의 재무설계사에게 이런 사실을 말하면 그들은 이렇게 대답할 것이다. "기존 재무설계 자격증 프로그램에 경제학 기반 재무설계가 포함돼 있다는 말은 저도 들어본 적이 없어요." 뭐, 공평하다. 우리 경제학자가 저축과 보험과 포트폴리오 선택에 관해 지난 100년 동안 해놓은 연구를 무의미하게 만들 만큼 뭔가 잘못 알고 있으니 노벨상 위원회가 경제학자들에게 수많은 상을 실수로 수여한 셈이라고 잘못을 시인하든지 아니면 재무설계업계가 자신이 교육하고 실천하는 내용을 근본적으로 재고하든지 둘 중 하나 아니겠는가.

위험투자는 생활수준 원뿔 폭을 넓힌다

경제학 기반의 투자 조언으로 돌아가보겠다. 위험투자가 생활수준 위험에 어떤 영향을 미쳐 생활수준 원뿔을 넓히는지부터 명확히 짚어보자. 내 말의 흐름을 따라가려면 당신이 마주하는 모든 불확실성은 잠시 다 잊고 하나만 기억하라. 투자액에 붙는 연간 수익이다.

사안을 훨씬 더 단순하게 보기 위해 당신이 늘 저축액을 100퍼센트 주식에 투자하고 있다고 가정해보자. 주식시장은 끊임없이 오르락내리락하는 아주 위험한 시장이다. 따라서 주식시장 실적의 등락에 대응해 지출을 조정하는 당신의 생활수준 경로는 매년 등락을 반복할 것이다. 그러면 생활수준 경로가 그리는 원뿔 모양은 시간이 갈수록 넓게 펼쳐진다. 주식시장은 대개 '랜덤워크random walk'* 추세를 따르기 때문이다.

여기서 참고할 만한 고전 저서는 《랜덤워크 투자수업A Random Walk Down Wall Street》이라는 책이다. 프린스턴대학교 경제학자 버턴 말킬Burton Malkiel이 썼다. 이미 스무 차례 개정판을 찍었고 150만 부 이상 팔려나갔다. 금융계 역사와 작용 방식에 관해 읽어볼 만한 탁월한 책이다. 이 책의 인기는 주식시장에 투자하는 모든 투자자가 배워야 하는 중요한 교훈에서 비롯된 것이기도 하다.

> 주가는 올라갔다가 반드시 내려간다는 법도, 내려갔다가 반드시 올라간다는 법도 없다.

---

* 주가는 마치 동전 던지기처럼 무작위로 움직이기 때문에 추세나 반전 신호를 찾으려는 노력은 모두 허사라는 이론으로 추세도 우연한 흐름으로 만들어질 수 있다고 주장한다—옮긴이

랜덤워크는 변수를 기술한다. 이 변수는 시간이 흐르면서 떨어질 수도 있는 만큼 올라갈 수도 있다. 만일 그 변수가 올해 하락한다면 내년에는 경로를 바꿔 상승할 가능성만큼 다시 하락할 가능성도 있다. 변수가 이런 경로를 따른다면 시간이 지날수록 그 위치가 어떻게 확산되는지 볼 수 있다.

이제 주식 하나를 두고 생각해보자. 예를 들어 테슬라다. 이론적으로 테슬라 주가는 다른 모든 자산과 마찬가지로 랜덤워크로 변동해야 한다.[•] 이는 (물가 상승률을 감안한) 실제 자산 가격 역시 상승만큼 하락도 겪을 수 있음을 암시한다. 따라서 길게 봤을 때 주가 평균은 현재보다 더 높지도 낮지도 않을 것이다. 달리 말하자면 어떤 특정 주가가 올해 떨어진다고 해서 미래에 올라갈 이유는 전혀 없다는 것이다. 오히려 해당 주가가 더욱 떨어질 가능성은 주가가 회복돼 상승할 가능성과 똑같다.

당신의 첫 반응은 "뭐야, 주식시장 가치는 대체로 시간이 갈수록 올라간다고. 어떻게 이게 말이 되지?"일 것이다. 주식시장은 대체로 가격이 상승하지만 그 이유는 기업이 대체로 이익의 대부분이나 많은 부분을 재투자하기 때문이다. (배당하지 않고) 재투자한 이익을 '유보이익retained earnings'이라 한다. 이해를 돕기 위해 비유를 하나 들어보겠다. 당신이 소유한 집을 임대하고 있다고 가정해보자. 임대 소득을 사

[•] 자산 시장이 효율적이라면 특정 자산의 현재 가격은 구할 수 있는 모든 정보를 반영해야 한다. 다시 말해 오직 새로운 정보—좋든 나쁘든 새 소식—만 자산의 가격을 움직인다. 새로운 정보란 예상치 못한 정보, 랜덤 정보다. 새로운 소식의 무작위 입수야말로 주식시장의 랜덤워크를 일으키는 원인이다.

용해 집을 고친다. 벽돌의 줄눈을 다시 칠하고 테두리에 페인트칠을 하고 기초를 손보고 지붕을 교체하는 등의 일을 한다. 그러면 임대한 집의 가치는 올라간다. 이유는 단위당 집값이 실제로 상승하기 때문이 아니라 집에 돈을 들였기 때문이다. 실제 집값은 올라갈 수도 있지만 떨어질 수도 있다. 자산 재투자라는 요인을 추가한다 해도 집값은 이론적으로 랜덤워크를 따른다. 주가도 마찬가지다.

이 간단한 재무 사항에서 얻을 수 있는 중요한, 이론적이고 경험적인 교훈은 다음과 같다.

> 주식은 길게 봤을 때 더 안전한 투자 상품이 아니다. 주식이나 다른 위험자산에 투자할수록 시간이 흐르면서 생활수준 원뿔은 좁아지기는커녕 더 넓어진다.

이 교훈은 제발 여러 번 읽어주면 좋겠다. 이것이야말로 종래 재무 관련 조언의 상식과 다르기 때문이다. 대부분의 투자자와 재무설계사, 재무 관련 기업은 현재 생긴 주가 손실을 미래에 다시 회복할 수 있다고 확신하는 듯 보인다.[*]

보스턴대학교 보디 교수는 주식을 오래 보유할수록 더 안전해진다

---

[*] 사실 많은 재무설계사가 서로 다른 투자 상품을 사서 보유하고 있다가 미래 서로 다른 시점에 현금화하라고 조언한다. 이는 특정 투자 상품이 특정 시간 동안 안전하다는 믿음에 입각한 것이다. 이른바 바구니 투자 접근법(혹은 분산투자 접근법)에 따르면 투자자는 단기안전자산을 한 바구니, 중기안전자산을 다른 바구니, 장기안전자산을 또 다른 바구니에 넣어둬야 좋다. 이 개념에 따르면 각 바구니가 보장된 수익 성과를 올리는 시기가 지난 후 각 바구니의 돈을 현금화해 쓰면 된다.

는 통념이 틀렸음을 설득력 있게 논파한 바 있다. 보디 교수의 논지대로 시장 손실에 맞서 보험이 될 만한 주식을 구매해 장기 보유하는 선택은 기간이 길어질수록 큰 대가를 치른다. 다시 말해 주식시장이 현재가치보다 이를테면 3분의 1 정도 내려갈 위험 때문에 특정 주식을 장기 보유하는 경우 비용은 이를 향후 5년간 보유할 때보다 20년간 보유할 때 훨씬 크다. 왜냐하면 시장의 랜덤워크가 해당 저가(예를 들어 3분의 1 아래)에 도달하는 시간은 20년일 때가 5년일 때보다 훨씬 더 길기 때문이다.*

역사적으로 주식의 평균실질수익이 높다는 말은 주식을 오래 보유할수록 운이 좋아 가격이 상승할 확률이 있긴 있다는 뜻이다. 그러나 운이 나빠 주가가 오르지 않을 경우 손실 폭도 똑같이 커진다. *그래서 우리는 상승 위험보다 하락 위험을 더 우려하는 것이다!* 이것이 주식을 오래 보유할수록 더 위험한 이유다.

---

* 게다가 주식을 오래 보유할수록 정말 더 안전하다면 사람들은 현실에서 가장 안전한 장기투자 상품으로 통하는 30년 만기 물가연동국채를 헌신짝처럼 내다버릴 것이다. 그러면 물가연동국채의 평균수익이 올라갈 테고(물가연동국채 쿠폰(일정 주기마다 지급하는 이자 같은 돈―옮긴이)은 계속 고정이겠지만 가격이 떨어져 수익률이 올라간다) 주식의 평균수익은 낮아진다. 하지만 사람들은 주식을 사겠다고 장기물가연동국채를 포기한 적이 없다. 사실 주식과 채권의 평균수익 차이는 오늘날 과거 어느 때보다 크다! 이 모든 것의 핵심은? 간단하다. 주식이 은퇴저축용으로 보장된 투자처라는 자기기만을 피하자는 것이다. 주식이 심하다 싶을 만큼 높은 평균수익을 낸다는 점 때문에 대부분의 포트폴리오에 당연히 주식을 포함한다. 그러나 우리는 주식이나 우수하지만 위험성이 큰 다른 투자 상품에 투자하는 자산의 몫을 정하기 전에 생활수준 경로 원뿔부터 파악해야 한다.

생활수준 원불은 왜 넓어지는가

재무를 주제로 한 수많은 연구가 제시하는 바대로 자산 가격이 랜덤워크를 따라가거나 그쪽으로 가까워진다는 사실 때문에 실적이 좋아도(나빠도) 당신은 좋은 실적(혹은 나쁜 실적)을 미래의 긴 기간에 걸쳐 분산해야 한다.* 미래 수익은 평균적으로 현재 수익이나 손실에 좋든 나쁘든 영향을 끼칠 수 없기 때문이다. 이런 견지에서 미래 수익은 변동성이 없다고 예상할 수 있기 때문에 결국 당신의 생활수준은 시장에서 *당신이 수익을 얻거나 손실을 입는 시점*에 맞춰 조정해야 한다. 따라서 위험투자를 할 때 경제학의 지출 조언은 다음과 같다.

투자 실적이 좋으면 지출을 늘리고 실적이 나쁘면 줄이라.

하지만 어느 정도나 많게 혹은 적게 지출해야 할까? 이는 당신이 하락 위험을 얼마나 더 걱정하는지 혹은 상승 위험을 얼마나 더 바라는지에 따라 달라진다. 하락 위험에 대한 우려가 클수록—당신이 '위험 회피' 경향이 클수록—소비 전반에 더 신중해진다. 다시 말해 좋은 소식이 와도 지출을 덜 늘리고 싶어 하고 나쁜 소식이 오면 지출을 더

---

* 내가 '랜덤워크 쪽으로 가까워진다'는 식으로 조심스레 표현하는 이유는 주가가 어느 정도 '평균회귀regression to the mean' 경향—주가가 떨어지면 다시 올라가고 올라가면 떨어지려는 경향—을 보인다는 사실 때문이다. 하지만 이 평균회귀 정도는 주식이 단기 자산이 아니라 장기자산으로 훨씬은 고사하고 약간 더 안전한 자산이라도 되기에는 지나치게 작다.

줄이고 싶어 한다는 뜻이다.

투자수익에 관한 좋은 소식과 나쁜 소식에 대응해 지출을 얼마나 방어적으로 혹은 공격적으로 조정하느냐에 상관없이 지출 조정은 당신이 거두는 랜덤 수익 징후와 크기에 따라 당연히 달라진다. 따라서 예기치 못한 투자수익에서 생기는 생활수준 변화 역시 그 자체로 랜덤워크처럼 변한다. 그래서 생활수준 원뿔은 시간이 가면서 더욱 넓어진다. 요약하면 다음과 같다.

> 위험 상품에 투자하는 경우 생활수준 원뿔은 부분적으로 랜덤 워크 양상을 띤다.

나의 생활수준 원뿔을 파악하라

사람들이 보유한 자산 성격에 따라 당연히 생활수준 원뿔이 다소 좁은 사람도 있고 꽤 넓은 사람도 있다. 잭과 빌을 예로 들어보자. 두 사람 모두 70세다. 잭은 자산이 1만 달러고 그 외에는 사회보장급여를 다달이 큰 액수로 받아 살고 있다. 빌은 자산이 100만 달러 있지만 사회보장급여는 전혀 없다. 만일 잭과 빌이 만기가 다른 물가연동채권에만 자산을 투자해 만기까지 보유한다면 두 사람 중 투자 불확실성을 겪는 사람은 없다. 이때 두 사람 모두 평생 지출이 동일하다고 가정해보자. 이제 두 사람 다 모든 자산을 주식에 투자한다고 생각해보자. 두 사람의 생활수준 원뿔은 기본적으로는 일직선에서 출발해 넓어지기 시작할 것이다. 그러나 빌의 원뿔은 확 넓어지는 데 반해 잭의 원뿔은 크게 움직이지 않는다.

이런 결과가 나오는 이유는 무엇일까? 잭의 생활수준은 거의 전적으로 안전한 사회보장급여에 의지하고 있기 때문이다. 그가 가진 1만 달러가 1000달러까지 떨어지든 5만 달러까지 치솟든 이는 그가 계속 지출해야 하는 금액에 큰 영향을 끼치지 않는다. 반면 빌은 완전히 사정이 다르다. 주가가 (역사적으로 대공황이 시작되고 첫 3년이 넘게 그랬듯) 86퍼센트 하락하면 혹은 (2000~2002년 사이에 그랬듯) 단 50퍼센트라도 하락하면 혹은 (2008년 금융위기 이후 대침체 때 그랬듯) 53퍼센트 하락하면 또는 (코로나19 시국이 시작되면서 그랬듯) 34퍼센트라도 하락하면 빌의 현재와 미래 생활수준은 크게 낮아진다. 다른 한편으로 (2009년 이후 그랬듯) 주가가 치솟으면 빌의 생활수준은 크게 높아진다.

생활수준 원뿔 위치를 올리려면

잭과 빌의 사례에서 알 수 있듯이 당신의 생활수준 원뿔을 완전히 통제할 순 없다. 그렇다고는 해도 당신은 통제할 수 있는 만큼 생활수준을 높이고 상승 경향 쪽으로 움직이게 하는 한편 원뿔 폭은 좁히고 싶을 것이다.

나는 이 책의 대부분을 안전하게 생활수준을 높이는 법에 할애했다. '안전하게'라는 말의 의미는 있는 그대로라는 뜻으로 당신의 투자가 잘되든 말든 어떤 일이 닥쳐도 당신이 경제적 고난에 빠지는 일은 절대 없다는 뜻이다.

예를 하나 들어보겠다. 당신이 빌인데 큰 부자인 헬렌 고모님(임종이 다가와 모르핀에 전적으로 의존해 연명하고 계신다)을 설득해 자신이 고모님께서 생각하시는 것만큼 완벽한 조카가 아니니 평생 매년 10만 달러를 받도록 물가연동채권 신탁펀드를 들어달라고 간청했다고 치자. 그 즉시 당신의 원뿔은 치솟을 것이다. 그러나 원뿔의 기울기와 폭은 달라지지 않는다. 향후 생활수준은 매년 더 높은 상태로 유지될 것이다.*

은퇴 연기계획 역시 생활수준 원뿔 궤적 대부분을 올려놓을 것이다. 물론 예상치 못하게 해고를 당하거나 장애를 입는 궤적은 제외다. 위험이 더 적은 증권에 투자하든 수수료가 더 낮은 재무설계사의 도움으로 투자하든 마찬가지다. 그리고 대출금을 미리 갚는 것, 제때 로스 계좌로 갈아타는 것, 사회보장급여를 최적화하는 것도 마찬가지 결과를 가져온다. 정리하면 다음과 같다.

안전한 생활수준 조치를 하면 생활수준 원뿔 위치가 올라간다.

---

* 더 정확히 말해 세금이 달라진다. 따라서 원뿔을 형성하는 궤적은 궤적들을 가로질러 혹은 여러 해에 걸쳐 일정 궤적 동안 동일한 비율로 일관되게 올라가지는 않는다. 또 자산의 안전한 증가는 현금 제약을 완화하는데 이것이 특정 궤적에 영향을 끼치는 양상은 서로 다르다.

생활수준 원뿔 기울기를 키우려면

생활수준 원뿔 기울기를 키워 최악의 궤적에서도 피해를 덜 입는 방법은 무엇일까? 정답은 투자 결과에 상관없이 시간이 갈수록 신중하게 지출하는 것이다. 신중한 지출이란 더 많은 자산을 미래의 각 시기로 옮겨놓는다는 뜻이다. 그러면 나이가 들수록 잠재적 생활수준 하락 경향이 낮아진다.

신중한 지출은 장기생활수준 하락 경향을 막는다는 점에서 신중한 투자 못지않게 중요하다. 실제로 더 신중한 지출은 더 공격적 투자를 할 수 있는 여유를 가져온다. 달리 말하면 이렇다.

> 시간이 지날수록 신중하게 지출하면 향후 수익 악화에 대비할 수 있고 생활수준 원뿔 기울기를 키울 수 있다.

생활수준 원뿔 폭을 좁히려면

여기서 고려해야 할 주요 재무 조치는 두 가지다. 보유자산을 다각화하는 것 그리고 자산 중 일부를 위험 증권에 투자하는 것.

자산 다각화—현금 자산을 다양한 종류의 상품에 분산투자하는 것—는 원뿔 폭을 좁힌다. 가장 초창기의 노벨경제학상은 자산 다각화가 특정 평균수익의 위험을 줄일 뿐 아니라 특정 수준의 위험 대비 평균수익을 올릴 수 있음을 증명하는 연구에 수여됐다.

다각화의 힘을 극명히 보기 위해 예를 들어보자. 당신은 자산 A와 B에 투자할 수 있다. 각 자산은 네 배 수익을 낼 확률과 수익이 0으로 떨어질 확률이 서로 같다. 또 두 자산이 한꺼번에 성공할 일은 없다. A 자산의 가치가 네 배로 높아지면 B 자산의 가치는 한순간에 날아가며 반대도 마찬가지다. 만일 가진 돈을 전부 A에 투자하면 투자한 돈은 네 배로 늘어나거나 0으로 줄어든다. B에 투자해도 결과는 같다. 어떤 상품을 고르든 결국 투자한 돈의 두 배가 평균수익이다. 그러나 이 시나리오에서 평균은 득 될 게 없다. 수익 위험이 크기 때문이다. 가진 돈을 전부 잃을 확률이 50퍼센트나 된다. 하지만 만일 자산의 절반씩을 A와 B 각각에 투자한다면? 이제 투자한 돈을 *확실하게* 두 배로 불릴 수 있다. 다시 말해 투자를 다각화했기 때문에 평균수익을 그대로 유지한 채 0으로 자산가치가 하락할 위험은 낮춘 것이다!

이 사례에서 자산 A와 B는 완벽한 반비례 관계다. 하나가 실적이 좋으면 다른 하나는 실적이 나빠지기 때문이다. 앞에서 본 대로 같은 비율로 두 자산에 함께 투자할 경우 A와 B의 투자 포트폴리오는 완벽하게 안전한 자산이 될 수 있다. 잠깐 멈추고 이 부분을 이해해보라. A나 B 중 하나만 투자하면 극도로 위험하다. A와 B에 똑같이 투자해야 안전하다!

이제 A와 B가 서로 상관은 없지만 수익성은 같다고 생각해보자. A와 B에 50 대 50으로 투자하는 경우 평균적으로 양쪽에서 똑같은 수익을 내면서 수익 위험—'표준편차'(평균수익 주변 편차)—을 30퍼센트 줄일 수 있다. 이 정도면 크게 줄인 셈이다. 요약하면 다음과 같다.

작은 규모로 다각화하면 길게 봤을 때 유리하다.

    A와 B처럼 수익성이 동일한 자산 100개에 투자할 수 있다면 위험을 90퍼센트 줄일 수 있다. 불행히도 수익성이 완전히 반비례하는 자산이나 무관한 자산은 없다. 그래도 요즘은 비용을 전혀 들이지 않고도 주요 위험을 감소할 수 있는 방법이 있다. 다각화라는 마법을 이용하면 된다.

다각화는 믿을 수 없을 만큼 싸고 쉽다

    이제 당신은 가진 돈 전액을 테슬라 주식에 넣는 것이 가장 똑똑한 생각은 아님을 알게 됐을 것이다. 테슬라 주가도 랜덤워크를 따르기 때문에 지금 가치가 커지는 만큼 내년에는 다시 구멍이 뚫릴 수 있다. 그러니 테슬라뿐 아니라 전반적으로 청정에너지 기업에 관심을 두고 투자 포트폴리오를 광범위하게 넓히는 결정을 내려야 한다. 이걸 다각화라고 할 수 있을까? 한 기업의 주식을 사는 것은 여러 기업의 주식을 조금씩 사는 것보다 훨씬 더 위험하다. 한 부문에만 투자하는 것역시 위험하기는 마찬가지다. 예를 들어 누군가 대량의 탄소를 격리하는 기술*을 믿을 수 없을 만큼 싼값에 개발해낸다면 전기자동차 주

---

* 화석연료가 연소할 때 발생하는 이산화탄소를 포획해 지구 대기 밖으로 내보내는 기술—옮긴이

식을 비롯한 당신의 청정에너지 관련 주는 한꺼번에 폭락하고 당신은 탄소 격리 관련주를 사지 않았다고 자책할 것이다. 게다가 특정 부문 주가가 올라가리라 생각했고 실제로 그 생각이 옳았다 해도 이미 다른 투자자 역시 같은 견해에 도달했을 것이다. 따라서 관심이 몰리는 부문의 주가는 이미 이런 기대에 반응해 높아질 대로 높아져 수익 가능성이 낮아져 있다. 예상치 못한 새로운 것—*신도 모르는 신상품*—만이 주가를 움직일 것이다. 이런 신상품은 양으로든 음으로든 무작위 상태가 되므로 다시 한 번 랜덤워크를 떠올릴 수밖에 없다.

개별 주식이든 부문별 주식의 집합이든 전체 주식시장이든 뭘 논해도 마찬가지다. 상장주식시장에서 대박을 터뜨리거나 심지어 일반적으로 예상된 수익보다 더 높은 수익을 올릴 수 있는 유일한 방법은 다른 사람이 모르는 것을 아는 것뿐이다. 효율적인 금융시장의 특징은 입수할 수 있는 모든 정보가 즉시 활용되며 자산 가격에 반영된다는 것이다.

만일 당신이 주식시장의 모든 주식을 조금씩 쉽게 살 수 있고 시장이 전반적으로 호황이길 바란다면 어떨까? 좋은 소식을 하나 알려주겠다. 희망이 있다는 것이다! 사실 경제학자들은 주식을 보유할 때는 전체 주식시장의 인덱스펀드만 보유하라고 권고한다. 현재 ETF라는 상품을 구매할 수 있다. ETF는 인덱스(가중평균치)를 기반으로 상당히 낮은 비용—3bp, 즉 투자액의 300분의 1퍼센트 수수료—에 전체 주식시장의 주식을 망라하는 상품이다. 따라서 전체 주식시장의 ETF에 5만 달러를 투자하면 거래 비용은 15달러에 불과하다. 주식시장 전체가 하나의 증권인 셈이다. 전체 주식시장 인덱스펀드에는 3500개가량의 상장주가 망라돼 있고 그 가치는 시가총액에서 이들이 차지하는 몫에 비례한다. 따라서 경제학자는 당신이 합법적으로 전문 지식을 소유하고 있고 그에 입각해 합법적으로 정보를 판매하는 전문가가 아닌 한 우량 주식과 불량 주식을 직접 고르는 것은 위험하다고 경고한다. 오래됐지만 잘 통하는 이 비밀은 다시 한 번 강조할 가치가 충분하다.

> 경제학의 조언은 주식에 투자할 때 시가총액 비중을 감안해 전체 주식을 보유하라는 것이다. 개별 부문 투자는 위험하며 개별 주식은 더 위험하다.

경제학은 실제로 여기서 더 나아간다. 시가총액 비중을 감안해 주식시장뿐 아니라 금융시장 전체 상품을 보유하라고 말하기 때문이다. 금융시장 전체에는 사채와 국채, 부동산신탁 REIT, 원자재, 금과 기타 귀금속, 비트코인과 다른 전자화폐, 외환, 외국 주식, 외국 사채와 미국 국채까지 포함된다.

분명히 세계의 증권을 모두 사는 것은 현실적이지 않다. 거래 비용 때문에 탈탈 털릴 테니까.* 하지만 외국 투자도 싸게 할 수 있는 방법이 있다. 간접이긴 하지만 예를 들어 미국 기업에 투자할 수도 있고 외국에서 많은 자산을 보유할 수도 있다. 미국《포춘》선정 500대 기업 매출의 40퍼센트 이상은 외국 투자자가 구매한 주식으로 구성돼 있다.

---

* 개별 미국 주식을 살 때는 그렇지 않다.

파리지앵이 포드 F-150 주식을 미국에서 사면 프랑스로 보내주는 식은 아니다. 포드사는 자동차를 판매하고 제조는 프랑스와 다른 외국 시장 등 대부분 미국 밖에서 이뤄진다. 요점이 뭐냐고?

> 외국에 비교적 크게 투자하는 미국 기업에 크게 투자해 국제 투자를 다각화하라.

채무를 갚는 면역전략을 쓰면

5장에서 대출을 청산하라고 촉구한 걸 기억하는가? 요점은 대출을 안고 있는 동시에 위험자산까지 갖고 있다면 그 본질은 남의 돈으로 도박을 하는 것과 다를 바 없다는 점이었다. 새로 배운 어휘를 쓰자면 이런 선택은 생활수준 원뿔을 넓히는 것으로 생활수준 하향 위험뿐 아니라 상향 위험까지 높인다. 보디가 탁월한 저서 《위험을 줄이고 돈 버는 전략Risk Less and Prosper》에서 지적한 대로 자녀가 다닐 대학의 학비 같은 고정채무는 뭐가 됐든 대출금과 유사성이 큰 채무다. 이를 갚아버리거나 면역전략을 써서 대비하지 않으면 결국 도박을 위해 빚을 져 그에 따르는 온갖 하향 위험을 지고 만다.

실감 나는 설명을 위해 예를 들어보자. 당신에게 30만 달러짜리 고정채무 두 개가 있다고 가정하자. 하나는 앞으로 10년 동안 월 3000달러씩 갚아나가는 담보대출금이고 다른 하나는 앞으로 10년 동안 딸의 사립학교 비용으로 다달이 3000달러씩 나가는 돈이다. 사안을 단순하게 하기 위해 물가 상승률이나 등록금 변동은 없다고 치자. 딸을 사립학교에 보내는 선택이 주택을 보유하는 선택과 똑같이 중요하다면 두 채무는 다를 게 하나도 없다. 현금이 있다면 10년 만기 미 재무부 국채를 사서 두 가지 채무 모두를 충당하는 면역전략을 쓰면 된다. 담보대출의 경우 채무를 즉시 갚는 면역전략을 쓰면 된다. 그러면 한 가지 혹은 두 가지 채무를 모두를 변제하기 위해 생활수준을 줄일 수밖에 없는 위험에서 벗어날 수 있다. 생활수준 원뿔도 좁아진다. 반면 채무 변제에 쓰겠다고 돈을 보유하고 있다가 주식시장에 투자하면 결과적으로 돈을 빌려 위험투자를 하는 것이나 마찬가지다. 핵심은 다음과 같이 명확하다.

채무를 갚는 면역전략을 택하면 생활수준 원뿔이 좁아진다. 채무에는 자신이나 제3자를 위한 고정지출도 포함된다.

안전자산과 위험자산, 어디에 투자할까

신중한 지출, 투자 다각화, 면역전략뿐 아니라 안전자산과 위험자산 포트폴리오 구성을 바꾸는 일 역시 생활수준 원뿔 각도에 영향을 미치는 주된 방법이다.

잭과 빌의 사례에서 봤듯이 당신이 보유한 전체 자산 구성에 따라 손실과 수익을 포함해 생활수준 원뿔 형태가 달라진다. 그래서 남은 평생 자산 구성을 어떻게 해야 할지 결정하기가 어려워진다.

이 점을 이해하기 위해 앞에서 언급한 경제학자 머튼과 새뮤얼슨의 연구 결과를 살펴보자. 이들은 자산 포트폴리오 구성이 대체가능 자산fungible(tradable) asset*으로만 이뤄진 경우를 고려했다. 이들의 핵심 전략은 다음과 같다.

> 위험 감수 여력이 적을수록 안전하게 투자하고 보수적으로 소비해야 한다.

앞에서도 언급한 직관적으로 금방 이해할 수 있는 결론이다. 그러나 이들의 두 번째 결론은 꽤 충격적이다.

> 나이가 들수록 안전자산과 위험자산의 포트폴리오 균형을 유지해야 한다. 늙었다고 위험자산을 안전자산으로 바꿔야 하는 것은 아니다.

이 머튼-새뮤얼슨 포트폴리오 법칙—시간이 흘러도 포트폴리오 구성을 동일하게 유지하라—은 여러 합리적 가정에 기대고 있는데, 그중에서도 당신의 모든 자산이 미래의 월급처럼 즉시 팔아서 투자할 현금으로 전환될 수 있다는 가정에 기댄다. 하지만 이 법칙에는 당신

---

* 대체가능자산은 현금이나 포인트처럼 거래 가능한 가치와 교환 비율의 최소 단위가 동일한 데 반해, 대체불가능non-fungible자산은 부동산이나 미술품처럼 거래 가능한 단위마다 고유한 특성과 가치가 있다—옮긴이

이 미래의 노동수익을 팔아 그 돈으로 최적의 투자를 하지 못할 때에도 중요한 돈의 비밀도 담겨 있다.

머튼-새뮤얼슨 투자 법칙은 모든 자산이 대체가능하다는 가정뿐 아니라 세 가지 다른 핵심 가정을 바탕으로 한다. 첫째, 각 가정은 시간 추이에 따른 지출 관련 표준 선호도가 있지만 습관 형성 선호도는 없다. (차후 논의할 것이다.) 둘째, 금융시장은 완벽하게 기능한다. 특히 증권을 사고팔 때 거래 비용이나 세금 비용은 전혀 없다. 셋째, 자산수익 분포는 시간이 가도 변하지 않는다. 다시 말해 특정 자산이 평균보다 더 위험해지거나 수익이 더 높아지지 않는다.

대체가능 조건과 마찬가지로 이 가정 중 어떤 것도 현실 세계에서 완벽하게 충족되지 않는다. 그럼에도 불구하고 머튼-새뮤얼슨 포트폴리오 법칙을 활용하면 투자 방법을 선택할 때 성공 투자 전략을 세울 수 있다. 나는 이 법칙을 활용해 재무의 충격적 진실 세 가지를 알려줄 참이다.

충격적 진실 1: 부자는 채권, 가난한 사람은 주식에 투자해야 한다

당신이 종래 재무설계 조언에 익숙하다면 이 말이 기괴하게 들릴 것이다. 그러나 이 진실은 잭과 빌의 사례에서 살펴본 것과 동일한 사고를 바탕으로 할 뿐 아니라 머튼-새뮤얼슨 법칙을 반영한다. 앞에서 들었던 복제 인간의 사례를 마지막으로 꺼내와도 괜찮다면 사안을 쉽게 이해할 수 있다. 부자 엠마와 가난한 엠마가 주인공이다. 모두 65세다. 둘 다 사회보장급여로 매년 2만 5000달러를 받고 있지만 부자 엠마는 자산 1000만 달러가 있고 가난한 엠마는 1000달러밖에 없다. 이 두 사람이 주식이나 안전한 채권에 투자하고 다른 투자는 전혀 하지 않는다고 가정해보자.

헷갈리는 질문 하나. 두 엠마 중 자산의 큰 비중을 주식에 투자해야 하는 사람은?

정답은 가난한 엠마다. 엠마는 가진 돈 전액을 주식에 투자해야 한다.

이유가 뭘까? 가난한 엠마는 근본적으로 잃을 게 없다. 그가 투자한 1000달러가 영원히 사라져도 지속 가능한 생활수준은 별반 달라지지 않는다. 그의 자산은 생애 자산 총액의 1000분의 1에 불과하기 때문이다. 게다가 가난한 엠마는 자의로는 아니지만 가진 돈 총액을 이미 안전한 채권에 넣어둔 셈이다. 이름과 과세 차이만 빼면 사회보장급여는 물가연동국채의 고정이자와 조금도 다를 바가 없기 때문이다. 따라서 가난한 엠마는 이미 안전자산에 크게 투자한 셈이다. 자산 포트폴리오 균형을 맞추기 위해—가능한 한 머튼-새뮤얼슨 법칙의 최적치에 가까이 가기 위해—가난한 엠마에게 최선의 선택은 자산 전체인 1000달러를 주식이라는 대체가능한 자산에 투자하는 것이다.

부자 엠마의 경우 1000만 달러를 죄다 주식에 투자하는 것은 멍청한 짓이다. 주가가 폭락할 경우 엠마의 생활수준은 즉각 그 영향을 받는다. 두 사람의 생활수준 원뿔 모양을 상상해보라. 가난한 엠마는 생활수준을 안정적으로 뒷받침해주는 사회보장급여에 비해 자산이 극히 적기 때문에 원뿔 각도가 거의 0에 가깝게 좁다. 가난한 엠마가 가진 1000달러 전액을 주식에 투자한다 해도 생활수준 궤적 각도는 거의 움직이지 않는다고 봐도 될 정도다. 반면 부자 엠마가 자산을 주식에 투자하는 경우 그의 생활수준 원뿔은 급격히 넓어질 것이다. 따라서 부자 엠마는 훨씬 더 신중하게 투자 전략을 선택해야 한다. 부자 엠마의 경우 머튼-새뮤얼슨 처방을 따라 이를테면 절반 정도—100퍼센트는 절대로 안 된다—의 자산을 주식에 투자하는 편이 낫다. 여기서 배울 점은?

> 다른 조건이 모두 동일하다면 부유할수록 주식투자 비중을 줄이라.

거부에게 투자설계사가 이런 조언을 할지 심히 의심스럽다. 투자업계 견해는 이 조언과 정확히 반대 방향을 향하기 때문이다. 부유할수록 위험자산에 투자해야 한다는 것이 이들의 조언이다. 실제로 민간 자산관리전문가들(이들은 부자들에게 조언을 해준답시고 고액자산관리전문가라는 금박 잔뜩 입힌 현란한 이름을 쓴다)은 자기 고객에게는 소비가 중요하지 않다는 투로 말한다. 그 정도 부자들이 원하는 것은 그저 자식에게 남겨줄 자산을 최대한 늘리는 것이며 그렇게 할 수 있는 방법은 수익 높은 증권에 장기투자를 하는 것이라는 식이다. 그야말로 틀린 생각이다. 부모가 자녀에게 돈을 남겨주는 이유는 아마 자녀(그리고 다음 세대)의 생활수준을 높여주기 위해서다. 따라서 자녀의 유산으로 도박을 하는 것—특히 주식이 긴 안목에서 더 안전한 척 호도하는 것—은 곧 자녀의 복지로 도박을 하는 것과 마찬가지다. 그리고 오해하면 안 되는 사실 하나가 있다. 수익이 높으면 언제나 위험도 높다. 게다가 고액자산관리전문가라는 사람은 수수료도 더 많이 챙긴다.

충격적 진실 2: 주식이 장기적으로 안전하기만 한 것은 아니다

'청년은 주식에 많이 투자해야 한다'는 원칙은 생애주기펀드의 출발이자 핵심이다. 생애주기펀드는 젊을 때는 주로 주식에 투자하고 은퇴연령에 가까울수록 채권 비중을 늘려 투자하는 펀드다. 합리적인 투자다. 청년은 자산이 거의 없다. 청년의 주된 자산은 현재와 미래의 근로소득, 즉 인적자산이다. 대부분의 사람에게 소득은 주식시장과 멀다. 그러므로 젊을 때는 현재와 미래의 근로소득이 대개 주식보다는 채권―물가연동국채―에 더 가깝다. 소득은 보통 물가 상승에 연동돼 오르기 때문이다.

캐나다 요크대학교의 뛰어난 재무학 교수인 모셰 밀레브스키Moshe Milevsky는 《당신은 주식인가 채권인가? Are You a Stock or a Bond?》라는 기이해 보이는 제목의 멋진 책을 썼다. 보디, 머튼과 새뮤얼슨(이번에는 폴 새뮤얼슨의 아들 빌 새뮤얼슨Bill Samuelson이다)의 탁월한 재무 관련 논문을 확장한 저서다. 밀레브스키의 논지는 젊고 소득이 주식시장에 따라 움직이지 않는 경우 주식에 주로 투자하는 전략이 필요하다는 것이다. 이 전략이 당신이 바라는 자산, 다시 말해 모든 자산을 대체가능한 성격으로 만드는 머튼-새뮤얼슨의 연령 불변 포트폴리오 전략으로 이동하는 데 필요하단 뜻이다.

밀레브스키는 더 드문 경우 역시 고려한다. 소득이 주식시장에 크게 의존하는 경우, 예를 들어 당신이 요트 회사에서 일하는 경우다. 주식시장이 폭락하면 주식 의존도가 높은 거부는 요트 구입 자금을 아낄 것이다. 그러면 요트 제조사 사장은 직원의 소득을 줄일 것이다. 밀레브스키는 이를 채권이 아니라 주식형 소득으로 진단한다. 따라서 머튼-새뮤얼슨 최적치에 가까이 가려면 자산을 채권에 할당해야 한다. 이미 직장 소득 자체가 주식에 따라 크게 달라지기 때문이다.

이를 알기 쉽게 요약하면 다음과 같다.

> 채권형 소득을 버는 청년은 주식에 주로 투자하고 주식형 소득을 버는 청년은 채권에 주로 투자하라.

주목할 점. 이 조언은 내가 앞에서 제시한 많은 사례와 일치하지 않는다. 나는 앞에서 연령대를 불문하고 모든 가정은 길게 봤을 때 물가연동국채에 투자하고 있다고 말했다. 하지만 이때의 핵심은 생활수준을 높이는 '안전한' 방식이었기 때문에 위험투자 문제는 고려하지 않았음을 유념해야 한다.

당신이 주식형이나 채권형 소득자 둘 다 아니고 비트코인형 소득자라고 가정해보자. 달리 말하면 근로소득 변동이 극심하긴 하지만 그 변동 폭이 주식시장과는 상관없다는 뜻이다. 내 친구 해리스와 같은 상황일 수도 있다. 그는 영화 시나리오를 써서 생계를 유지하는 작가다. 매년 해리스는 누군가 자신이 최근에 쓴 시나리오를 변변찮은 돈이라도 주고 사 갈지, 첫 단락만 훑어보고는 내던져버릴지 전혀 모른다. 만일 한 달에 시나리오를 한 편씩 써낸다면 확률놀이를 해볼 수 있을 것이다. 하지만 내 친구는 시나리오 한 편을 쓰는 데 1년이 걸린다. 그러니 녀석은 비트코인형 소득을 벌고 있는 셈이다.

그렇다면 해리스는 믿을 만한 소득이 있는 사람보다 주식시장에 투자를 더 해야 할까 덜 해야 할까? 정답은 덜, 훨씬 덜 하라는 것이다. 그는 주식시장이 하락해도 소득이 줄어들지는 않지만(그래서 그는 주식형 소득자가 아니지만) 주식시장은 확실히 그가 수익성이 있길 바랐던 프로젝트가 엎어지는 즉시 독립적으로 폭락할 수 있다. 해리스는 그런 위험을 감수할 경제적 여력이 없다. 그런데도 지난 몇 해 동안 녀석은 자기가 친구들처럼 주식으로 한몫 단단히 벌지 못했다고 자책한다.

해리스는 이제 환갑이다. 그는 자신을 들들 볶는 게 취미다. 하지만 실제로는 상황에 냉정히 대처했다. 주식시장에 투자하지 않았을 뿐 아니라 미친 듯이 저축을 해놓은 것이다. 그 결과 내 친구의 재무상황은 현재 꽤 안정적이다. 오히려 일할 때보다 앞으로의 여생 동안 더 높은 생활수준을 누릴 수 있을 정도다. 핵심은 다음과 같다.

위험 상품에 몰입하지 말라. 소득이 불안정할 때 주식시장은 낄 곳이 못 된다.

충격적 진실 3: 은퇴자는 늙어갈수록 주식투자를 늘려야 한다

머튼과 새뮤얼슨 연구가 제시하는 충격적 재무 소식 또 하나. 표준 조언에 따르면 나이가 많은 사람은 세월이 갈수록 주식투자액을 줄여야 한다. 그러나 이런 조언은 대부분까지는 아니어도 많은 노인이 늙을수록 자산 지출액이 줄어든다는 사실을 도외시한 것이다. 노인의 자산 지출 감소는 앞에서 논의한 요점을 반영한다. 바로 당신이 위험을 특별히 피하는 부류가 아니라면 최고 연령까지 살지는 못할 가능성에 베팅해볼 가치가 있다는 점이다. 이 도박은 여행을 하거나 체육관에 가서 운동을 하거나 스키를 타러 가거나 다른 비싼 활동을 할 능력이 감퇴하는 연령, 이를테면 80세쯤부터 찬찬히 시작해 줄어드는 생활수준 나이 기반 투자를 선택하는 것이다. 나이 기반 생활수준을 설정하면 인생 초반부 지출액은 늘어난다. 오래 살수록 지출액이 줄어듦을 알기 때문이다. 나이가 들수록 자산은 줄어든다. 그러나 채권이나 마찬가지인 사회보장급여액은 변하지 않는다. 따라서 머튼과 새뮤얼슨이 조언하는 대로 위험자산 대 안전자산의 비율을 일정하게 유지하려고 노력한다는 것은 점점 줄어드는 자산에서 주식에 투자하는 몫을 늘린다는 뜻이다.

다시 정리해보자.

> 노인은 자산이 줄어들기 때문에 남은 자산의 주식투자액을 늘려야 한다.

망해가는 회사의 주식은 헐값에라도 팔아넘겨라

대부분의 미국 근로자에게는 자신의 인적 자본이 가장 큰 경제 자산이다. 그러나 동일한 회사에서 오래 일할수록 거기서 했던 일에만 통용되는 인적 자본을 축적할 가능성이 높아진다. 이런 자본은 다른 회사로 쉽게 이전할 수 없는 기술이다. (가까운 사례로 비밀유지계약을 하고 코로나19 백신을 만드는 것이 있다.) 따라서 당신 회사가 실적이 나빠져 파산할 위험은 고스란히 당신의 위험이 된다. 이 경우 당신은 주식형 소득을 버는 셈이다. 일반적 의미에서 그렇다는 말이 아니라 당신이 다니는 기업에서 주식형 소득을 번다는 의미에서 그렇다.

이상대로라면 회사가 망할 때를 대비해 손실을 막아주는 보험을 들어야 한다. 그러나 이런 보험 약관이 통하는 시장은 없다. 왜일까? 충분한 수의 직원이 이런 보험에 가입하면 자기가 다니는 회사를 망하게 해 보험금을 챙길 수 있도록 일을 제대로 하지 않을 것이기 때문이다. 보험 회사는 이런 위험 때문에 회사 파산에 대비하는 보험은 제공하지 않는다.

그러나 회사가 주식시장에 상장돼 있다면 헐값에 처리할 방안이 없지는 않다. 안전한 처리 방법은 당신이 다니는 기업 주가가 특정 가치 밑으로 하락하는 경우 풋옵션put option*이라는 특수 증권을 사는 것이다. 불행히도 이런 풋옵션은 값이 비싸고 회사에 고용돼 있는 동안 매년 사야 한다. 따라서 이 역시 우리 경제학자의 말로 '실행 가능한 방법'에 포함되진 않는다.

하지만 실행 가능한 방법도 있다. 두 가지다. 첫째, 회사에서 보수 격으로 주식을 받았다면 그 주식을 파는 것이다. 그러지 않으면 회사가 파산할 때 직장을 잃을 뿐 아니라 회사 주식 가치까지 모조리 잃게 된다. 둘째, 다니는 회사의 경쟁사(혹은 당신이 다니는 회사가 망하면 이득을 볼 기업) 주식에 투자하는 것이다. 무슨 의리도 없는 짓이냐고 생각할지 모르지만 손실을 보호하고 생활수준을 지키기 위한 방편일 뿐이다. 이는 증권 A를 소유하고 있을 때 증권 B를 사는 것과 같다. A와 B의 실적이 완벽하게 반비례 관계인 경우에 한해서다. 핵심은 이렇다.

• 시장가격에 관계없이 특정 상품을 특정 시점과 가격에 매도할 수 있는 권리―옮긴이

회사를 향한 애정과 상관없이 주식을 팔 수 있을 때 팔아 정리하라.

수익보다 위험에 대비해 투자 시기를 살피라

앞에서 제시한 바대로 머튼-새뮤얼슨 법칙의 가정 중 하나는 변동성지수volatility index, VIX라는 주식시장의 변동성을 포함한 수익 분포가 시간이 가면서 고정돼 바뀌지 않는다는 것이다. 기본적으로는 사실이다. 그러나 단기간—대침체 시기와 코로나19 발발 시기 동안—으로 따지는 경우 변동성지수가 크게 상승한다. 따라서 시장 투자 시기를 저울질하려는 노력의 표준 지침은 바뀐다. 여기에는 시장이 모르는 것을 알아야 함이 암시돼 있다.

요약하면 다음과 같다.

주식시장 투자 시기는 위험에 대비해 살펴야 한다. 시장 변동성이 높아질 때는 주식과 다른 위험자산 보유량을 줄이라.

다시 한 번 강조하지만 이는 시장에서 큰 성공을 거두기 위한 방편이 아니라 위험을 피하고 안전을 지키기 위한 방편이다. 투자 선택지의 위험성이 전반적으로 커지면 안전한 쪽으로 재배치해야 한다.

상향투자

지금까지는 표준 호모 이코노미쿠스가 해야 하는 재무관리법을 논의했다. 하지만 로마인이 즐겨 말했던 대로 본질은 이렇다. "취향에 대해 이러쿵저러쿵할 수는 없다."

사람들은 결국 자신이 좋아하는 것을 한다. 그래서 믿을 수 없을 만큼 자신의 현 생활방식을 고수하는 사람이 있다. 이들에게는 '습관성 선호'가 있다. 분명 이들은 과거보다 소비를 늘리고 싶겠지만 그보다 훨씬 더 싫어하는 것은 생활수준을 줄여야 하는 상황이다. 자신의 생활수준 상승을 보고 싶은 것은 맞지만 더 참지 못하는 것은 생활수준 하락이라는 뜻이다.[*]

생활수준 하락을 맞이하기가 죽기보다 싫다면 어떻게 위험자산에 투자한단 말인가? 이 질문에 대한 대답은 사실 아주 간단하다. 그냥 하는 것이다. 여기서 위험자산 투자는 대개 주식시장 투자다. 카지노에서 도박하는 마음으로 주식시장에 투자하면 된다.

여기서 잠깐 카지노와 경제학자에 얽힌 재밌는 이야기 한 토막을 소개하겠다. 분명 재밌을 것이다. 전미경제학회American Economic Association가 라스베이거스에서 연례총회를 연 적이 있다. 총회사상 최초였다. 그러나 그 최초의 라스베이거스 총회는 그대로 최후의 라스

---

[*] 수학적으로 말해 이들이 누리는 현재 행복은 경제학자들이 '효용함수'라 부르는 것으로 효용함수는 이들의 현 생활수준(가족 구성원당 소비)에만 의존하는 것이 아니라 이들의 과거 생활수준에도 의존한다. 이런 선호에 대한 다른 공식도 있다. 예를 들어 과거 생활수준을 평균치로 요약할 수 있다.

베이거스 총회가 되고 말았다. 공부벌레에 괴짜인 내 동료 교수들과 나는 그저 총회 예약을 담당한 호텔 직원이 참석자에게 예상할 만한 일을 벌였을 뿐이었다. 우리는 비행기에서 내려 호텔에 체크인한 뒤 곧장 카지노로 갔다.

그러나 평범한 라스베이거스 방문객과 달리 우리는 도박에 손대지 않았다. 경제학자답게 공짜 술과 음료를 얻어 마시면서 편하게 리서치만 한 것이다. 미국 각지의 각계각층에서 온 미국인이 시끄럽고 현란하고 숨 막히게 답답한 공간에서 어울리며 다양한 종류의 도박(주사위 게임, 슬롯머신, 블랙잭 등)을 한다는 사실을 눈으로 직접 확인한 셈이다. 사실은 사람들이 앉은자리에서 돈을 얼마나 빨리 잃을 수 있는지 관찰했다고 하는 편이 정확하겠다.

주식시장과 달리 카지노 도박은 예상 수익과 맺는 관계의 성격상 음의 상관관계가 양의 상관관계보다 크다. 카지노 도박은 돈을 딸 확률이 50퍼센트도 안 되는 확률게임이라는 뜻이다. 따라서 오래 놀수록 칩을 전부 잃을 확률이 커진다.

우리는 모두 거의 몇 시간씩 서서 사람들을 관찰하며 본 광경에 어안이 벙벙해졌다. 두 사람 정도는 슬롯머신에 몇 달러를 넣어보기도 했다. 그러나 큰 게임에 끼지 말라는 동료들의 압박이 상당했다. 큰 게임은 경제적 합리성을 위반하는 것이었기 때문에 우리 중 누구도 동료에게 자신이 경제적 의미의 바보임을 들키고 싶어 하지 않았다. 그런 짓은 주홍글씨를 방불케 하는 낙인이 돼 학계 경력 내내 따라다니리라는 사실을 알고 있었기 때문이다.

낮 동안 우리는 호텔 내의 다양한 콘퍼런스 룸에서 회의를 진행했고 밤이 되면 다시 무료 음료를 마시며 경제학 이론에서 일어나면 안 된다고 말하는 일이 벌어지는 모습을 두 눈으로 직접 관찰했다. 결국 라스베이거스 호텔 측은 전미경제학회에 *다시는 오지 말라*는 전언을 넣었다.

시간이 좀 걸리긴 했지만 결국 나는 깨달았다. 거만한 우리 경제학자가 뭔가 큰 걸 놓치고 있었다는 사실 말이다. 도박을 하는 사람은 대부분 잃을 작정을 하고 일정액을 정해 도박을 하고 있었다. 대부분까지는 아니어도 많은 사람이 신용카드는 방에 두고 현금만 들고 카지노로 들어갔다.

내 전 아내와 나도 유타주국립공원에 가는 길에 라스베이거스에 들러 카지노에 간 적이 있다. 내가 경제학적 이성을 잃는 꼴을 볼 경제학자가 아무도 없었기 때문에 그때 우리는 각자 주머니에 넣어 간 100달러를 (불행히도 30분 만에) 잃는 경험을 즐겼다.

신용카드를 카지노로 들고 가지 않았다는 것은 우리가 생활수준을 설정했다는 뜻이다. 둘이 200달러 정도는 도박을 하다 잃을 수도 있지만 그 정도 손실은 우리의 휴가와 미래의 생활수준에 전혀 해 될 것이 없었다. 상향투자란 생활수준 기본선을 설정해놓고 주식시장에서 도박을 하는 것과 본질에서 다를 바 없는(*그러나 도박장보다는 확률이 훨씬 공정한*) 방법이다.

방법은 간단하다. 현재 주식시장에 얼마나 투자했는지 파악하고 얼마나, 언제 투자를 늘릴지 확인한 다음 투자한 돈을 몽땅 잃는다는 극단적 가정을 해보는 것이다. 이를 바탕으로 평생의 소비평활화계획을 작성한다. 이 계획에는 만기까지 오직 물가연동국채나 I-채권(곧 더 설명하겠다)에만 투자하는 일이 포함된다. 이런 투자는 실제로 완전히 안전하기 때문에 확실하게 보장된 생활수준 경로를 설계할 수 있다. 당신의 생활수준 기준선을 설정해놓는 셈이다.

이제 주식을 투자한 계좌에서 *전액*을 인출하기 시작할 연령을 정하라. 물론 주식계좌에 돈이 남아 있다면 말이다. 인출 기간도 설정해두라.

예를 들어 첫 인출 연령을 60세로, 마지막 인출 연령을 75세로 정했다고 가정해보자. 60세가 되면 총액 중 15분의 1을 인출해 60세에 지출을 늘릴 때 일부 인출 금액을 쓰라. 지출 금액을 뺀 나머지는 물가연동국채에 투자한 다음 이후 매년 원금과 실질수익 일부를 쓴다. 다시 말해 60세부터 지출을 늘리되 이후 해마다 정확히 똑같은 액수로 늘릴 것을 염두에 두는 것이다. 가령 61세가 되면 잔액의 14분의 1을 인출하고 남은 전액은 물가연동국채에 투자해 또 지속 가능한 지출을 늘린다.

이런 식으로 투자를 계속하면 어떻게 될까? 당신의 안전한 생활수준 기준에서 상향 위험만 남는다. 60세에서 75세가 될 때까지 매년 지출할 수 있는 금액이 늘어나는 결과만 도출되는 것이다. 75세가 지나고 나면 생활수준은 75세 수준으로 고정될 것이다. 내가 이를 '상향투자'라고 부르는 이유다.

주식에 투자한 돈을 아내와 내가 카지노에 들고 간 현금이라고 생각해보라. 당시 우리 부부의 전략은 돈을 한 푼이라도 따면 호텔을 떠날 때까지―즉, 이후 다시 도박장으로 가 그 돈까지 잃을 위험이 없어질 때까지―한 푼도 쓰지 않는 것이었다.

요약하면 다음과 같다.

> 상향투자를 하면 생활수준을 일정하게 유지하면서 주식시장
> 에도 투자할수 있다.

내가 대부분의 사람들에게 강력히 추천하는 상향투자를 하려면 물
가연동국채와 더 근사해 보이는 사촌 격인 I-채권을 알아야 한다.

I-채권이란

앞에서 설명했듯이 물가연동국채는 미국 재무부가 물가 상승률을
반영해 만기를 서로 달리해 발행하는 채권이다. 매년 이 채권의 쿠폰
지급금과 보장된 최종 원금은 전년도 물가에 따라 조정된다. 명목이
자에는 과세한다. 그러나 세금이 눈에 띄게 올라가지 않으면 혹은 정
부가 채권 발행으로 얻은 빚을 못 갚는 채무불이행 사태가 벌어지지
않으면 물가연동국채는 완벽하게 안전한 실질 투자 상품이다. 다시
말해 정확히 약속된 금액을 오늘의 달러 가치와 연동해 돌려받을 수
있다.

물가연동국채에 투자하는 경우 만기까지 보유하는 것이 좋다. 이
채권의 가격은 다른 시장의 증권처럼 계속 오르락내리락한다. 채권
가격이 올라가면 물가연동국채 수익률(채권이자를 액면가로 나눈 값)
은 떨어진다. 그러나 결국 올라간 새 가격과 새 수익률의 곱은 고정이

다. 이런 이유로 물가연동국채를 보유하면서 가격 변동을 무시해도 고정된 실질이득은 고스란히 챙길 수 있는 것이다.[*] 물가연동채권과 비슷한 자산이 주택이다. 주택 서비스도 주택 가격이 상승하든 하락하든 같다. 집주인의 경우 주택 가격이 오르면 부유해진다. 그러나 집주인도 결국은 자기 집에 세 들어 살고 있는 임차인이라는 관점에서 보면 가난해지는 셈이다. 귀속지대가 높아지기 때문이다. 이 두 가지 효과는 서로 상쇄된다. 이런 이유로 자기 집에 살면 집값이 변한다 해도 문제가 되지 않는 것이다.

I-채권(공식적으로는 시리즈 I 저축채권)은 물가연동국채의 사촌 격 채권으로 물가연동국채보다 더 낫다. 1998년 도입됐고 미국 재무부에서 직접 살 수 있다. 수익률을 시장이 아니라 재무부가 결정한다. I-채권은 팔 때만 돈을 지급한다. 따라서 '제로 쿠폰' 채권인 셈이다. 판매가는 채권을 산 이후 물가 상승에 연동되며 이자율은 구매 시점에 정해진다. 이 채권은 30년 만기지만 아무 때나 팔 수 있다. 시장이 아니라 미국 정부가 금리를 정하기 때문에 I-채권 수익률은 물가연동국채 수익률보다 확연히 높을 수 있다. 그리고 세제 혜택도 있다. I-채권

---

[*] 만기까지 보유해도 되는 물가연동국채와 달리 물가연동이 아닌 보통 채권, 특히 중기와 장기 채권은 위험이 있다. 내가 이 책을 쓰고 있는 현재 시장은 30년 장기 채권의 물가 상승률을 대략 1.5퍼센트로 잡고 있다. 그러나 만일 물가 상승률이 단 1퍼센트라도 변하면—향후 30년 동안 물가가 1.5퍼센트가 아니라 2.5퍼센트 오르는 경우—30년 후 받게 되는 돈은 시장이 지금 예상하는 것보다 실질적 의미에서 대략 5분의 1 가치로 하락한다. 물가와 연동되지 않은 종래 채권은 물가 상승이 반영되지 않은 명목액수를 그대로 지급한다. 물가 상승 폭이 예상보다 크면 민간 및 정부 채권의 지급 경로 전체가 구매력을 잃는다. 물가 상승이 지속되면 종래 채권에는 큰 위험이 생긴다. 물가와 연동되지 않는 채권 가격이 하룻밤 사이에 그리고 아주 크게 하락할 수 있는 이유다.

의 금리는 팔 때까지는 과세 대상이 아니며 이자는 주와 지방세도 면제에다 I-채권을 팔아 대학 교육비로 쓰는 경우 연방세도 면제다! 각 가정의 구성원이 연간 살 수 있는 I-채권액은 25~1만 달러다. 따라서 가족 구성원이 5명인 경우에는 매년 최대 5만 달러까지 채권을 살 수 있다!

핵심은 다음과 같다.

> I-채권과 물가연동국채는 투자 전략에 상관없이 투자해 보유할 수 있는 탁월한 자산이다. 상향투자를 원할 경우 두 채권은 생활수준 기준선을 설정하는 데 이상적인 수단이다.

경제학자처럼 투자하려면 다음을 기억하라.

- 종래 투자 조언은 재정 건전성에 위험하다. 경제학 기반 투자 조언은 생활수준 원뿔에 집중한다. 생활수준 원뿔은 공격적으로 투자하거나 소비할수록 넓어지고 하향 위험도 커진다. 원뿔을 좁게 유지하는 것이 관건이다.
- 경제학 기반 투자 조언은 연간 수익 관점에서 연간 소비를 조정하는 것이다. 이런 조정의 필요성은 증권 투자수익이 랜덤워크 성격을 띠고 있다는 사실에서 비롯된다. 주가가 랜덤워크를 따른다는 것은 장기적으로 위험성이 커지고 안전성은 줄어든다는 뜻이다.
- 생활수준을 안전하게 향상하면 생활수준 원뿔 위치를 조정할 수 있다. 소비를 신중하게 하면 원뿔 궤적을 상향 조정할 수 있다. 투자를 다각화하면 동일한 생활수준을 평균적으로 유지하

되 위험은 줄일 수 있다. 이런 방식으로 생활수준 원뿔을 좁히는 것이 좋다.

- 투자를 완전히 다각화하면 보유한 위험자산 비율이 세계 시장에서 그 자산이 차지하는 비율을 따라가므로 생활수준 원뿔이 넓어지는 정도를 줄일 수 있다. 자산 전체를 직접 다각화할 수 없을 때를 대비하려면 자산 투자를 시기에 따라 조정하는 편이 좋다. 주식 비중은 젊을수록 심하게 크고 부자일수록 작으며 나이가 들수록 점차 커진다.

- 자신이 주식형 소득자인지 채권형 소득자인지 결정하고 그에 맞춰 적절한 투자를 해야 한다. 파산할 위험이 큰 소속 회사의 주식을 헐값으로 처리하는 것도 안전한 투자에 포함된다.

- 물가연동국채와 I-채권처럼 안전한 자산에 투자를 많이 할수록 생활수준 원뿔 각도를 줄여 생활수준 위험을 줄일 수 있다. 여기에 투자함으로써 유지할 수 있는 생활수준 한도를 설정하라. 설정해놓은 생활수준을 흔들지 않을 만큼의 자산은 주식시장에 투자하라. 그러나 주식에서 난 수익으로 더 높은 생활수준을 설정할 수 있을 때까지는 주식에 넣은 돈을 빼서 쓰지 말라. 주식에서 본 수익 중 쓰지 않은 돈은 물가연동국채와 I-채권에 재투자하라.

열 번째 머니 플랜

인생에 관한 결정
: 나만의 머니 플랜을 만들라

나만의 머니 플랜을 만드는 일은 간단하다. 내가 이 책에서 제시한 묘책과 당신의 묘책을 실행하기만 하면 된다. 분명 어떤 묘책은 특정 상황에 맞게 설계한 것이다. 사회보장급여 자격을 갖추는 일이 그런 예다. 그러므로 이 책을 옆에 챙겨두고 당신의 재무 경로가 어려운 길로 빠질 때, 당신의 사랑하는 조카 낸시가 막다른 골목으로 들어서려 할 때 이 책을 챙겨 보라. 분명 이 계획이 뇌리에 박힐 리가 없다. 경제학자인 나한테조차 박혀 있지 않아 나 역시 대부분은 다시 들춰본다. 그리고 많은 계획은 시간이 흐르면서 다시 변할 것이다. 정부는 세금과 연금을 '개혁'할 것이고 새롭고 더 나은 금융 상품도 나올 것이기 때문이다.

오래된 교육에서 비롯된 금언은 다음과 같다. 학생에게 말할 내용을 말해주고 다시 말해주고 말한 내용을 다시 말해주라. 당신에게 내가 말한 내용을 다시 말하려면 부담이 클 수밖에 없다. 그래서 이번에는 특별한 순서 없이 내가 최고로 치는 50가지 돈의 비밀을 간략히 정리해주려 한다. 두서는 없지만 이 비밀은 하나같이 돈에 관한 가장 중요한 사실 하나를 향해 있다. 어느 항목을 보든 큰돈을 안전하게 버는 방법, 내 손에 쥔 돈으로 훨씬 더 행복해질 방법, 재무상 안전을 기할 방법은 존재한다는 것이다.

1. 내가 잘 아는 사람, 즉 자기 자신에게 투자하라. 채무 정리가 투자의 시작이다.
2. 평생 절세하고 싶다면 퇴직계좌 납입금, 이체금, 인출금을 활용하라. 고용주의 동일 분담금을 확보하기 위해 가능한 한 많은 돈을 퇴직계좌에 납입하라!
3. 가능하면 누구든 70세까지 기다렸다가 사회보장급여를 수령하는 것이 이득이다.
4. 학자금 대출은 금물이다. 너무 비싸고 위험하기 때문에 평생 빚에 쫓기다가 꿈꾸던 직업을 포기할 수도 있다.
5. 당신은 좋아하지만 남들은 싫어하는 일을 직업으로 선택하라.
6. 대출은 세금과 같고 재무 손실을 불러일으키는 위험 요인이다. 가능한 한 빨리 청산하라.
7. 생활수준이 핵심이다. 여러 투자 및 소비 전략을 바탕으로 가능한 생활수준 경로를 따져보고 각 전략을 통해 어떤 생활수준을 누릴 수 있는지 살펴보라.
8. 돈 보고 결혼하라. 당신은 그만한 가치가 있다. 그리고 당연하다. 사랑도 돈으로 살 수 있다. (물론 낭만적인 연애도 하고!)

9. 돈이 제공하는 즐거움을 최대한 누리려면 삶의 결정들에 가격을 매겨둬야 한다.

10. 부유해질수록 주식투자를 줄이라.

11. 위험자산을 보유할 때는 낮은 거래 비용으로 살 수 있는 주식과 채권을 다양하고 광범위하게 사두라.

12. 당신에게 완벽한 집은 이동거리가 늘어나는 만큼 가격은 줄어든다. 소득세나 상속세를 부과하지 않는 주로 이사를 가도 좋다.

13. 대출이 있거나 그 외 다른 고정지출이 있는데 위험투자를 한다면 빚내서 도박하는 것이나 마찬가지다.

14. 시장이 변동해도 안정적 이득을 얻는 투자 방법은 I-채권이라는 정부 채권을 사는 것이다.

15. 주식은 오래 보유할수록 위험이 커진다. 주식을 분산해 각기 다른 시기에 현금화하는 바구니 전략은 안전자산인 척하지만 사실은 위험한 전략이다.

16. 주식형 소득자는 채권을 사고 채권형 소득자는 주식을 사라.

17. 회사에 다닌다면 충성심을 보이고 회사의 성공을 위해 노력하되 망할 것 같을 때는 보유한 자사주를 과감하게 헐값에 팔라.

18. 이른 퇴직은 많은 이에게 경제적 자살이다. 일한 세월보다 은퇴해 사는 세월이 더 길어질 수 있기 때문이다.

19. 장수는 상상만 해도 즐거운 꿈이지만 경제적으로는 악몽이다.

20. 큰돈을 들이지 않고도 최고의 교육을 받을 수 있다.

21. 종래 재무설계는 재정 건전성에 위험하다. 경제 이론과도 무관하며 터무니없는 재무 선택을 조언이랍시고 내놓기 때문이다.

22. 죽고 싶은 나이에 죽을 수는 없다. 예상한 연령에 죽을 확률이 아니라 최대한 오래 살 확률을 고려해 계획을 세우라. 죽지도 않았는데 죽으리라고 미리 가정하는 계획은 장수 위험에 도움이 되지 않는다. 높은 생활수준을 유지할 대책을 젊을 때 세워두는 식으로 장수 위험에 적극 대비해야 한다.

23. 주택 규모 축소, 임대, 공유, (자녀에게) 매각후임차 등의 조치로 주택에 '묶인' 가치를 풀라. 역모기지는 비싸고 위험하다.

24. 배우자가 죽었는데 60대 초반이라면 유족급여와 사회보장급여를 동시에 받지 말라. 큰돈을 잃게 된다.

25. 이혼에 승자는 없다. 공정한 생활수준 비율을 합의한 다음 이를 최적화하라.

26. 의료저축계좌와 다른 가치재계좌는 허점이 많아 절세하기 좋다.

27. 사회보장급여를 늦게 타려면 퇴직급여를 활용하라.

28. 공격적 투자 못지않게 공격적 소비 또한 생활수준을 떨어뜨릴 위험이 있다.

29. 소득이 늘 적을 것이라는 확신이 없다면 소득연동 연방 학자금 대출은 받지 말라.

30. 물가 상승은 상당히 큰 재정 위험이다. 임금이든 연금이든 이자 수입이든 미래 구매력을 줄이는 요인이기 때문이다. 미국은 파산 상태고 채권을 마구 발행하는 데다 화폐도 마구 찍어낸다. 따라서 재무부 채권을 비롯해 중장기 명목채권(액면가가 발행된 때와 동일하게 유지되는 채권)은 극히 위험하다. 투자 포트폴리오를 구성할 때는 물가연동채권을 넣는 편이 안전하다.

31. 고정금리 대출은 큰 장점이 있다. 물가 상승 압력에서 안전하다는 것.

32. 종래 투자 설계 조언은 좋게 말해도 그 가치가 의심스럽다. 네 가지 주요 경제 오류에 기반을 두고 있기 때문이다. ① 젊은 시절 저축액 산정 오류 ② 은퇴 전 저축을 생각 없이 유지하는 오류 ③ 노령기 지출액 산정 오류 ④ 시장 환경에 적응하지 못하는 오류가 그것이다.

33. 은퇴할 때까지 일자리시장과 주택시장을 늘 살피라. 언제나 자신의 선택을 잘 파악하고 있어야 한다.

34. 은퇴할 경우 매년 주식이나 다른 위험자산 투자액의 증가분은 꼭 보유하라.

35. 사회보장급여를 일찍 받았는가? 만기은퇴연령이 됐을 때 당장 지급을 중단하고 70세가 될 때까지 기다리라. (복리는 아니지만) 매년 8퍼센트씩 수급액이 증가한다.

36. 모든 생활방식 결정(이직, 이사, 결혼, 출산, 이혼)에는 비용이 따른다. 지속 가능한 생활수준 관점에서 비용을 산정하라.

37. 돈을 충분히 벌고 있다면 사회보장급여는 언제든 늘릴 수 있다. 60세나 그 이상의 과세소득 상한선 초과액을 벌고 있는 사람도, 소득이 적거나 불규칙한 사람도 마찬가지다.

38. 사회보장제도에는 찾아 쓰지 않으면 손해인 열세 가지 급여가 있다. 자신이 뭘 받을 수 있는지 꼭 확인하라.

39. 401(K)/일반 IRA/로스 IRA의 가장 큰 세제 혜택은 세금을 적게 내는 나이(65세)가 되는 시기로 납세 시점을 옮기는 것이다.

40. 공동주거의 경제적 이점은 상당하다. 어머니와 같이 살라. 요리를 더 잘해주실 것이다.

41. 돈을 너무 많이 벌어 사회보장급여를 잃고 있는가? 걱정할 일이 아니다. 확실히 돌려받을 수 있다. 소득조사는 사악한 정책이다. 연금을 일찍 타 가는 사람에게 세금을 많이 부과할 것이라고 설득하지만 대체로 새빨간 거짓말이다.

42. 하향 위험을 크게 두려워하는 부류라면 주식시장을 카지노라 생각하라. 생활수준 기준을 설정한 다음 카지노에서 재미로 돈을 잃어도 위험이 없도록, 안전자산으로 전환한 주식만 위험자산에 투자하면 된다.

43. 사회보장제도 운영 매뉴얼에는 규칙이 수십만 개라 직원도 제대로 모른다. 여러 관청에 자문을 구하고 스스로 정보를 찾으라.

44. 부모님이 학자금 대출을 받거든 누가 갚을지 의논하라. 지나치게 비싼 대학 등록금을 '보태느라' 당신의 상속분을 가져다 쓰거나 부모님의 복지까지 희생하는 게 아닌지 꼭 알아보라.

45. 자영업을 고려하라. 직업 안정성이 최고다.

46. 로스 IRA나 일반 IRA에 납입한 돈을 인출해 대출을 갚으면 큰 이득이다.

47. 집을 소유하면 세제 혜택이 크다. 대출은 절대 포함되지 않는다.

48. 집을 살 것인가 임차할 것인가 따질 때 묶인 지분의 가치를 무시하지 말 것. 집을 자녀에게 임대하거나 좋은 요양 시설로 들어갈 보호책으로 소유하는 것은 주택 비용에 속하지 않는다.

49. 결혼할 때는 이혼도 고려하라. 혼전계약서를 작성해 자신과 상

대를 경제적 위험에서 보호하라.

50. 이 책에서 소개하는 안전한 머니 플랜을 따르고 시간이 갈수록 신중하게 소비하며 위험자산을 줄이고 투자를 다각화함으로써 생활수준을 높여라. 이런 결정은 상향투자는 아니지만 생활수준 하락 위험을 줄일 수 있는 방안이다. 여기에서 오는 보상은 이런 수고를 무릅쓸 만한 가치가 있다.

만일 당신도 나처럼 늘 시간에 쫓긴다면 이 10장의 요점 50가지만 바로 봐도 좋다. 이 책에서는 냉철하고 감성 지능이 떨어지며 얼핏 생각하는 것과는 다른, 당혹스럽고 은밀하며 미친 게 아닌가 싶은 재무 설계 조언을 만나게 될 것이다.

- 누가 90세 노인에게 주식을 사라고 한단 말인가?
- 주식은 오래 보유할수록 위험하다고? 이것 봐요!
- 내 부모님은 80대에 돌아가셨는데 난 100세까지 살 거라 생각하고 계획을 짜라고?
- "최적의 이혼 합의를 하라고?" 제정신인가? 내가 왜 그 나쁜 인간을 도와야 하는데?
- "생활수준 원뿔?" 정신 나간 소리나 지껄이는 늙은이 같으니라고! 저 인간은 멍청이야.

당신이 발견한 것은 경제학 조언의 표본이다. 이전에 충분히 설명을 끝낸 것, 개인 재무 분야에서 오랫동안 연구한 내 견문을 토대로 한 것이다. 나와 같은 경제학자들은 대중의 편견에 맞추자고, 기존 조언에 순응하자고, 표준 행동을 정당화하자고 혹은 달콤한 말을 씌워 메시지를 전하자고 경제학 조언을 왜곡해 시류에 영합만 하다 정작 해야 할 말을 빼놓는 훈련을 받은 적이 없다. 우리 경제학자라는 사람은 냉철하지만 무정한 인간은 아니다. 우리는 대중의 개인 재무 건전성을 해치고 말 가짜 영약이 아니라 실제로 효과 좋은 재무 치유책을 제공하도록 훈련받은 양심적 대리인이다.

사실대로 말해 지금이야말로 경제학에 바탕을 둔 재무 치료제를 쓸 적기다. 우리 미국인은 재정적으로 심각한 병을 앓고 있다. 미국인은 대부분 저축이 적고 보험도 제대로 들어놓지 않았으며 한곳에 투자를 몰아 하거나 형편없는 투자 조언에 돈을 들이는 데다 자신은 일찍 죽으리라 지레짐작한다. 은퇴는 지나치게 일찍 하고 사회보장급여에 가장 먼저 눈독을 들이며 연금 대책도 형편없고 대출금으로 주식 투자를 하며 주식이야말로 멀리 봤을 때 안전하다고 생각한다. 집은 있지만 빚만 잔뜩 진 데다 자기 사전에 이혼은 없다 생각하며 이혼을 하면서도 결혼 당시 생활수준을 유지할 수 있으리라 착각한다. 졸업도 못할 대학을 다니느라 대출을 받으며 내 사랑은 늘 변치 않으리라는 꿈에 매달리고 주택 및 취업시장은 잘 들여다보지도 않으며 전통적 재무설계에 속고 은퇴계좌를 제대로 활용하지도 못하며 고도로 복잡한 금융 상품을 구매해 결국 사기를 당하고 실제 비용조차 모르는 채 생활방식을 결정한다. 무엇보다 네트워킹도 형편없다. 우리는 자신의 재정 문제를 남의 문제로 치부한다. 자신의 미래 자아가 어떻게든 자신을 알아서 돌보리라 지레 믿는 것이다!

이 책은 단지 이런 개인 재무 실책을 피하기 위해서만이 아니라 재무계획을 재밌고 보람차게 만들기 위해 썼다. 당장 시작하기 위해 다음 여섯 가지 재무 점검부터 해보자.

저축

스스로 근본적인 질문부터 던져보라. *나는 소비평활화를 하고 있는가? 즉, 나는 생활수준 유지를 위해 충분히 저축하고 있는가?*

점검을 위해 평생의 가용자산을 아주 보수적으로 산정해보라.* 그런 다음 그 액수를 남은 연수로 나누라. 거칠게 말해 이 수치가 올해 연간 재량지출액이다. 이제 내가 권고한 재량지출액을 자신의 현 재량지출액과 비교해보라.** 선을 넘고 있다면 지출을 줄여 안정적인 생활수준을 확보하라. 다시 말해 저축을 더 해야 한다는 뜻이다.

너무 뻔하다고? 분명 돈을 더 쓸 수만 있다면 아주 멋진 일이다. 그건 예기치 않은 돈, 다른 때 같으면 안전하게 쓸 수 있다고 느끼지 못

---

* 가용자산은 미래 근로소득, 미래 사회보장급여, 현재 순자산가치(자산 빼기 부채)를 더한 값에서 총지출액(절대적인 지출액—세금, 주택 비용, 위자료, 보험에서 내주지 않는 의료비 등)을 뺀 액수다. 늘 그렇듯 액수를 더할 때는 현재 화폐가치로 연간액을 계산하라. 당신과 배우자/파트너가 80년을 더 살 것이라고 가정하고 자녀가 집에서 15년을 더 보낸다고 보면 당신 가정의 남은 생애 연수는 95년이다.

** 자녀 부양 지출액이 더 낮다고 느낀다면 자녀 지출 연수를 1년이 아니라 0.7년으로 잡으라. 특정 연령이 지나고 나면 자신의 지출액이 줄어들리라 생각한다면 일정 연령 이후 연수 비중도 줄여 잡으면 된다.

할 돈이다. 대신 돈을 덜 써야 한다면? 그 방법을 곧장 배워 제 궤도에 올라타는 게 더 낫다. 3개월여에 한 번씩 이 소비평활화를 해야 한다. 예상 소득과 자산가치와 전체 비용에 따라 적절한 때 자신의 지출을 조정할 수 있는 확실한 방법이 소비평활화다.

경력과 직업

당신의 경력이 올바르게 나아가고 있는지 점검하는 일 또한 일상적으로 해야 한다. 현 직종에서 다른 일을 찾아보거나 아예 직종 전환을 고려하는 일도 경력 점검에 포함된다. 장의사를 직업으로 선택해 행복한 생활을 꾸리는 낸시를 떠올려보라. 스스로에게 기본적인 질문을 던지라. *아직도 정말 조용하고 침착한 고객을 좋아하는가?* 만일 대답이 '아니다'라면 신속히 노동통계국 직업 관련 웹사이트를 찾아보라. 대답이 '그렇다'라면 장의사 시장을 조사해보라. 인근 국가나 주의 장례식장에서 당신의 서비스를 이용할지 모른다.

현재 다니는 직장을 떠나고 싶다면 시간은 얼마든지 있다. 물론 재교육이 필요할 수도 있다. 하지만 밥 딜런Bob Dylan도 "내일은 길다 Tomorrow Is A Long Time"라고 노래하지 않았는가. 내가 아는 간호사 메리는 30세에 법학전문대학원에 입학해 8년 동안 의료소송법 변호사로 일하면서 의사를 고소하는 일로 신나는 시절을 좀 보냈지만 결국 더 좋은 일을 하기 위해 간호사로 돌아가기로 결정했다. 어차피 생계를 위해 시간제 근무로 간호사 일을 했기 때문에 정규직으로 돌아가면 됐다. 메리는 법학 학위를 갖고 나쁜 의사를 벌주는 일이 즐거웠지만 결국 자신이 가장 좋아한다고 깨달은 일을 하기로 생각을 바꿨고 흡족해하며 살고 있다. 성지로 가는 길은 복잡했지만 메리는 결국 긴 여정 끝에 목적지에 도달했다.

당신은 어떤가? 당신이 지구에서 최고의 직업이나 경력에 기적적으로 당도했을 확률은 낮다. 이력서를 보내고 정보를 얻기 위해 사람을 만나고 네트워킹을 하고 헤드헌터를 활용하는 등 경력과 직업 점검을 게을리하지 말라. 세 달에 한 번씩은 점검하라. 더 나은 일이 나타날 것이고 아니면 메리처럼 이미 적합한 일을 하고 있었다는 사실을 확인할 수도 있을 테니까.

보험

당신은 분명 주택보험, 자동차보험, 책임보험, 건강보험을 들어놓았을 것이다. 생명보험은? 이건 계산이 좀 더 복잡하다. 대부분의 배우자 혹은 부모는 생명보험을 너무 안 들어놨거나 너무 많이 갖고 있다. 그들이 죽으면 유족의 생활수준이 낮아지거나 높아질 수 있다는 뜻이다.

생명보험이 적절한지 계산하는 방법은 간단하다. 지금 당신이 죽는다고 가정한다. 유족의 평생 가용소득을 더한다. 유족이 살지 모를 연수와 아이들이 지원을 받아야 하는 연수를 더해 이 숫자로 가용소득을 나눈다. 1인당 재량지출 수준을 당신이 최대치로 살 수 있을 때 누릴 수준과 비교해보라.* 유족이 최대한 살 수 있는 연수에다 생활수준 차이 액수를 곱하면 필요한 생명보험액이 나온다. 이를 지금 보유한 금액과 비교하면 된다. 저축 점검처럼 생명보험 점검으로 얻는 결과는 어느 쪽이든 이득이다. 보험액이 너무 높았다면 줄여서 나머지를 즐겁 게 쓰면 되고 보험액이 너무 적어 부족분을 벌충하기 위해 늘렸다면 적어도 밤잠은 편히 잘 수 있을 테니까.

결혼과 이혼

당신은 이제 1인당 생활수준을 계산하는 법을 파악했을 것이다. 당 신이 여전히 결혼 시장에 있다면 각 청혼자에게 같은 계산을 하면 된 다. 이혼이 마음에 스쳐 간다면 결혼을 유지할 때와 이혼했을 때의 1인 당 생활수준을 비교하면 된다. 분명 이혼했을 때 자신이 어디쯤 있을 지는 이혼 합의점에 달려 있다. 따라서 합의점에 대해서는 최대한 보 수적으로 가정해야 한다.

물론 당신이 돈만 보고 결혼하거나 이혼하는 일은 없을 것이다. 하 지만 다른 모든 재무 결정 및 생활방식 결정과 마찬가지로 결혼과 이 혼도 결국은 비용편익분석으로 요약되는 문제다. *난 조던이라는 남*

---

* 그건 그렇고 또 하나의 충격적 재무 사실을 발견할 수 있다. 자녀가 많을수록 필요한 총생명보험 숫자가 적어진다는 사실이다. 자녀가 많다는 것은 당신과 배우자/파트너가 살아 있는 동안 1인당 생활수준이 더 낮다는 뜻이기 때문이다. 이는 결국 당신의 배우 자/파트너의 생활수준을 유지하는 데 필요한 보험(액)이 더 낮다는 뜻이기도 하다.

자가 주는 기회—3년마다 생길 새 차와 꿈꿔왔던 고급 주택—를 버릴 만큼 조라는 딴 남자를 정말 사랑하는가? 캐시를 차버리면 내 생활수준이 32퍼센트 떨어질 각오를 해야 하는데 그 정도로 캐시가 싫은가? 조와 결혼할 때와 조던과 결혼할 때 혹은 결혼을 아예 하지 않을 때 자신의 생활수준을 얼마나 희생해야 할지 정확히 계산하라. 캐시와 헤어질 때도 마찬가지다. 예를 들어 캐시와 살면 우울하고 힘들어 무려 생활수준 24퍼센트가 줄어들어도 괜찮을 지경이라면 사실은 두 사람의 생활수준을 따져볼 때 14퍼센트 정도만 줄어들 테니 큰 문제까지는 아니다. 키워야 할 아이도 없고 캐시가 당신과 살지 않기 위해 80퍼센트 생활수준 하락도 감수할 것 같다면 이혼을 결정할 때다.

주택, 은퇴연령 그리고 다른 주요 사항

나머지 점검 사항도 전혀 다를 바가 없다. 특정 집으로 이사하는 이득이 생활수준 비용을 초과하는가? 3년 일찍 은퇴하면 여생 동안 생활수준 10퍼센트를 줄여야 하는데 은퇴 생활에 그럴 만한 가치가 있을까? 테슬라가 내 생활수준을 얼마나 크게 떨어뜨릴까? (대답은 하락이 아니라 상승일 수도 있다. 테슬라는 첫 배터리 하나의 연비가 약 805킬로미터에 달하기 때문이다. 당신이 살 마지막 차일 수도 있다.) 평생을 기준으로 예산을 짜면 당신이 원하던 물건이 처음 살 때는 경비가 어마어마하다고 해도 평생 가치로 환산해보면 실제로 꽤 싸다는 것을 알게 되는 이점이 있다.

투자

생활수준 원뿔 산정은 더 많은 작업이 필요하다. 세부 사항은 각주를 참고하라.* 그러나 큰 노력을 기울이지 않아도 다수의 생활수준 원뿔을 산출할 수 있다. 기본 아이디어는 시간이 흐르는 동안 당신의 평균실질투자소득을 아주 보수적으로 추정한 값을 바탕으로 1인당 올해 쓸 금액을 파악하는 것이다. 그런 다음 자신의 투자 포트폴리오 실적을 파악하고 이를 바탕으로 내년의 경제 상태를 미리 앞당겨 산정하고 매년 같은 일을 반복하면 된다. 자신의 최대 연령 계획 지평을 통해 이런 식으로 계산을 진행하면 자신의 생활수준 경로 하나가 나

---

* 먼저 자신이 투자할 투자 포트폴리오의 역대 수익 데이터를 수집하라. 예를 들어 주식과 단기 미국 재무부 채권을 50 대 50 비율로 현 연령, 50세 그리고 65세 사이에 투자한다고 가정해보자. 그리고 65세에는 은퇴한 다음 주식과 재무부 채권 비율을 20 대 80으로 조정한다고 가정한다. (그런데 이 투자는 나이가 들수록 투자 포트폴리오에서 주식 몫을 점차 늘리라는 경제학 조언을 도외시한 것이다.) 주식과 채권에 대해 과거 수익을 연 단위로 적되 50 대 50이었을 때와 20 대 80일 때 얼마나 될지도 적으라. 그다음 현재 나이와 50세에서 출발해 보수적인 실질수익 가정에 기반을 두고(나는 0을 권고한다) 올해 얼마를 쓸지, 즉 평생 가용 자원을 남은 연수로 나눈 액수를 산정하라. 그 뒤 50 대 50 투자 포트폴리오 수익의 역사에서 아무 해나 수익을 골라잡으라(랜덤으로). 이렇게 뽑은 수치가 당신의 50세 자산소득을 결정한다. 이 50세 자산소득을 50세 근로소득에 더한 다음 총지출액[자유재량지출 그리고 주택 비용, 위자료, 세금(메디케어 B 파트 보험료 포함) 같은 비자유재량지출액]을 빼면 당신이 받을 순이익이 나온다. 이 결과가 당신의 저축액이고 이는 50세 자산에 더해 51세의 순 가치를 결정한다. 그런 다음 이 모든 단계를 51세부터 65세까지 되풀이하고 다시 각 연령마다 50 대 50 포트폴리오가 산출했을 기존 수익 중 하나를 무작위로 뽑는다. 65세부터는 20 대 80의 투자 포트폴리오의 역대 수익 중 무작위로 추출을 시작한다. 일단 100세까지 산다고 정한 경우 당신은 하나의 생활수준 경로를 산출한 셈이다. 50세로 되돌아가 또 하나의 다른 무작위 연간 소득 선정을 기반으로 모든 계산을 다시 하는 경우 다른 궤적이 나온다. 더 많은 궤적을 만들어갈수록 당신의 생활수준 원뿔을 채우게 될 것이다.

온다. 그런 다음 현재 나이로 돌아가 다른 궤적 그리고 또 하나의 궤적…… 궤적을 계속 만들라. 그러면 곧이어 당신의 원뿔 모양을 보게 될 것이다. 특히 가장 관심이 가는 쟁점, 즉 하향 위험이 보일 것이다. 전체 계산을 되풀이하되 더 위험한(혹은 더 안전한) 투자 포트폴리오를 이용하기도 하고 공격적 지출계획을 더하거나 빼면서 산정하라. 지나치게 위험이 크다는 느낌이 들면—다시 말해 당신의 원뿔에 지나치게 많은 하향성이 있다고 느껴지면—시간이 가면서 투자 포트폴리오를 위험이 적은 자산을 중심으로 구성하고 공격적 지출계획도 줄이라. (지출을 결정할 때 실질수익을 0으로 잡는 것은 매우 보수적인 접근법이다.) 당신 스스로 자신의 생활수준 원뿔이 편안하게 느껴질 때까지 이 작업을 계속하라.

상향투자도 과정은 유사한데 당신이 위험자산(이를테면 주식)에 투자했고 투자할 모든 것이 완전히 손실이 난 것처럼 x라는 나이까지 산출을 진행한다는 점이 다르다. 그 외 자산은 물가연동국채와 I-채권에 투자하라. 그런 다음 가족 구성원당 지속 가능한 지출을 계산하라 (평생 가용 자원을 가구 인원의 최대 인년person year으로 나눈 값). 그 금액을 매년 x세가 될 때까지 쓴 다음 점차 주식을 물가연동국채와 I-채권으로 전환하기 시작한다.* 주식 보유분 중 일부를 안전하게 만들 때마

---

* 이를 통해 가족 구성원당 지출 생활수준을 안전하게 평생 올릴 수 있다. 예를 들어 67~77세에 모든 주식을 인출할 계획이라면 50세로 돌아가 50~77세까지 주식 수익 궤적을 그리고 67~77세까지 인출액이 얼마나 될지 계산해보라. 67세에 주식 10분의 1을 매각하라. 68세에는 9분의 1을 그리고 77세에는 남은 전부를 매각한다. 신속히 상향 원뿔—바닥은 평평하고 생활수준 경로는 67~77세에 올라간 다음 다시 평평해지는 궤적—이 나온다. 다시 말해 생활수준 경로가 상향이기만 한 원뿔이 나온다.

다 생활수준을 영구히 안전하게 만들 방편을 갖추는 셈이다. 이는 당신의 생활수준에 상향 위험만 제공할 뿐이다.

이 연습을 하면서 당신은 주식(내가 말하는 대표적 위험투자 자산)투자액을 줄일수록 생활수준 최저한도가 높아진다는 것, 주식투자액을 높일수록 생활수준이 낮아지는 방향으로 갈 것임을 알게 될 것이다. 따라서 더 많은 상향투자가 생활수준 최저한도 면에서 희생할 가치가 있는지 신속히 결정할 수 있다. 내 경험상 대부분의 중류층 가정은 자산 중 3분의 1에서 2분의 1을 주식시장에 투자하는 것이 생활수준 상향 가능성을 높여주며 높은 생활수준 최저한도를 유지하는 것이 훨씬 더 중요하다.

경제학 기반 재무설계 소프트웨어

이 계산을 모두 혼자서 하기는 너무 두려울 수도 있다. 나도 안다. 계산 배경이 되는 이론을 이해하는 것은 중요하지만 내 목적이 재무설계를 순전한 기쁨으로 만드는 것인데 그 정도까지 이해해야 한다면 부담될 수 있다. 그러니 앞에서 언급한 맥시파이 프리미엄MaxiFi Premium—우리 회사 소프트웨어 도구의 프리미엄 버전으로 maxifiplanner.com에서 사용할 수 있는 프로그램—을 소개한다. 이 프로그램은 수 초 내에 이 책이 분석한 모든 계산을 직접 해준다. (자문을 해줄 사람과 산정을 하고 싶다면 맥시파이 프로MaxiFi PRO를 쓰면 된다.)

예를 들어 이 프로그램은 당신의 평생 자유재량지출을 직업 A와 B

로 비교해주고 일찍 은퇴할 경우, 데비가 아니라 조와 결혼할 경우, 홍콩에 있는 꿈에 그리던 집으로 이사할 경우 등등을 상황별로 비교해준다.* 이 프로그램은 투자분석도 식은 죽 먹기로 해준다. 그리고 직접 계산을 하는 것에 비해 큰 장점도 있다. 물가 상승을 온전히 반영하며 현금 유동성 제약을 감안하고 생활 공유 경제에 맞춰 수치를 조정하고 안전한 실질수익이 0이 아니라서 미래 액수를 단순히 더하기만 할 수 없을 경우에도 현재가치를 기반으로 계산해줄 수 있다. 이 소프트웨어는 또 당신의 모든 현재와 미래의 연방 및 주세를 계산해준다. 가입 자격이 있는 메디케어 B 파트 보험료와 사회보장급여 전체 액수도 계산해준다. 마지막으로 맥시파이는 미래의 물가 상승률, 미래의 세금 인상, 미래의 사회보장급여 삭감, 미래의 메디케어 B파트 보험료의 더 높은 증가율도 고려할 수 있게 해준다.

마지막 경고

대부분은 자신의 재무상태 점검을 치과에 가서 이를 뽑는 일만큼 질색한다. 가능한 한 최후의 순간까지 미뤄야 하는 필요악, 고문이라고 생각한다. 그러나 머니 플랜을 만드는 일은 당신 아버지의 재무계

---

* analyzemydivorcesettlement.com에 있는 우리 도구를 활용하면 불쌍한 캐시와 이혼하는 공정하고 협조적인 방안을 산출할 수 있다. 그리고 두 가지 도구를 이용하면 결혼했을 때의 생활수준과 이혼할 때의 생활수준 비교 결과도 받아볼 수 있다.

획표를 만드는 일이 아니다. 생활수준을 높이는 안전한 방안을 모색하는 작업은 재밌고 흥미진진하다. 다양한 생활수준 조치 비용이 얼마인지, 어떤 것이 이득인지 알아가는 일도 즐겁고 신난다. 당신의 생활수준 윤뿔이 뚜렷해지는 모습을 보는 것 그리고 더 높아진 평균생활수준이 추가 생활수준 위험 측면에서 뭘 의미하는지 배워가는 일도 즐겁고 신난다. 높은 생활수준 바닥과 낮은 생활수준 꼭대기를 맞바꾸는 일(포기하고 선택하는 일)도 즐겁고 신난다. 이 모든 일이 즐겁고 신나는 이유는 결국 당신이 이런 작업을 통해 당신의 재무상 복지와 행복을 온전히 통제할 수 있기 때문이다. 그리고 자신의 행복과 복지를 통제할 수단이 있을 때 행복과 복지를 개선할 수단도 갖게 된다.

경제학 기반 재무설계가 즐겁고 흥미진진하다는 것을 나는 28년간의 경험으로 알고 있다. 나는 1993년 재무 금융 소프트웨어 전문 기업인 이코노믹시큐리티플래닝사를 창립했다. 우리가 현재 제공하는 소프트웨어의 첫 버전을 개발하는 데 약 17년이 걸렸다. 그 이후로 우리는 수만 명의 고객이 자신만의 머니 플랜을 만들도록 도왔다. 그중 많은 사람과 대화를 나누고 이메일을 주고받고 직접 만났다. 내가 이 만남에서 배운 것은 긍정적 의미의 경고다. 머니 플랜을 실행하는 일은 중독성이 아주 크다는 것이다. 일부는 아예 그만두지 못한다. 이들은 자신의 재무설계를 매년, 매달, 매주가 아니라 매일 바꾼다. 그러니 다음 경고로 이 책의 결론을 대신하겠다. 일단 자신의 머니 플랜을 만들기 시작하면 다른 일을 하기가 매우 어려워질 것이다. 도파민이 폭발하니까.

감사의 말

이 책은 잉태 기간은 길었지만 출산은 빨랐다. 최고지만 까다로운 에이전트 앨리스 마텔Alice Martell은 내 제안서를 차례차례 거부했다. 하지만 결국 나는 그의 승인을 받아냈다. 빠른 출산은 탁월한 편집자 마리사 비질란테Marisa Vigilante 덕분이다. 리틀 브라운 스파크Little, Brown Spark의 다른 모든 동료처럼 마리사는 마법의 지팡이를, 그것도 순식간에 휘두르는 마법사다! 이 책은 정말 매력적인 표지와 함께 완성됐다. 순식간이라는 말은 아무래도 취소해야겠다. 사실 마리사는 신속했지만 나는 느려터졌으니까. 나는 충동적으로 글을 고치는 위인이다. 내가 문장에 가하는 고문 횟수는 대체로 10회다. 결혼을 했는데 모든 것을 10회나 다시 쓴다면 배우자는 인내심 많고 든든하며 격려심 많고 재밌는 사람인 편이 좋다. 내 아내 브리짓 저겐슨Bridget Jourgensen은 이 모든 미덕의 소유자다. 가장 중요한 것, 아내는 내 균형추다. 내 글이 지나치게 고루해지거나 현학적이거나 얼이 빠져 있거나 지나치게 '우스꽝스러워지면' 아내는 가차 없이 쳐내고 쳐내고 또 쳐낸다! 하지만 아내의 채찍질은 늘 정확했고 함박웃음과 응원으로 포장돼 있었다. 브리짓과 마리사와 앨리스 그리고 이 책을 위해 애써준 다른 모든 팀원에게 깊이 감사드린다. 개인 재무 연구를 포함해 내 연구를 수십 년 동안 지원해준 보스턴대학교에도 심심한 감사를 표하고 싶다. 그러나 가장 큰 감사는 뭐니 뭐니 해도 당신에게 드리고 싶다. 당신이 이 책을 읽어줘 영광이며, 이 책이 당신의 재무 관리에 실제로 도움이 될 수 있다면 정말 기쁘겠다. 나는 이 책을 단 한 사람, 바로 당신을 위해 썼다.

—— 서문

1 ValueWalk, "A Brief History of the 1929 Stock Market Crash," Business Insider, April 8, 2018, https://www.businessinsider.com/the-stock-market-crash-of-1929-what-you-need-to-know-2018-4?op=1.

—— 첫 번째 머니 플랜. 직업에 관한 결정

1 Stacy Curtin, "Forget Harvard and a 4-Year Degree, You Can Make More as a Plumber in the Long Run, Says Prof. Kotlikoff," Yahoo! Finance, March 18, 2011, https://finance.yahoo.com/blogs/daily-ticker/forget-harvard-4-degree-more-plumber-long-run-20110318-063704-224.html.

2 Mutaz Musa, "Opinion: Rise of the Robot Radiologist," The Scientist, June 25, 2018, https://www.the-scientist.com/news-opinion/opinion--rise-of-the-robot-radiologists-64356.

3 Gina Belli, "How Many Jobs Are Found Through Networking, Really?" Payscale, April 6, 2017, https://www.payscale.com/career-news/2017/04/many-jobs-found-networking.

4 Ball State Center for Business and Economic Research, "How Vulnerable Are American Communities to Automation, Trade, & Urbanization?" Vulnerability Study, CBER Data Center, June 19, 2017, https://projects.cberdata.org/123/how-vulnerable-are-american-communities-to-automation-trade-urbanization.

5 Andrew Soergel, "Study: 1 in 4 U.S. Jobs at Risk of Offshoring," U.S. News & World Report, July 17, 2017, https://www.usnews.com/news/economy/articles/2017-07-17/study-1-in-4-us-jobs-at-risk-of-offshoring.

6 Economic Innovation Group, The New Map of Economic Growth and

Recovery(Washington, DC: EIG, May 2016), 9, https://eig.org/wp-content/uploads/2016/05/recoverygrowthreport.pdf.

—— 두 번째 머니 플랜. 은퇴에 관한 결정 1

1   PK, "Average Retirement Age in the United States," DQYDJ.com, June 3, 2018, https://dqydj.com/average-retirement-age-in-the-united-states/#:~:text=The%20average%20retirement%20age%20in,ages%20of%2057%20and%2066.

2   America's Health Rankings Analysis of U.S. Census Bureau, American Community Survey, 2019, "Public Health Impact: Able-Bodied," United Health Foundation, https://www.americashealthrankings.org/explore/senior/measure/able_bodied_sr/state/ALL.

3   Bob Pisani, "Baby Boomers Face Retirement Crisis— Little Savings, High Health Costs, and Unrealistic Expectations," CNBC, April 9, 2019, https://www.cnbc.com/2019/04/09/baby-boomers-face-retirement-crisis-little-savings-high-health-costs-and-unrealistic-expectations.html.

4   Pisani, "Baby Boomers Face Retirement Crisis."

5   Dhara Singh, " 'Alarming Number': Boomers Struggle to Save Enough for Retirement, Survey Finds," Yahoo! Money, June 22, 2020, https://money.yahoo.com/boomers-struggle-to-save-enough-for-retirement-survey-finds-205447433.html.

6   Center on Budget and Policy Priorities, "Policy Basics: Top Ten Facts About Social Security," last modified August 13, 2020, https://www.cbpp.org/research/social-security/policy-basics-top-ten-facts-about-social-security#:~:text=Social%20Security%20benefits%20are%20much,aged%20widow%20received%20slightly%20less.

7   Center for Retirement Research at Boston College, "National Retirement Risk Index," https://crr.bc.edu/special-projects/national-retirement-risk-index/.

8   Katia Iervasi, "The Odds of Dying in the US by Age, Gender, and More," Finder, last modified December 28, 2020, https://www.finder.com/life-insurance/odds-of-

dying.

9   Steve Vernon, "Living Too Long Is a Risk!" CBS News, July 24, 2013, https://www.cbsnews.com/news/living-too-long-is-a-risk/.

——— 세 번째 머니 플랜. 은퇴에 관한 결정 2

1   Social Security Administration, "Unfunded OASDI Obligations Through the Infinite Horizon and the 75-Year Projection Period, Based on Intermediate Assumptions," in *The 2020 OASDI Trustees Report*(Washington, DC: SSA, 2020), table VI.F1., https://www.ssa.gov/oact/tr/2020/VI_F_infinite.html#1000194.

2   Office of Audit Report Summery, *Higher Benefits for Dually Entitled Widow(er)s Had They Delayed Applying for Retirement Benefits*(A-09-18-50559) (Washington, DC: Social Security Administration Office of the Inspector General, February 2018), https://oig.ssa.gov/sites/default/files/audit/full/pdf/A-09-18-50559.pdf.

——— 네 번째 머니 플랜. 세금에 관한 결정

1   Investment Company Institute, *Investment Company Fact Book*, 60th ed. (Reston, VA: ICI, 2020), https://www.ici.org/pdf/2020_factbook.pdf.

2   US Bureau of Labor Statistics, "51 Percent of Private Industry Workers Had Access to Only Defined Contribution Retirement Plans," *TED: The Economics Daily*, October 2, 2018, https://www.bls.gov/opub/ted/2018/51-percent-of-private-industry-workers-had-access-to-only-defined-contribution-retirement-plans-march-2018.htm.

3   Internal Revenue Service, "2020 IRA Contribution and Deduction Limits Effect of Modified AGI on Deductible Contributions If You ARE Covered by a Retirement Plan at Work," last modified November 2, 2020, https://www.irs.gov/retirement-plans/plan-participant-employee/2020-ira- contribution-and-deduction-limits-effect-of-modified-agi-on-deductible-contributions-if-you-are-covered-by-a-retirement-plan-at-work.

── 다섯 번째 머니 플랜. 내 집 마련에 관한 결정

1   Richard Fry, Jeffrey S. Passel, and D'vera Cohn, "A Majority of Young Adults in the U.S. Live with Their Parents for the First Time Since the Great Depression," Pew Research Center, September 4, 2020, https://www.pewresearch.org/fact-tank/2020/09/04/a-majority-of-young-adults-in-the-u-s-live-with-their-parents-for-the-first-time-since-the-great-depression/.

2   Evan Webeck, "Coronavirus: Share of Young Adults Living with Parents Higher Now than Great Depression, Pew Poll Finds," *Mercury News*, September 9, 2020, https://www.mercurynews.com/2020/09/09/coronavirus-share-of-young-adults-living-with-parents-higher-now-than-great-depression-pew-poll-finds/.

3   Jacob Ausubel, "Older People Are More Likely to Live Alone in the U.S. than Elsewhere in the World," Pew Research Center, March 10, 2020, https://www.pewresearch.org/fact-tank/2020/03/10/older-people-are-more-likely-to-live-alone-in-the-u-s-than-elsewhere-in-the-world/.

4   Office of Single Family Housing, "Home Equity Conversion Mortgage: Homeowner," Federal Housing Administration, September 2019, https://www.hud.gov/sites/dfiles/SFH/documents/hecm_09-23-19.pdf.

── 여섯 번째 머니 플랜. 결혼에 관한 결정

1   Doug Wead, *The Raising of a President* (New York: Atria, 2005), 228.

2   "Dowry," Wikipedia, last modified May 18, 2021, https://en.wikipedia.org/wiki/Dowry#:~:text=While%20bride%20price%20or%20bride,family%2C%20ostensibly%20for%20the%20bride.

── 일곱 번째 머니 플랜. 이혼에 관한 결정

1   Wilkinson & Finkbeiner, "Divorce Statistics: Over 115 Studies, Facts, and Rates for 2020," https://www.wf-lawyers.com/divorce-statistics-and-facts/#:~:text=Every%2013%20seconds%2C%20there%20is,and%202%2C419%2C196%20divorces%20per%20year.

2   Stevenson & Lynch and Kelsey & Trask, "The Divorce Spousal Support Calculator:

An Alimony Formula Resource," last modified November 17, 2011, https://www.skylarklaw.com/Docs/SpousalSupport.pdf.

3   "Resources," LegalZoom.com, https://www.legalzoom.com/articles/what-is -the-fastest-way-to-get-unhitched.

—— 여덟 번째 머니 플랜. 대학에 관한 결정

1   Marty Johnson, "Inequality of Student Loan Debt Underscores Possible Biden Policy Shift," The Hill, November 28, 2020, https://thehill.com/policy/finance/527646-inequality-of-student-loan-debt-underscores-possible-biden-policy-shift.

2   Zack Friedman, "Student Loan Debt Statistics in 2020: A Record $1.6 Trillion," Forbes, February 3, 2020, https://www.forbes.com/sites/zackfriedman/2020/02/03/student-loan-debt-statistics/?sh=76a0d49f281f.

3   Kaitlin Mulhere, "A Shocking Number of Americans Now Owe at Least $50,000 in Student Debt— nd Many Aren't Paying It Down," Money, February 22, 2018, https://money.com/50000-dollars-student-debt-default/.

4   Kevin Carey, "A Parent Trap? New Data Offers More Dire View of College Debt," New York Times, December 24, 2020, https://www.nytimes.com/2020/12/24/upshot/student-debt-burdens-parents-too.html?referringSource=articleShare.

5   Lynn O'Shaughnessy, "Federal Government Publishes More Complete Graduation Rate Data," College Insider, Cappex, https://www.cappex.com/articles/blog/government-publishes-graduation-rate-data#:~:text=The%20official%20four%2Dyear%20graduation,a%20degree%20in%20six%20years and https://educationdata.org/number-of-college-graduates.

6   United States Census Bureau, "U.S. Census Bureau Releases New Educational Attainment Data," news release, March 30, 2020, https://www.census.gov/newsroom/press-releases/2020/educational-attainment.html.

7   Allana Akhtar and Andy Kiersz, "College Grads Still Earn More than Workers with No University Degree. This Map Shows the States with the Widest Salary Gaps," Business Insider, July 15, 2019, https://www.businessinsider.com/how-much-more-college-graduates-earn-than-non-graduates-in-every-state-2019-5.

8   Jaison R. Abel and Richard Deitz, "Despite Rising Costs, College Is Still a Good Investment," *Liberty Street Economics*, New York Fed, June 2019, https://libertystreeteconomics.newyorkfed.org/2019/06/despite-rising-costs-college-is-still-a-good-investment.html.

9   Abigail Johnson Hass, "College Grads Expect to Earn $60,000 in Their First Job—Here's How Much They Actually Make," CNBC Make It, February 17, 2019, https://www.cnbc.com/2019/02/15/college-grads-expect-to-earn-60000-in-their-first-job----few-do.html.

10   Nathan Allen, "College Students Overestimate Their Future Salaries," Poets and Quants for Undergrads, June 20, 2019, https://poetsandquantsforundergrads.com/2019/06/20/college-students-overestimate-their-future-salaries/#:~:text=According%20to%20the%20survey%20of,is%20%2447%2C000%2C%20the%20study%20says.

11   Elaine Rubin, "FAFSA Financial Information: Reducing the Impact of Assets and Income on Your FAFSA," Edvisors.com, October 1, 2020, https://www.edvisors.com/fafsa/guide/student-parent-financial-information/#reducing-the-impact-of-assets-and-income-on-your-fafsa.

12   "Default on Student Loans," Finaid.org, https://finaid.org/loans/default/#:~:text=If%20you%20do%20not%20make,loans%20will%20be%20in%20default.&text=You%20can%20be%20sued%20for,Your%20wages%20may%20be%20garnished.

13   Anna Wolfe and Michelle Liu, MississippiToday/Marshall Project, "Modern Day Debtors Prison? Mississippi Makes People Work to Pay Off Debt," *Clarion Ledger*, January 9, 2020, https://www.clarionledger.com/in-depth/news/local/2020/01/09/debtors-prison-miss-still-sends-people-jail-unpaid-debt/2742853001/.

14   Matt Taibbi, "Student Loan Horror Stories: Borrowed: $79,000. Paid: $190,000. Now Owes? $236,000," TK News by Matt Taibbi, December 3, 2020, https://taibbi.substack.com/p/student-loan-horror-stories-borrowed.

15   "Slavery by Another Name: Sharecropping," PBS.org, https://www.tpt.org/slaveryby-another-name/video/slavery-another-name-sharecropping-slavery/.

16 Stacy Berg Dale and Alan B. Krueger, "Estimating the Payoff to Attending a More Selective College: An Application of Selection on Observables and Unobservables," *Quarterly Journal of Economics* 117, no. 4 (2002): 1491–527, found at National Bureau of Economic Research, https://www.nber.org/papers/w7322.

17 Raj Chetty, John N. Friedman, Emmanuel Saez, Nicholas Turner, and Danny Yagan, "Income Segregation and Intergenerational Mobility Across Colleges in the United States," *Quarterly Journal of Economics* 135, no. 3 (2020): 1567–633.

18 Richard Dusansky and Clayton J. Vernon, "Rankings of U.S. Economics Departments," *Journal of Economic Perspectives* 12, no. 1 (1998): 157–70, https://pubs.aeaweb.org/doi/pdfplus/10.1257/jep.12.1.157.

19 John F. Kennedy, "Commencement Address at Yale University, June 11, 1962," John F. Kennedy Presidential Library and Museum, https://www.jfklibrary.org/archives/other-resources/john-f-kennedy-speeches/yale-university-19620611.

20 Jordan Friedman and Josh Moody, "Transferring Colleges: 10 Frequently Asked Questions," *U.S. News and World Report*, February 1, 2019, https://www.usnews.com/education/best-colleges/articles/2017-09-22/transferring-colleges-10-frequently-asked-questions.

21 David K. Moldoff, "How Does College Transfer & Course Credit Assessment Process Work?" CollegeTransfer.net, https://www.collegetransfer.net/AskCT/How-does-the-course-credit-transfer-process-work#:~:text=Generally%2C%2060%20credits%20from%20a,institution)%20to%20earn%20a%20degree.

22 Maurie Backman, "Student Loan Debt Statistics for 2019," The Motley Fool, February 5, 2020, https://www.fool.com/student-loans/student-loan-debt-statistics/.

돈에 관한 결정들

초판 1쇄 인쇄 2023년 5월 3일
초판 1쇄 발행 2023년 5월 17일

지은이 로런스 코틀리코프
옮긴이 오수원
펴낸이 이승현

출판2 본부장 박태근
MD독자 팀장 최연진
편집 진송이
디자인 조은덕
교정교열 강설빔 김정희

펴낸곳 ㈜위즈덤하우스   **출판등록** 2000년 5월 23일 제13-1071호
주소 서울특별시 마포구 양화로 19 합정오피스빌딩 17층
전화 02) 2179-5600   **홈페이지** www.wisdomhouse.co.kr

ISBN 979-11-6812-628-2 03320